LA PANHYPOCRISIADE,

ou

LE SPECTACLE INFERNAL

DU SEIZIÈME SIÈCLE.

SE TROUVE A PARIS

Chez { Firmin Didot, rue Jacob, n° 24.
Nepveu, passage des Panoramas, n.° 26.
Barba, galeries du Palais-Royal, près du théâtre Français.

LA PANHYPOCRISIADE,

OU

LE SPECTACLE INFERNAL

DU SEIZIÈME SIÈCLE.

COMÉDIE ÉPIQUE.

Par Népomucène L. LEMERCIER,
MEMBRE DE L'INSTITUT DE FRANCE.

Incedo per ignes.

A PARIS,

DE L'IMPRIMERIE DE FIRMIN DIDOT,
IMPRIMEUR DU ROI ET DE L'INSTITUT DE FRANCE,
RUE JACOB, N° 24.

M. D. CCC. XIX.

ÉPITRE

A DANTE ALIGHIERI.

Impérissable Dante,

Où recevras-tu ma lettre? Quels lieux habites-tu, depuis que tu n'es plus dans ce monde vicieux où, de jour en jour, nous sentons que ton génie vengeur nous manque? Mon envoi ne te parviendra dans aucun des cercles qui forment l'immense spirale de ton enfer; ils ne sont que l'allégorie des horribles réalités de la vie humaine: ni dans les circuits de ton purgatoire; ils ne figurent que le labyrinthe où nous égarent nos erreurs passionnées, avant que nous arrivions au repos: ni dans les limbes de ton paradis; tableau poétique d'une béatitude et d'une gloire que tes rêves nous ont tracées. Je t'adresse donc cet écrit dans les régions inconnues, séjour ouvert par l'immortalité aux ames sublimes d'Homère, de Lucrèce, de Virgile, d'Arioste, de Camoëns, de Tasse, de Milton, de Klopstock, et de Voltaire.

Une messagère ailée, l'Imagination, te le portera dans l'espace où tu planes avec eux.

Il faut que je me confesse à toi, profond scrutateur des consciences : car je rougirais du moindre scrupule, devant ta redoutable ironie.

J'ai découvert, sous les décombres d'un vieux sanctuaire de la Vérité, le manuscrit d'un poëte nommé *Mimopeste*, c'est-à-dire, fatal aux mimes. Je publie son travail comme étant le mien. Son poëme, dont je m'attribue l'honneur, est intitulé *Panhypocrisiade*; ce qui, conformément au caractère satirique de son auteur, et à l'étymologie grecque, signifie POEME SUR TOUTE HYPOCRISIE.

Il paraît que l'auteur avait ajouté dans son esprit à cette ancienne maxime de l'ecclésiaste, *vanité des vanités! tout est vanité!* un axiôme non moins général sur notre pauvre terre; *hypocrisie des hypocrisies, tout est hypocrisie.*

Il a vu les humains tels qu'ils sont : il les a peints tels qu'il les a vus. S'en fâcheront-ils ? non : parce qu'il n'a pas, comme tu l'as fait si courageusement, marqué d'un sceau réprobateur le front de ses ennemis personnels; parce qu'il n'a pas, en égalant ton audace, pris la liberté de mettre dans son enfer des princes, des cardinaux et des papes vivants ; mais qu'au lieu d'y jeter ses contemporains, il n'y a placé que les morts du seizième âge ; et qu'il n'y a point représenté les hommes qui existent encore. Ceux-ci respirent la franchise ; ils sont la sincérité même, grace à notre perfectibilité prouvée, et à nos lumières progressives qui leur ont démontré combien il est superflu de mentir et de porter des masques !

J'avais dérobé avec tant de plaisir, au poëte que je vole encore, l'idée d'une théogonie nouvelle, dont je fis agir les divinités qui figurèrent les phénomènes de la nature dévoilée par nos sciences dans mon *Atlantiade*, que je n'ai pu résister à l'envie de commettre ce nouveau larcin. Tu trouveras ici quelques-uns des mêmes dieux qu'il a créés, d'après son systême newtonien. Il les introduit dans cet autre ouvrage hardi qu'il a qualifié du titre de *comédie épique*.

Si j'eusse voulu l'accompagner de commentaires et de scholies, il m'eût fallu composer un gros in-folio de bénédictin, sur tout ce qu'il renferme de relatif à la fable et à l'histoire politique, ecclésiastique et militaire, sur toutes les curiosités qu'il a extraites des mémoires. Mais il vaut mieux que j'imite adroitement certain auteur d'une défense des Jésuites, qui en publia la première édition sans notes, afin, dit-il plaisamment, que les rats de la critique qui le voudront éplucher et ronger, viennent se prendre dans la souricière de leur ignorance.

Ta mâle philosophie saura saisir le plan moral qu'a suivi le poëte. Ton siècle t'inspira l'image des tourments de l'Enfer : le sien lui a inspiré la peinture de ses joyeux divertissements.

Il aurait eu matière à peindre aussi largement le nôtre, qui lui eût fourni des scènes non moins terribles que ridicules, et dont voici le principal sujet, résumé dans quelques vers épigrammatiques.

> Notre beau siècle, en France, ayant planté
> Chêne civique, arbre de liberté,
> Prophétisa que son ombre immortelle
> Étoufferait tiges de royauté :
> Puis, en védette, il y mit sentinelle.
> Mais vint au poste un rusé bûcheron,
> Tourneur expert; or, trompant l'horoscope,

Sa main coupa les branches et le tronc,
Sceptres en fit, à revendre en Europe;
Et le beau siècle enrichit le larron :
Mais la racine est restée, et tient bon.

Tu me demanderas comment on a souffert qu'on y portât sitôt la coignée; le dixain suivant va te répondre.

Nos fiers tribuns, déclamant pour leurs droits,
Foulaient aux pieds couronnes, armoiries;
Nos fiers seigneurs, vantant leurs rêveries,
Juraient amour au pur sang de leurs rois :
Que firent donc tant de grands fanatiques,
Dès qu'un enfant des troubles politiques
S'érigea maître?... Ah! saluant son char,
De royauté les serviteurs antiques
Se sont unis, en lestes domestiques,
A nos Brutus, bons valets de César.

Un Aristophane n'eût-il pas vu là tout le fonds d'une ample et forte comédie? mais était-il possible qu'on la jouât sous la censure oppressive que maintenait à cette époque la tyrannie dont le ciel nous a délivrés?

Un pâle trio d'Aristarques,
De ses froids ciseaux coupant tout,
Eut sur le génie et le goût
Le ministère des trois Parques.

Ces temps ont déja fui : la noble liberté des lettres et de la pensée revivra sous le règne des lois.

Montre ce nouveau poëme, quand tu l'auras lu tout entier, à *Michel-Ange*, à *Shakespeare*, et même au bon *Rabelais* ; et, si l'originalité de cette sorte d'épopée théâtrale leur paraît en accord avec vos inventions gigantesques, et avec l'indépendance de vos génies, consulte-les sur sa durée. Peut-être, se riant dans leur barbe des jugements de nos modernes docteurs, augureront-ils qu'avant un siècle encore, c'est-à-dire un de vos jours, en style d'immortels, on l'imprimera plus de vingt fois, quoique étant hors du code des classiques.

La haute et mordante raillerie qui l'anime n'est point celle de la méchanceté, mais d'une vive indignation de la vertu contre le vice.

Adieu, Dante ! je me distrais avec les Muses du spectacle des tristes discordes. Ainsi que toi, je soupire après les lois stables, fondamentalement constitutionnelles, qui seules assureraient le bonheur et l'illustration de ma patrie. Tu fus tour-à-tour poursuivi des Guelfes et des Gibelins pour t'être précipité trop aveuglément dans leurs factions : ils proscrivirent ta tête, rasèrent ta maison, t'accablèrent de calomnies, et tâchèrent d'ensevelir ton nom en décriant tes poésies, en te réduisant à défendre seul la gloire de tes propres œuvres ; et moi, qu'instruisit ton exemple à m'écarter des partis pour ne soutenir qu'une juste cause, comment n'ai-je pu me préserver des attaques perfides, et d'une part des mêmes misères que tu as endurées ? Les hommes punissent donc le refus constant de servir leurs fureurs, comme l'ardente énergie qui s'efforce à les dompter, le fer à la main! Ah! la perspective de toute paix est détruite pour les citoyens, lorsque s'ouvrent une fois les gouffres des révolutions ; et c'est sur-tout à leur entrée que me semblent applicables ces menaces de tes portes infernales :

> *Per me si va nella città dolente,*
> *Per me si va nell' eterno dolore,*
> *Per me si va tra la perduta gente.*
> ....
> *Lasciate ogni speranza, voi che 'ntrate!*

Adieu donc! puisse ma mémoire être protégée

de la tienne, et ne pas périr! La vie de l'esprit est ici-bas aussi incertaine que la vie du corps. Toi, qui nous quittas au quatorzième siècle, tu es plus sûr de durer que moi qui transcrivais ceci, pour l'avenir, pendant les premières années du dix-neuvième.

LA PANHYPOCRISIADE,

POËME.

SOMMAIRE DU PREMIER CHANT.

Exposition du sujet. Le Poëte veut chanter une fête que se donnent les démons au moment où leurs supplices sont suspendus. Lieu de l'enfer dans une comète lancée au travers de l'étendue et de l'obscurité. Description des plaisirs que goûtent les démons, de leur théâtre, et de la foule qui vient assister au drame tragi-comique de la vie de *Charles-Quint*, et des révolutions de son siècle. Peintures de la toile qui couvre l'avant-scène. Là sont représentées toutes les superstitions du monde terrestre. La toile se lève, *la Terre* et *Copernic* apparaissent. *Copernic* instruit celle-ci sur son propre mouvement autour du soleil. Dialogue *du Temps*, *de l'Espace*, et *de la Terre*, dont les entretiens terminent le prologue qui prépare le sujet du drame infernal. Une seconde toile s'abaisse sur le théâtre, et présente aux spectateurs le tableau de la fausse renommée des héros sanguinaires. Le drame est prêt à commencer.

LA PANHYPOCRISIADE.

CHANT PREMIER.

Ma muse, qui du monde a vu les tragédies
Aux esprits immortels servir de comédies,
Du ciel et de l'enfer va chanter les acteurs,
Les drames, le théâtre, et tous les spectateurs.

Dieu permit qu'une fois, dans l'empire des diables,
Succédassent les jeux à leurs maux effroyables ;
Les carreaux et les fouets restèrent suspendus,
Et de longs cris joyeux y furent entendus.
Je veux, d'un pinceau neuf, essayer les peintures
Des plaisirs de l'enfer, et non de ses tortures.

Dans l'Ether sans limite, il est des profondeurs
Où des traits du soleil se bornent les splendeurs :
L'espace est traversé par des sphères sans nombre,
Et la lumière au loin le partage avec l'ombre.
D'un côté, sous le deuil, et de l'autre, sous l'or,
Là, règne Lampélie, et là, règne Ennuctor.
De l'astre pur des jours Lampélie est la fille ;
Et loin de la carrière où sa présence brille,

Le sceptre d'Ennuctor, dieu de l'obscurité,
Des ténèbres régit l'abyme redouté.
Dans son empire affreux, par-delà notre monde,
Une ardente comète, à jamais vagabonde,
Roule au milieu des nuits, et de son épaisseur
Le seul feu des volcans éclaire la noirceur.
C'est là que sont déchus ces démons si terribles,
Ces hauts titans, l'horreur des fables et des bibles :
Leurs tourments trop chantés ne sont plus inouis;
O muse! chante donc les diables réjouis;
Dis les feux de l'abyme illuminant ses routes,
Les torches en festons pendantes à ses voûtes,
Les phosphores roulant en soleils colorés,
Et les métaux fondus en miroirs épurés :
Dis l'éclat des banquets, et les pompes qu'étale
Dans un gouffre enflammé la cohue infernale.
Spectacle comparable au fol aspect des cours,
Où des fêtes sans joie assemblent un concours
D'hommes blêmes d'ennuis, et de femmes flétries,
Qui rampent, enchaînés d'or et de pierreries;
S'efforçant, à l'envi, de dérider leur front,
Qu'attriste la mémoire ou la peur d'un affront.
Tels sont les noirs esprits, en leur palais funeste :
Ils ne jouissent plus de la clarté céleste;
Des lampions fumants sont leurs astres menteurs;
Leurs faux jardins sont pleins de bouquets imposteurs :
Les lambris lumineux de leurs grands édifices,
Brûlent leurs yeux lassés de brillants artifices;
Et tout ce riche éclat, fatigant appareil,
Les jaunit, les rougit, comme un ardent soleil.

Leurs plaisirs les plus vifs sont les jeux du théâtre.
Sous d'énormes piliers est un amphithéâtre,
Qu'inondent les démons à flots tumultueux,
Accourant applaudir des drames monstrueux.
Leur art, qui de la scène élargit la carrière,
Y fait d'un personnage entrer la vie entière;
Peu jaloux qu'un seul lieu, dans son étroit contour,
Resserre une action terminée en un jour.
De leurs yeux immortels la vue est peu bornée :
Devant eux, comme un point passe une destinée;
Et leur regard saisit avec rapidité,
L'enfance d'un héros, et sa caducité.
Pour nous mieux figurer, tout grossiers que nous sommes,
Ils rapprochent d'instincts les bêtes et les hommes;
De l'œuvre du grand-tout curieux amateurs,
La nature animée a pour eux mille acteurs;
Et parmi les bergers, les rois, les chefs suprêmes,
Ils font intervenir les divinités mêmes.

Ce qui ravit sur-tout leur cœur enclin au mal,
Ce sont les vils tyrans, nés d'un germe infernal,
Dont la noirceur, charmant leur goût diabolique,
Leur semble un rare effet de haute politique;
Bien que des assassins les caractères bas
Montrent les mêmes traits que ces grands scélérats.

Leur dialogue en vers est plaisant et tragique,
Descend à la satire, et s'élève à l'épique;
Et chacun des acteurs, en leurs mœurs ou leurs rangs,
A son propre langage et ses tons différents.

Les démons, au-dessus des plus savants artistes,
Dédaignent les ressorts de nos vains machinistes;

Leurs décorations, en tous leurs changements,
Sont un effet divin de prompts enchantements.
On y voit des hameaux, illusions vivantes,
Des bois, des eaux, des cieux, les images mouvantes,
De magiques châteaux, et de trompeuses fleurs,
Et des feux qui de l'aube imitent les pâleurs.
Faut-il offrir l'aspect du châtiment des crimes,
Ils lèvent le rideau qui cache leurs abymes;
Et leur regard encor s'effraie à pénétrer
Des gouffres, des volcans qu'il ne peut mesurer.

 Déja s'ouvre le cirque à l'innombrable foule :
Tous fondent sur les bancs comme un torrent qui roule,
Et leur plaisir rugit non moins que la douleur.
 Sur un mince clinquant de sanglante couleur,
L'œil, en lettres de feu, lit: « *la Charlequinade,*
« Ou *l'orgueil couronné par un siècle malade;*
« Pièce comi-tragique, à divertissements,
« Et tournois, et combats, et grands embrasements. »

 Un nébuleux rideau couvrant d'abord la scène,
Offre, en mille portraits, à l'œil qui s'y promène,
Les masques différents dont l'Erreur en tout lieu
Déguisa de tout temps la face du vrai dieu;
Tableau dont les couleurs charment l'Hypocrisie,
Qui de tant de faux dieux bénit la fantaisie.
 Là, sont tous les chaos d'où les religions
Tirèrent de la nuit leurs superstitions.
Comme autant de soleils, au centre de leurs mondes,
En ce rideau, sortant des ténèbres profondes,

Mille divinités, partageant l'univers,
Ont leurs trônes, leurs cieux, leurs olympes divers.

Un monstre gigantesque, à cinq têtes énormes,
D'un ventre sans mesure étale ici les formes ;
C'est le puissant Brama, que la crédulité
Fait passer dans un fleuve à l'immortalité :
De son sein, de ses flancs, et de ses pieds fertiles,
S'écoulent les tribus des hameaux et des villes.

Là, ce divin monarque, honoré dans Babel,
Nourrit le feu, du monde élément éternel :
La flamme, sur son front, rayonne en diadême
Et l'astre pur des jours, son lumineux emblême,
Aux hommes éblouis cachant leur créateur,
Sous l'éclat de l'ouvrage en éclipse l'auteur.

Plus loin, brille Mithra dans l'azur diaphane,
Près du doux Oromase et du triste Arimane ;
Triple divinité, dont le pouvoir égal
Balance dans le monde et le bien et le mal :
D'un côté sont les cieux, le jour et la science ;
De l'autre les enfers, la nuit et l'ignorance.

La grande Isis est là, cherchant son Osiris,
Dont Typhon dispersait les membres en débris :
On lui voit retirer de l'ombre sépulcrale
Ses restes qu'elle assemble, et dresser un haut phalle,
Simulacre fécond, qu'elle veut conserver
De ce que son amour n'en a pu retrouver.
La lune la revêt de parures nouvelles,
Et vers son fils Horus pendent ses huit mamelles.
Le bœuf, le crocodile, et le sphinx, et l'Ibis,
Et le bouc de Mendès, et le chien Anubis,

Sont peints dans le troupeau des bêtes consacrées
Par un peuple brutal à sa suite adorées.
Son époux, nouveau dieu de cent peuples vaincus,
Semble ressuscité sous les traits de Bacchus :
Le lotus sur sa tête en un lierre se change ;
Il ne sort plus du Nil, il redescend du Gange,
Tenant pour sceptre un thyrse, et jaloux d'assister
Aux banquets de l'Ida, séjour de Jupiter.

 Du trône olympien, le grand fils de Saturne,
Versant les biens, les maux, qu'il puisait dans son urne,
Tonnait, se transformait en aigle impérieux,
En taureau mugissant, en cygne gracieux :
Ses frères, son épouse, et ses fils et ses filles,
Peuplaient tout l'univers de divines familles.

 Mais en un plus haut ciel Jéhova s'aperçoit,
Disant au premier jour : « Que la lumière soit. »
Il n'était que splendeur, que gloire, et la lumière
Sous un brûlant éclat voilait sa face entière.

 Enfin sur un berceau, mystérieux trésor,
Un pigeon enflammé suspendait son essor,
Tandis que dans les bras d'une mère indigente,
Mère qui paraît vierge à sa grace innocente,
Dormait l'enfant sauveur, né d'un dieu paternel :
Triple unité, que peint un triangle éternel.

 Retracerai-je aux yeux ces légions d'idoles,
Ces pagodes au loin présentant leurs symboles ;
Depuis le vieux Lama, l'objet d'honneurs si vains,
Payant l'encens des rois en excréments divins,
Jusqu'au dur Theutatès, si fier de sa massue,
Et de la chaîne d'or à ses lèvres pendue ?

Chimères, qui cédaient à celles de la croix,
Pour qui, le fer en main, on criait: «Meurs, ou crois!»
 Ces peintures montraient notre sphère embrasée
Sous un glaive sanglant en deux parts divisée.
 Des califes géants ouvraient leur paradis
Aux élus forcenés combattant les maudits;
Et les temps, la nature, en traits allégoriques,
Aux peuples éblouis offraient cent dieux antiques.
Les pals et les bûchers qui bordaient ce tableau,
Surchargeaient d'ornements ce mystique rideau.

 Debout, sur ses ergots, le peuple du parterre
Gronde et siffle à l'égal des vents et du tonnerre.
Les princes de l'abyme, empire d'Ennuctor,
Sont dans leur loge assis, derrière un balcon d'or.
Les plus grands, qu'un vain sceptre et que la pourpre accable,
Roidissant par orgueil leur maintien misérable,
Présentent lourdement leur fausse majesté
En spectacle risible à la malignité.
D'autres, de leur écaille étalant la richesse,
Masquent leur front abject d'une feinte noblesse:
Des manteaux étoilés couvrent leurs dos flétris
Par la honte des coups dont ils furent meurtris.
Ceux-ci, moins insolents, sur leur visage infâme
Portent, en traits confus, l'opprobre de leur ame;
Un noir fiel rend amer leur pénible souris.
Ceux-là, de leur splendeur sont gênés et surpris,
Ils n'osent déployer leurs ailes diaprées,
Et déguisent leur queue et leurs griffes dorées.
 Non loin de ces démons cornus et soucieux,

Entre elles se rongeant et s'épluchant des yeux,
Leurs épouses dressaient, diablesses arrogantes,
Des aigrettes de feu, des crêtes élégantes :
Leur cœur de jalousie était envenimé ;
Leurs lèvres se séchaient d'un dépit enflammé,
Sitôt qu'une rivale, à leurs yeux rayonnante,
Déroulait plus d'émail sur sa croupe traînante;
Ou que, sous ses cheveux, tressés de serpents verts,
Son diadème au loin envoyait plus d'éclairs :
A son tour, celle-ci pâlissait consternée
Quand d'un éclat voisin elle était dominée.

Cependant un orchestre interrompt les clameurs
De tout le cirque ému par de folles rumeurs.
D'un triple rang d'archets la profonde harmonie,
Que seconde des cors la douceur infinie,
Elève des sons purs, mélodieux, touchants,
Dont tressaillaient les cœurs, tendres échos des chants :
Tantôt ses longs accords soupirent une plainte,
Tantôt en bruits guerriers elle répand la crainte,
Porte les voluptés, la langueur dans les sens,
Et pénètre dans l'ame en aiguillons perçants.
Mais des princes d'enfer la cour est arrivée ;
Tous les acteurs sont prêts, et la toile est levée.

Notre globe apparaît dans un ciel étendu ;
Là, plane Copernic, astronome assidu,
Portant sa vue au loin de lunettes armée,
Pour mieux vaincre l'erreur des yeux de Ptolomée.
Ce prologue au sujet sert de commencement ;
Ainsi qu'un haut portique ouvre un grand monument.

CHANT PREMIER.

COPERNIC ET LA TERRE.

COPERNIC.

Terre, sur le soleil c'est toi qui fais la roue :
Cet astre est ton essieu.

LA TERRE.

Mortel, né de ma boue,
Homme, frêle animal, es-tu si curieux
Que d'oser sur ma sphère interroger les cieux ?
Tu dois si peu de temps ramper à ma surface !
En toi-même plutôt cherche ce qui se passe.

COPERNIC.

Eh ! peut-on y voir clair ? mon bonnet de docteur
Atteste qu'un scalpel, sous mon œil scrutateur,
A trop souvent, au sein d'une victime humaine,
Cherché par où l'artère est unie à la veine,
Et comment le poumon y forme un sang pourpré
Qui se change en sang noir dans sa course altéré.
Lorsqu'épiant les nerfs, j'ai vu les tiges fines
Des troncs dont le cerveau reçoit tant de racines,
Quand j'ai sondé le crâne où fermente si fort
L'ardeur des passions, qu'éteint sitôt la mort ;
Et l'écho du rocher frappé du son qui vole,
Et le souple larynx, route de la parole,
Et du cœur enflammé ce trépied véhément
Qui, partageant le corps en un double fragment,
Soulève en son courroux les voûtes ébranlées
Dont la secousse émeut les entrailles troublées ;

Quand j'ai percé l'horreur des replis intestins,
Où se perd et se rompt le fil de nos destins ;
Ce foie où la tristesse et le fiel semblent fondre,
Et le sombre embarras du fatal hypocondre :
Je n'ai trouvé dans l'homme, au grand jour dépouillé,
Qu'un labyrinthe obscur où je m'étais souillé.
J'ai reculé, j'ai fui ce néant de moi-même ;
Et me refugiant vers la raison suprême,
Honteux de demander, après un vain effort,
Le secret de la vie à la muette mort,
Ma pensée aussitôt recouvrit ces viscères
Dont, trop long-temps encor m'étalant les mystères,
L'image, en tout mortel, m'offrait même souvent
L'aspect de l'homme éteint dans l'homme encor vivant.
Respectant les tissus où la sage nature
Cache de nos ressorts la fragile structure,
Etonné que des yeux le liquide crystal
Des rayons éthérés fût le mouvant canal,
Vers les grands corps des cieux je levai ma paupière ;
Et fier de réfléchir leurs torrents de lumière,
Mon esprit reconnut, planant de toutes parts,
Que plus loin que mon œil il étend ses regards ;
Et j'ai vu ma grandeur, en cette intelligence
Qui de la bête à l'homme établit la distance..

LA TERRE.

Superbe insecte ! eh quoi ! tu prétends donc savoir
L'ordre de l'univers, ce qui le fait mouvoir ?
Toi, de qui la faiblesse aux erreurs asservie,
N'a pu voir quel principe est l'agent de ta vie !

COPERNIC.

Je sais que tu te meus; mais, ignorant pourquoi,
J'en sais sur toi du moins tout autant que sur moi.

LA TERRE.

A quoi bon t'enquérir, pour guider ton ménage,
Si le soleil ou moi nous faisons un voyage?

COPERNIC.

Ce savoir, inutile à l'étroite raison
Des mortels concentrés au soin de leur maison,
Sert aux explorateurs des bords de nos deux mondes
A nombrer tous leurs pas sur le sol et les ondes;
Et soumet, à l'aspect des astres mieux suivis,
Les terrestres labeurs aux célestes avis.

Si je n'avais connu sur quel axe inclinée
Tu tournes doublement par jour et par année,
Du zodiaque ardent comptant mal les retours,
Je n'eusse pu prévoir les saisons ni les jours,
Ni quand d'un astre, au loin précédant ta planète,
L'apparence changée ou recule, ou s'arrête;
Ni quand, sous l'écliptique ombragée en passant,
La lune cachera son disque brunissant,
Ni combien le soleil se baissant vers ta ligne,
Des jours égaux aux nuits hâte en un an le signe;
Et l'homme ignorerait du midi jusqu'au nord,
Quels mois viendront ouvrir son sillon ou son port.

LA TERRE.

Va, subtil raisonneur, dès avant Ptolomée,
Qui me laissa jadis sa relique embaumée,
On mangeait, on buvait, sans regarder si haut.
Chaque animal pour vivre en sait autant qu'il faut.

COPERNIC.

Chacun suit son instinct et remplit sa carrière :
Le nôtre est de sonder le monde et la matière ;
Et l'esprit qui te pèse et mesure tes pas,
Est plus noble que toi, qui ne te connais pas.
   Je préfère un rayon de science profonde
A l'éclat des dehors couvrant ta sphère immonde :
Tu cesses de briller quand la clarté te fuit ;
La pensée est la flamme, et veille dans la nuit.
Cette lampe immortelle éclaira Pythagore
Sur l'immobilité du soleil qui te dore.
Déja les temps passés m'ont dit que Nicétas
Te vit sous le soleil variant tes climats,
De ses feux vers l'aurore aller puiser la source
Qu'on croyait au couchant apportés par sa course.
   Sous l'espace des cieux mon compas s'est ouvert.
Ton étroit diamètre eût-il rien découvert ?
Celui de ta carrière est l'immense mesure,
Où d'une parallaxe enfin l'atteinte sûre
Touche, au sommet d'un angle, un monde errant dans l'air,
Jusqu'à l'étoile fixe au plus haut de l'éther,
Où les astres lointains d'un ciel inaccessible
Cachent dans l'infini leur orbite insensible.

LA TERRE.

Ainsi tu brises donc l'antique firmament,
Ceintre de crystal pur, voûte de diamant,
Dont les clous d'or.....

COPERNIC.
       Erreurs ! songes de l'ignorance !
Vains prestiges des sens dupes de l'apparence !

LA TERRE.

Crois-tu les détromper ?

COPERNIC.

    L'homme apprendra de moi
Que son soleil si lourd, immense au prix de toi,
Ne peut, pour éclairer ta ronde petitesse,
Au cercle de tes jours rouler avec vîtesse;
Tandis que, pour t'offrir à ses traits éclatants,
En pivotant sur toi, tu tournes moins de temps.

LA TERRE.

L'homme ne croira pas qu'un transport si commode
De lui-même, le soir, le rende l'antipode.
Les oiseaux, dira-t-on, du nadir au zénith,
De vue, en fendant l'air, perdraient soudain leur nid.

COPERNIC.

On saura qu'avec toi l'atmosphère qui roule,
Entraîne en cheminant ce qui vit sur ta boule;
Comme sur un navire, où tous ceux qu'il conduit
S'imaginent voir fuir tous les objets qu'il fuit.

LA TERRE.

Au mortel indolent qui se sent immobile,
Affirme que sans cesse il court de mille en mille,
Et qu'il voyage autant, sans s'en apercevoir,
Que Charles-Quint, toujours fier de se faire voir :
L'ellébore sera le prix de ta remarque,
Elève d'Hippocrate, et beau vainqueur d'Hipparque.

COPERNIC.

Je ne m'empresse pas de proclamer à tous
Les lois de ma raison, car les humains sont fous;
Et des contemporains toujours l'ingratitude

Proscrit la vérité conquise par l'étude.

D'Euclide et d'Archimède astronome appuyé,
Je m'avance à pas lents, de doutes effrayé :
Si mon art faisait luire entre les deux solstices
La face des Césars, le poil des Bérénices,
Astrologue menteur, si mes vagues discours
Semblaient mettre d'accord les cieux avec les cours,
Si, dans l'ombre observant mille intrigues secrètes
J'en étais le devin, ainsi que des comètes,
Mon siècle, aimant la fourbe et l'ostentation,
Me nommerait des grands la constellation :
Mais, ne tendant qu'au vrai, je n'ai que Dieu pour maître,
Ce n'est que du tombeau que ma gloire peut naître,
Après les vains fracas qu'on entend éclater
Au nom de tous nos rois, du pape et de Luther.
Retiré loin du bruit, l'ignorance et l'église
Ne sacrifieront point Copernic à Moïse.
Je lègue mon système à quelque zélateur
Qui sera condamné d'un saint inquisiteur
A renier sa foi sur le cours de la terre :
Tant la vérité plaît aux prêtres de ta sphère !

Adieu. Je crois sentir qu'en fuyant d'ici-bas
L'ame, à son apogée, ignore leurs débats.

LA TERRE.

Crains ce périhélie où son feu la dévore.

COPERNIC.

Je suis dans le soleil, et je te mire encore.

(Il disparaît.)

LA TERRE, L'ESPACE ET LE TEMPS.

LA TERRE.

De quels maîtres divins en a donc tant appris
Cet animal pensant, de la lumière épris?
Qui de mes mouvements lui découvrit la trace?

L'ESPACE ET LE TEMPS.

Nous.

LA TERRE.

Qui donc êtes-vous?

LE TEMPS.

Moi, le Temps.

L'ESPACE.

Moi, l'Espace.

LE TEMPS.

Oui, c'est moi qui toujours, un long pendule en main,
Dans l'horloge des cieux sonne sur ton chemin.

L'ESPACE.

C'est moi qui de la voûte où chaque étoile brille
Forme un cadran immense à l'éternelle aiguille.

LA TERRE.

Je reconnais ta voix, ô Temps fallacieux,
Qui, par ta double face, à-la-fois jeune et vieux,
Regardes, emportant les mondes sous ton aile,
Le passé qui me fuit, l'avenir qui m'appelle :
Toi, je te reconnais aux cercles azurés
Où sont de tes grandeurs marqués tous les degrés.

L'ESPACE.

Fils de l'éternité, le temps produit chaque âge;
Fils de l'immensité, l'espace la partage;
L'immobile infini qu'on ne peut concevoir,
En son sein tous les deux nous laisse nous mouvoir;
On ne saisit qu'en nous les lieux et la durée;
Et par notre puissance, avec art mesurée,
L'esprit, qui tient de nous ses doctes éléments,
De nos rapports unis tire ses jugements.
Ce fut par nos leçons que l'humaine industrie
Te soumit aux calculs de sa géométrie.

Sans l'espace, le temps serait inaperçu;
Sans le temps, de l'espace on n'eût jamais rien su.

LA TERRE.

Je ne te comprends pas.

LE TEMPS.

Trop ignorante masse!
Sentirais-tu dans l'air toujours changer ta place,
Si tu n'apercevais de moments en moments
Des astres d'alentour les divers changements?
Le terme de leur cours, leur vîtesse inégale,
Ne t'instruisent-ils pas par leur double intervalle?
C'est ainsi qu'un chasseur, en décochant deux traits,
Les juge lents ou prompts d'autant que loin ou près
Vers le but de leur vol un même instant les porte:
Et tout ce qui se meut s'estime de la sorte.

L'ESPACE.

Oui, des corps circulant dans ma capacité,
La pesanteur s'égale à leur vélocité;

C'est par nos seuls avis que l'homme qui te sonde
Sait que ta lune agit sur les reflux de l'onde,
Et connaît que ton pôle en sa nutation
Borne à vingt-cinq mille ans sa révolution :
C'est peu que de prévoir les phases des planètes,
Il suit dans notre sein les retours des comètes,
Trace la parabole où leurs feux sont perdus,
Et prédit aux mortels qu'ils ne les verront plus.

LA TERRE.

Ce petit être-là reçut un haut génie !

LE TEMPS.

Non, le temps éternel, l'étendue infinie,
Où le temps mesurable et l'espace apparent
Emportent l'univers et passent en courant,
Sont pour l'homme des mots qu'il ne saurait entendre;
Son esprit jusque-là ne put jamais s'étendre;
Et n'attachant à tout qu'un sens matériel,
Derrière un ciel franchi n'imagine qu'un ciel.
Il faut que des moments, des lieux et des figures,
Pour être comparés, lui prêtent leurs mesures;
Et le temps fixe et vrai, le vide illimité,
Se cache autant à lui que la divinité.
Que de choses pourtant, véritables mystères,
Que sa science ignore, et nomme des chimères !
Dieu même, à sa faiblesse invisible en tout point,
Parce qu'il est voilé, lui semble n'être point.

L'ESPACE.

Eh ! l'homme, qui toujours examine et compare,
Médite peu le fond, et son esprit s'égare.

Par le temps et l'espace il compte les instants,
Et ne sait ce que c'est que l'espace et le temps.
Un an est un long siècle à son impatience ;
Un siècle n'est qu'un jour pour sa vaine espérance :
Son orgueil ne voit pas que tout son avenir
Dans le passé rapide est tout près de finir.
Terre, un quart de ton globe, inutile domaine,
Aux mortels couronnés paraît suffire à peine ;
Tandis que leurs sujets, n'arpentant qu'un jardin,
S'étonnent des grandeurs de son étroit confin.
Ainsi, toujours trompé sur tout ce qu'il embrasse,
L'homme se croit durable et sans borne en sa place ;
La mort vient, le dépouille, et je reprends sur lui
Jusqu'au lieu resserré d'où son corps même a fui :
Car, tout passe en mon sein, emporté par les âges ;
Le monde en doit sortir, et même ses images.

LE TEMPS.

Un drame néanmoins va montrer aux démons
Ce que font les mortels pour leurs rangs et leurs noms,
Et l'âge où Charles-Quint, en fatiguant sa vie,
A cru s'éterniser sur ta superficie.

LA TERRE.

Où donc est le théâtre où ses traits sont offerts ?

L'ESPACE.

Aux enfers.

LA TERRE.

En quels lieux sont cachés les enfers ?

L'ESPACE.

L'erreur se les figure au centre de ton globe :

Une comète au loin dans la nuit les dérobe,
Monde errant, embrasé, plus vaste que le tien ;
Car, dans l'immensité, ton orbe entier n'est rien.
Tu le sais : dans le vide il est tant de demeures !
Adieu ! poursuis ta route, et roule au gré des heures.

———

Là finit le prologue, on voit tout s'éclipser ;
L'acte, image du siècle, enfin va commencer.
Mais sur la scène encor s'abaisse un second voile :
La fausse renommée y brille en une toile
Où le pinceau traça le triomphe des chars,
Au temple de mémoire entraînant les Césars.
Quelques sages, témoins de leurs superbes rôles,
Soit dédain, soit pitié qui haussât leurs épaules,
Courrouçaient d'un souris les centaures d'acier
Qui de leur sabre nu croyaient les effrayer.
On voyait des grandeurs les cimes orageuses
Sur des remparts en feu, qu'en ses courses fangeuses
Entourait de replis un long fleuve sanglant.
Les noirs torrents du Styx, le Phlégéton brûlant,
Dont l'horreur fabuleuse épouvante les ames,
N'ont rien de plus affreux, dans leurs eaux, dans leurs flammes,
Qu'un cours de sang humain, roulant à gros bouillons,
Où surnagent encor, en proie aux tourbillons,
Des pieds, des corps tronqués, des mains, de pâles têtes.
  Cependant le vainqueur, dont les palmes sont prêtes,
Traverse le carnage ; et, rougi de ce sang,
L'affreux jour qui s'y plonge en s'y réfléchissant

Fait reluire au passage une pourpre enflammée,
Vêtement du héros cher à la renommée ;
Tandis qu'un peuple aveugle entend de toutes parts
Les trompettes, les chants, les cris, et les pétards.

L'enfer se plaît à voir que du sang qui s'étale
La lueur rejaillit en pourpre triomphale.
Le peintre est applaudi par les noirs spectateurs.
La toile enfin remonte, et fait place aux acteurs.

LA PANHYPOCRISIADE.

CHANT DEUXIEME.

SOMMAIRE DU DEUXIÈME CHANT.

La toile se lève. Description du lieu de la scène. L'amiral *Bonnivet*, endormi dans sa tente, aperçoit l'image de sa maîtresse, qui lui reproche d'avoir entraîné les Français en Italie, moins pour leur gloire que par le desir de la revoir à Milan. Entretien de *Clément Marot* et de l'amiral. Apparition de l'ombre *de Bayard* au pied d'un chêne, devant le *Connétable de Bourbon*, qu'il laisse avec la *Conscience*. Scène entre *la Conscience* et *le Connétable* transfuge. Dialogue de la *Mort* et d'une *Fourmi*. Pressentiment que s'exprime à soi-même *le chêne* antique sous lequel apparut Bayard. Histoire et chûte de ce vieux arbre, arraché par des soldats.

LA PANHYPOCRISIADE.

CHANT DEUXIÈME.

Le théâtre présente, en un château gothique,
Une chambre, que pare un lit non moins antique :
La nuit y règne encor sous deux rideaux épais
Brodés à larges fleurs, surmontés par un dais.
Là, s'agite en dormant un chef plein de vaillance,
Qui pour François-Premier a manié la lance,
Bonnivet, dont le camp siége au bord du Tésin :
Les vîtraux sont blanchis des rayons du matin.
Vers le lit du guerrier une image se glisse ;
Fille du souvenir, c'est la belle Clérice.

BONNIVET ET L'IMAGE DE CLÉRICE.

L'IMAGE DE CLÉRICE.

Tu languis, amiral ! n'est-ce donc pas pour moi
Que tu fis traverser les Alpes à ton roi ?
Si j'en crois les baisers et les mots de ta bouche,
Milan n'eut rien pour toi de plus doux que ma couche.

Moi, folle Italienne, ardente en mon amour,
Je te fis oublier tes Lucrèces de cour :
D'autant plus préférable à ces illustres belles,
Qu'alors qu'on les subjugue on est fatigué d'elles;
Tandis que sans façon me laissant obtenir,
Quand on sort de mes bras, on veut y revenir.
L'abandon inquiet de vos prudes maîtresses
Ne vaut pas les transports de mes vives caresses,
Et leur triste scrupule, et leurs plaisirs gênés
Embrasent moins vos sens que mes sens effrénés.
Mon port a-t-il perdu ses graces attrayantes?
Ai-je les yeux moins vifs, les lèvres moins riantes,
Le col moins blanc, le sein moins ferme et moins poli,
Le bras, le pied, le..... quoi? qu'ai-je de moins joli?
Ah! mon cher Bonnivet! tu brûles, tu soupires,
Et l'ardeur qui t'émeut dit ce que tu desires.....
Viens donc.

BONNIVET.

O ma Clérice! objet aimable et beau!
Déja tu m'apparus vers ce double ruisseau
Qui, mêlant ses tributs pour former la Durance,
Des rocs de Briançon coule avec abondance.
Là, dans ma couche ainsi réveillant mes desirs,
Tu me vins de Milan retracer les plaisirs :
Tes appas demi-nus me ravirent en songe;
Et quand de tes baisers je goûtais le mensonge,
Tu semblas t'échapper comme une ombre sans corps,
Loin du lit qu'en désordre avaient mis tes transports.

L'IMAGE DE CLÉRICE.

J'ai voulu, te laissant le regret de ma perte,

Au sein de l'Italie à tes armes rouverte,
T'attirer doucement par le secret pouvoir
Que j'ai sur tout Français épris de mon œil noir.
Mon orgueil a bien ri, s'il faut parler sans feinte,
Quand, plein de ma mémoire en tous tes sens empreinte,
Au conseil de ton roi, par cent nobles raisons,
Tu poussas son armée à repasser les monts.
Ah! de ton éloquence héroïque, suprême,
Ma flamme était la source inconnue à toi-même,
Tu crus, en confondant les plus sages guerriers,
N'avoir devant les yeux que l'honneur des lauriers;
Tu ne voyais que moi : j'étais la seule envie
Dont l'attrait t'amenât sous les murs de Pavie.
Les peuples ont-ils cru qu'un magnanime roi
Au milieu des périls entraînât, sur ta foi,
Ses soldats, et la fleur des preux de sa famille,
Pour rendre un libertin à l'amour d'une fille?
Tel est le monde! Allons; aux assiégés vaincus
Reprends-moi dans Pavie, et presse le blocus.
(L'image disparaît.)

BONNIVET, *s'éveillant.*

Que dit-elle?.... Ah! j'entends la trompette qui sonne.
Déja sur l'horizon le jour naissant rayonne.....
Levons-nous..... dans mon camp devançons le soleil.
Quoi donc? à quel objet rêvais-je en mon sommeil?
A Clérice!... Elle-même.... Oh! l'étrange folie!....
Son amour m'aurait fait rentrer dans l'Italie !
Non, non, dans les périls dont je me sens pressé,
Ce lâche sentiment ne m'eût jamais poussé :
Vous n'êtes pas, madame, une seconde Hélène;

Votre Milan n'est pas l'Ilion qui m'amène.
Non, je n'ai point pour vous suivi le roi des rois;
Je n'ai point follement, jaloux de vains exploits,
Pour me reconquérir vos faveurs et vos charmes,
Ebranlé tout-à-coup les Alpes sous mes armes,
Et porté mes canons sur des rocs sourcilleux
Où jamais n'ont tonné que les foudres des cieux.
Qui? moi! pour contenter mes amoureux caprices,
Mettre une armée entière au bord des précipices,
Exposer un grand roi, ses parents, ses soldats;
Les conduire en aveugle à de lointains combats!
Pour qui? pour ma maîtresse offerte à ma mémoire?
Non, mon cœur n'écouta que la voix de la gloire;
Et sans qu'à mes projets un fol amour ait part,
Je vins ici venger nos affronts et Bayard.

CLÉMENT-MAROT, ET BONNIVET.

BONNIVET.

C'est vous, galant Marot! vous, levé dès l'aurore!

MAROT.

Oui, j'aime à voir l'éclat dont l'orient se dore;
Et le dieu des beaux vers m'emplit de feux nouveaux,
Quand l'heure matinale attèle ses chevaux.
J'aime à voir de son char la lumière vermeille
Luire au camp des Français, que le clairon éveille;
Et, brillant dans l'azur, l'astre de Lucifer
Emailler les vallons étincelants de fer.

CHANT DEUXIÈME.

BONNIVET.

Si vous ne me parliez sur le ton des poëtes,
Je vous méconnaîtrais, armé comme vous l'êtes.

MAROT.

Je ne ferais nul cas d'un poëte de cour
Qui n'endosserait point la cuirasse à son tour.

BONNIVET.

Marot veut que son sang, grace à quelques prouesses,
Lui mérite les pleurs des plus nobles princesses.

MAROT.

Marot chez les neuf sœurs survivra plus d'un jour,
Blessé du fer de Mars et des traits de l'Amour.

BONNIVET.

La propre sœur du roi, si j'en crois la chronique,
Vous l'aura dit, peut-être, en un style saphique.

MAROT.

La sœur de notre roi, duchesse d'Alençon,
Protège en moi du Pinde un humble nourrisson :
Je l'aide quelquefois des avis de ma muse
A tourner plaisamment un conte qui l'amuse.
Mais les grands sont jaloux quand elle me sourit,
Et fait céder pour moi l'étiquette à l'esprit.

BONNIVET.

Marguerite, en secret, vous met, dit-on, en verve?

MAROT.

La Pallas de nos jours doit être ma Minerve.
Est-ce un sujet de glose aux malins envieux?

BONNIVET.

Que fait donc votre muse, absente de ses yeux?

MAROT.

Elle chante le roi, pour qui je prends l'épée.

BONNIVET.

Brave rimeur, courage! A quand votre épopée?

MAROT.

Le Parnasse, amiral, est plus lent à forcer
Que vos remparts tonnants, si prompts à renverser.
Un poëme renaît sur d'héroïques cendres.
Nous n'avons qu'un Homère; il est tant d'Alexandres!
N'imaginez donc pas, en vous raillant toujours,
Qu'un poëte, en soldat, marche au gré des tambours.

BONNIVET.

Vous, n'imaginez pas qu'en ses folles bouffées
Votre docte Phébus élève nos trophées.

MAROT.

Non; l'honneur d'un guerrier a d'autres fondements
Qui prêtent à nos vers d'utiles ornements.

BONNIVET.

Ah! les héros outrés et la fiction pure,
Des œuvres d'Apollon sont la seule parure;
Et de grands mots, tirés du latin et du grec,
Enrichissent leur fonds, quelquefois pauvre et sec.
Voilà ce qui soutient les vaines renommées
Des beaux diseurs de rien, en paroles rimées.

MAROT.

Si je connais votre art ainsi que vous le mien,
Je confesse qu'ici je n'en parle pas bien.
Chacun notre métier : perdons la frénésie
Moi, de parler de guerre, et vous, de poésie.
Souffrez qu'ici Marot, cavalier mal-expert,

Use à son gré du temps que vous jugez qu'il perd ;
Que, sans titre en vos camps, rimant son badinage,
Il offre à plus d'un siècle un miroir de son âge.

Venez ; le roi vous mande, et va tenir conseil.
L'Europe ne doit plus voir un double soleil :
Valois dit qu'il est temps que Charles-Quint lui cède.

BONNIVET.

S'il m'écoute, il vaincra.

MAROT.

Que Dieu vous soit en aide !

BONNIVET.

Lannoy veut nous surprendre... Ah ! je jure qu'avant,
Les nonnes de Pavie, en leur étroit couvent
Recevront mes soudards comme révérends pères.

MAROT.

Bon ! que comme Marie elles soient vierges-mères.

———

Ils sortent ; les démons rirent aux grands éclats,
Que la virginité, dévolue aux prélats,
Dût-être un jour en proie aux baisers à moustaches :
Car de l'honneur dévot le diable aime les taches.

Tout a changé d'aspect : dix jours sont écoulés.
La scène offre aux regards des chemins isolés ;
Ils tendent vers un camp dont l'enceinte est voisine :
Sur de larges vallons Pavie au loin domine.
Le soleil qui se couche éclaire encor les fronts
Des arbres dont le soir déja noircit les troncs :

Là, d'un chêne élevé la grande ombre s'allonge.
Un coursier, qui hennit sous le frein d'or qu'il ronge,
Porte en ce lieu Bourbon, connétable fameux,
Transfuge de la France, et proscrit belliqueux.
C'est l'heure où du sommeil accourent les fantômes;
Où les esprits ailés, les Sylphes et les Gnômes,
Courbent, en voltigeant, la bruyère des bois,
Et remplissent les airs de murmurantes voix.
Sous d'humides vapeurs tout semble se confondre;
Le jour est prêt à fuir, et la nuit prête à fondre.

BOURBON.

Soleil! en t'éloignant tu vois mes camps agir:
L'astre d'un prince ingrat comme toi va rougir;
Et, me fuyant demain, sa splendeur éclipsée
Cédera pour sa honte à ma gloire offensée.
Heureux François-Premier, tremble d'être puni
Par ce même mortel que ta haine a banni.
Charles-Quint que je sers, mon juste et nouveau maître,
Des brigues de ta cour me vengera peut-être ;
Et je te convaincrai, plaisir digne de moi!
Qu'un sujet outragé peut avilir un roi.
Que vois-je?... est-ce une erreur, une chimère vaine?...
Quel guerrier m'apparaît appuyé sous ce chêne?.....
C'est celui qu'à Rébec j'ai vu de sang baigné,
Me jeter en mourant un regard indigné !
C'est lui! je reconnais ses traits, et sa stature,
Sa longue épée en croix, et sa pesante armure.....
Écarte-toi, fantôme! et sors de mon chemin....!
Pour m'arracher la bride il étend une main....!
Avance, ô mon coursier!... Presse le pas! te dis-je....

Quoi ! son crin se hérisse, il recule.... ô prodige !
Bourbon même, Bourbon de crainte est combattu......
Et toi, chez les vivants pourquoi reparais-tu ?
Rentre au lit de la mort, ou cette lance.....

L'OMBRE DE BAYARD.

Approche,
Je suis le chevalier sans peur et sans reproche.

BOURBON.

Qui t'a fait du tombeau quitter la froide nuit ?

L'OMBRE DE BAYARD.

Bayard vient consterner l'orgueil qui te conduit.

BOURBON.

Ton roi, dont l'amitié t'honora dans ta vie,
Humilia souvent ma vertu poursuivie :
Lui dûmes-nous tous deux garder la même foi ?

L'OMBRE DE BAYARD.

L'honneur pour nos pareils n'a qu'une même loi.

BOURBON.

J'abhorrais d'un tyran l'injustice hautaine.

L'OMBRE DE BAYARD.

Lorsqu'il daigna de moi, modeste capitaine,
Recevoir l'accolade, aux champs de Marignan,
Valois s'annonca-t-il en superbe tyran,
Lui qui devant l'honneur de la chevalerie
Courba sa tête auguste, espoir de la patrie ?

BOURBON.

Il voulut d'un prestige exalter nos vertus,
Pour vaincre ses rivaux par nos mains abattus.

L'OMBRE DE BAYARD.

Tu les sers contre lui, Connétable perfide !

Regarde à tes côtés cette vierge rigide :
Elle te redira qu'on doit au lit d'honneur
Mourir pour son pays sans reproche et sans peur.
Adieu ! va, déloyal ! ton vil triomphe approche :
Mais tu n'éviteras la peur ni le reproche.

(L'ombre disparaît.)

BOURBON ET LA CONSCIENCE.

BOURBON.

Où suis-je ?... Oracle affreux qui confond mon orgueil !
O spectre tout armé, déserteur du cercueil,
Serais-tu des enfers l'organe et le ministre ?
Arrête, ombre sévère !... Ah ! quel adieu sinistre !...
Il s'enfonce à travers l'épaisseur des forêts,
Silencieux comme elle, et sombre en tous ses traits...
Il fuit.... il a soufflé le désordre en mon ame....
O mânes redoutés !... Mais toi, maligne femme,
Toi, parle ; que veux-tu ? l'horreur de cet instant
Doit-elle provoquer ton sourire insultant ?
Pourquoi, d'un blanc si pur couverte tout entière,
Me blesser dans la nuit par ta vive lumière ?

LA CONSCIENCE.

Traître ! la Conscience enfin te veut parler.

BOURBON.

Importune ! à mon camp laisse moi revoler.

LA CONSCIENCE.

L'ombre du preux Bayard m'ordonna de te suivre :
N'attends pas que de moi nul effort te délivre.
Je ne te quitte plus.

BOURBON.

Eh bien, suis mon coursier.

CHANT DEUXIÈME.

LA CONSCIENCE.

J'ai des ailes : sur toi je fonds en épervier.

BOURBON.

Crois-tu m'épouvanter comme un enfant timide ?

LA CONSCIENCE.

Ma présence a glacé plus d'un cœur intrépide.
Je te rendrai la paix, si tu me fais juger
Que sans crime tu vends ton bras à l'étranger.

BOURBON.

N'ai-je pas de Valois, par un zélé service,
Conquis et mérité la faveur protectrice ?

LA CONSCIENCE.

Du rang de connétable il paya tes exploits,
Et son amitié tendre aggrandit tes emplois.

BOURBON.

Bientôt l'ingrat lui-même, en brisant son ouvrage,
Ne m'a-t-il pas ravi jusqu'à mon héritage ?

LA CONSCIENCE.

Ta fière indépendance, ambitieux soldat,
Dans l'état prétendait s'ériger un état.

BOURBON.

Sa mère m'y forçait : Louise, à qui la France
Laisse aujourd'hui porter le poids de la régence,
Calomniait par-tout mes projets soupçonnés ;
Depuis que, méprisant ses amours surannés,
Je refusai mes sens et mon jeune veuvage
A l'offre de son lit dont m'écartait son âge.
Une vieille coquette, implacable en ce point,
Poursuit qui la dédaigne, et ne pardonne point.
Elle me dépouilla de mon bien légitime :

3.

Fallait-il au couteau me livrer en victime?
Elle, sa cour, son fils, ne m'opprimaient-ils pas?
Quel vil principe ont eu nos illustres débats!

LA CONSCIENCE.

Toujours d'un beau prétexte on se farde à soi-même
Ses petites noirceurs, son infamie extrême :
Mais, démentant au fond les dehors affectés,
J'éclaire les méchants sur leurs difformités.
Il valait mieux attendre, et détromper ton maître,
Que d'encourir sa haine, et devenir un traître.

BOURBON.

Pour les peuples ingrats et les rois insolents,
Des traîtres tels que moi sont des Coriolans.

LA CONSCIENCE.

S'appuyer de grands noms aux pervers est facile :
Si tu fais le Romain, imite donc Camille :
Proscrit des sénateurs, exilé généreux,
Il ne s'en est vengé qu'en triomphant pour eux :
Et si Coriolan a droit qu'on le révère,
C'est par son repentir, né des pleurs d'une mère.
Cesse donc, en rival d'un malheureux héros,
D'embraser ton pays au prix de ton repos :
Ou si son noble exemple a pour toi quelques charmes,
La patrie est ta mère; eh bien! rends lui les armes.

BOURBON.

Chacun dirait bientôt que faible, irrésolu,
Je ne n'ai rien su jamais de ce que j'ai voulu,
Que, tour-à-tour quittant l'empereur et la France,
J'ai doublement trahi l'une et l'autre puissance;
Et qu'entre ces partis, homme toujours douteux,

Je mérite à-la-fois le mépris de tous deux.
LA CONSCIENCE.
C'est donc la vanité qui seule t'aiguillonne
Dans le chemin du crime où ton cœur s'abandonne?
Insensé! ton orgueil a-t-il moins à souffrir
Parmi ces étrangers à qui tu vins t'offrir?
Les rivaux, dont ta gloire excite le murmure,
Te disputent ta place en te nommant parjure :
L'ombrageux Charles-Quint soupçonne qu'aujourd'hui
Perfide envers ton roi, tu peux l'être envers lui.
Il repaît ton espoir de promesses frivoles :
Tu le sers par des faits, il s'acquitte en paroles ;
Et Pesquaire, et Lannoy, tes compagnons guerriers,
D'un sourcil dédaigneux insultent tes lauriers :
Le regard des soldats et leur malin sourire
Te dit ce que leur bouche a besoin de te dire;
Et ton crime t'expose à l'affront que tu fuis,
Chez ceux que tu quittas, et chez ceux que tu suis.
Ah! qu'il eût mieux valu, recherchant la retraite,
Dévorant, loin des cours, une douleur muette,
Te montrer au-dessus de tes fiers ennemis,
Et digne des grandeurs où le sort t'eût remis!
Que produit en ces lieux ton courage inutile?
Tout transfuge est à charge à qui lui donne asyle;
Un mépris défiant accueille ses secours.
Je te plains : le dépit t'agite à mes discours;
Ils pénètrent ton cœur non moins que les morsures
D'un aspic dont le fiel irrite les piqûres.....
Où vas-tu donc? pourquoi tes éperons sanglants
D'un innocent cheval déchirent-ils les flancs?...

Tu reviens malgré toi sous ces rameaux funèbres,
Sous ce chêne, où Bayard est sorti des ténèbres :
Ses traits, ses derniers mots t'ont frappé de terreur.

BOURBON.

Conscience, tais-toi ! tu n'es rien qu'une erreur,
Des sens désordonnés un vaporeux prestige.....
A te craindre, à t'ouïr, quelle force m'oblige ?
Peux-tu m'ôter mes biens, mon crédit et mon rang ?
Peux-tu blesser ma chair, et répandre mon sang ?
As-tu, pour m'attaquer, une pique, une épée ?.....
Menteuse vision de toute ame trompée,
Tes scrupules craintifs alarment les dévots,
Les femmes, les mourants, et non pas les héros.

LA CONSCIENCE.

Superbe ! à ma rigueur ne crois pas te soustraire :
Je punis tes pareils ainsi que le vulgaire.
Inévitable, prompte à condamner le mal,
Tout coupable frémit devant mon tribunal.
On ne me voit en main le glaive ni la lance :
Mais de mon équité l'invisible vengeance
S'arme de traits aigus dont je perce le cœur
De tel qui me bravait par un discours moqueur.
C'est moi qui fais rougir l'altière courtisane
De l'or dont l'enrichit l'amour qu'elle profane ;
C'est moi qui, trahissant les voleurs les plus fins,
Par-fois, sur leur visage écrivis leurs larcins.
Souvent pour le forçat échappé de la chaîne
Mon secret jugement est la plus rude gêne :
Au meurtrier obscur comme au noble brigand,
Je montre, à tous les coins, l'échafaud qui l'attend.

J'humilie à ma voix plus d'un Séjan illustre,
Devant l'homme qui n'a que sa vertu pour lustre :
Je pince nuit et jour les vils Amphitryons
Qui laissent Jupiter aggrandir leurs maisons;
Je mords la Danaé qui l'appelle à son aide;
Et ma verge en courroux fouette son Ganymède.

 Pour toi, héros de titre et non héros de fait,
Je te ferai sentir qu'on te fuit, qu'on te hait,
Que, te rendant la vie à toi-même importune,
Tourmenté sur la roue où te mit la fortune,
Sans retour arraché des routes du devoir,
Ton audace est en toi l'effet du désespoir.
Pars donc! rejoins ton camp; va singer le grand homme.

BOURBON.

Laisse-moi.

LA CONSCIENCE.

   Je te suis.

BOURBON.

    Quoi! toujours?

LA CONSCIENCE.

       Jusqu'à Rome.

Elle dit : mais Bourbon, lançant un œil hagard
Autour du sombre chêne où reparut Bayard,
Pique de l'éperon; et du pied, en arrière,
Son coursier en partant touche une fourmillière,
Populeuse cité, qu'écrase en un moment
De ses amples greniers l'entier écroulement.

 Les démons, dont la vue est perçante et divine,

Pleins d'un vif intérêt contemplent sa ruine :
Des rangs les plus lointains de leur cirque étendu,
Ils attachent leurs yeux sur ce peuple éperdu,
Dont se sauve à grand' peine une fourmi tremblante,
Qui, grimpant au travers de l'arène roulante,
Dans le commun naufrage enfin trouvant un port,
Atteint le haut d'une herbe; et là, parle à la Mort.

LA FOURMI ET LA MORT.

LA FOURMI.

Où fuirai-je ? ô désastre ! ah ! tout tombe en poussière...
Quel gouffre ensevelit ma nation entière ?
Eh quoi ! la terre, hélas ! ébranlant ses soutiens,
Engloutit nos travaux, nos familles, nos biens...
Ciel ! protège la cime où je fuis la tempête;
O Mort ! épargne-moi : cruelle Mort ! arrête.
Je suis seule échappée aux abymes ouverts.....
Prétends-tu qu'avec moi finisse l'univers ?

LA MORT.

Que dis-tu, faible insecte, et quelle est ta pensée ?
Toute ta république à jamais renversée
Changera seulement ton étroit horizon :
L'ordre de l'univers en souffrira-t-il ? Non.

LA FOURMI.

Ah ! Dieu qui fit pour nous l'ombre, la clarté pure,
Les eaux, les fleurs, les fruits, et toute la nature,
Ne t'a pas commandé de nous exterminer.

LA MORT.

Le Dieu qui fit vos jours m'a dit de les borner.

Ce Dieu fit tout pour vous comme pour chaque race
Dont la foule innombrable arrive au monde, et passe.

LA FOURMI.

O triste Mort! fléau de la création!

LA MORT.

Moi! je la reproduis par la destruction.
Chaque individu meurt, l'espèce est éternelle :
Je dois les frapper tous, et ne puis rien sur elle.
Quand je viens les saisir, Dieu qui sait bien pourquoi
Ne voit pas que la mort ait rien de triste en soi.

LA FOURMI.

Ainsi donc, sans pitié tu m'ôteras la vie;
Comme à ce peuple, hélas! tu l'as déja ravie!
Eh! qu'avions-nous besoin d'établir nos maisons,
D'y nourrir nos enfants à l'abri des saisons,
Et de tant signaler notre active industrie,
Nos politiques lois, nos soins pour la patrie?

LA MORT.

Ces mœurs sont votre instinct jusqu'au temps du trépas;
Par elles vous viviez, ne les déplorez pas.

LA FOURMI.

Après l'ébranlement de tout notre hémisphère,
Des êtres tels que nous restent-ils sur la terre?

LA MORT.

Pauvre fourmi! le choc a brouillé ton cerveau.
A quelques pas d'ici cherche un abri nouveau :
Tes yeux y trouveront des peuplades semblables
A celle qui périt sous un monceau de sables;
Bientôt, vers le butin courant par millions,
Elles vont t'enrôler en leurs noirs bataillons.

LA FOURMI.

Quel pouvoir a, du sol agitant la surface,
Subverti nos états et la terrestre masse?

LA MORT.

Le pied d'un animal, et non le bras d'un Dieu,
Renversa votre empire en traversant ce lieu.

LA FOURMI.

Quel colosse puissant!

LA MORT.

     Ce colosse superbe
N'est qu'un cheval mortel, qui foule et qui paît l'herbe.
Aveugles l'un pour l'autre, et d'instinct séparés,
Vous existez ensemble et vous vous ignorez :
Il échappe à tes yeux par sa grandeur extrême;
Ta petitesse aux siens te dérobe de même.
Ainsi tant d'animaux, diversement produits,
Sont au gré du hasard l'un par l'autre détruits :
Tour-à-tour l'un de l'autre utile nourriture,
A tous également je les livre en pâture;
Et, les cédant sans choix aux rongeants appétits,
L'aigle est en proie au ver, et les forts aux petits.

 Te souvient-il d'un monstre à tes yeux si terrible,
Au long dos écaillé d'émeraude flexible,
Ce lézard, dont la gueule effrayait vos cités?
Un serpent en dîna dans ses trous écartés.
Ce pivert, qui dardait une langue afilée
Sur votre colonie à sa faim immolée,
Fut mangé d'un vautour; et son sanglant vainqueur
Fut pris d'un épervier, qui lui rongea le cœur.
Cet ennemi si prompt, ignoré de ta vue,

Craint d'autres ennemis dont la serre le tue.
Tous vivent de carnage; et, rebelles au sort,
Tous, quand vient leur instant, se plaignent de la mort.

LA FOURMI.

Ces créatures-là n'ont pas des destinées
Si tristes que la nôtre et sitôt terminées?

LA MORT.

Étonne-toi bien moins de tes destins si courts,
Que de naître si faible, et de compter des jours.
Effet prodigieux de la toute-puissance,
Qui, d'organes si fins protégeant l'existence,
Défend à mille chocs de rompre les ressorts
Par qui ton cœur palpite en un si frêle corps!
Que peut contre mes dards ta fragile cuirasse?
Comment affermis-tu ton regard dans l'espace,
Et respires-tu l'air, souvent pernicieux
Au plus robuste oiseau né pour braver les cieux?
Ne murmure donc plus si ton destin s'arrête.
L'herbe qui maintenant te porte sur son faîte,
Doit-elle autant durer que ce chêne au longs bras,
Grand être, encor vivant, que tu ne connais pas?
Ce géant des forêts va sous ma faulx encore
Gémir, atteint des coups d'un être qu'il ignore;
Cet être enfin, c'est l'homme, orgueilleux animal,
Et des lieux qu'il parcourt tyran le plus fatal.

La Mort avait parlé : du creux de l'arbre antique,
Un hibou fit ouïr son cri mélancolique :
Au présage annoncé par sa sinistre voix
Le chêne à part se dit, en langage des bois :

LE CHÊNE.

Malheureux arbre ! En moi quel tumulte s'élève !
Je sens que vers mon cœur se retire ma sève :
Mes membres ont tremblé, comme ils tremblent souvent
Du frisson qui les glace à l'approche du vent.
Cependant la fraîcheur et la paix m'environne :
Nul choc ne m'avertit qu'il pleuve ni qu'il tonne :
De tous les points divers de l'espace éthéré
La nuit souffle sur moi l'air le plus épuré.
Quel noir pressentiment m'épouvante, me glace ?
M'annonce-t-il ma fin ? moi, dont l'antique race
A peuplé l'univers de tant d'arbres fameux !
La nature me dit que je suis grand comme eux :
En mon accroissement nul voisin ne m'arrête :
Je sens loin de mon tronc se balancer ma tête :
Je sens mes bras des cieux mesurer la hauteur,
Et mes pieds des enfers sonder la profondeur.
Ah, qu'importe ! La mort va m'entraîner peut-être.....
Sais-je comment, pourquoi, je commençai de naître ?
Sais-je comment, pourquoi, sitôt je périrai ?
Immobile sur terre, en moi seul retiré,
Je ne vois ni n'entends : aucune voix n'exhale
Le trouble qui saisit mon ame végétale ;
Mais sensible aux objets qui me viennent saisir,
Non moins que la douleur j'éprouve le plaisir.
Cent hivers, m'arrachant ma robe de verdure,

M'ont déja fait subir leur piquante froidure,
Et, glaçant mes rameaux comprimés et roidis,
Ont chargé de frimas mes membres engourdis :
Mais lorsque du printemps les ailes caressantes
Revenaient protéger mes feuilles renaissantes,
Quel charme de sentir sa main me délivrer,
Ma sève plus active en mes veines errer,
La force déployer mes tiges vigoureuses,
Le germe entrer au sein de mes fleurs amoureuses,
Et se multipliant par mille extrémités,
Rapporter à mon cœur toutes leurs voluptés!
Quelle douceur je goûte à boire la rosée,
Et les sucs de la terre à mes pieds arrosée,
Lorsque des chauds étés les feux étincelants
Brûlent ma chevelure et dessèchent mes flancs!
Dans le recueillement du nocturne silence,
De mon secret sommeil paisible jouissance,
Que semblent respecter le mouvement des airs
Et les hôtes nourris sous mes ombrages verts,
J'attends l'heure où par-tout les chantres de l'aurore
Font tendrement frémir mon écorce sonore.
Si j'ai peine à dompter les vents et leurs fureurs,
Des torrents de la pluie affreux avant-coureurs;
Si la foudre, sur moi gravant des cicatrices,
M'a déja de la mort annoncé les supplices;
N'ai-je donc pas, ô Dieu! sujet de redouter
La perte des plaisirs qu'elle viendra m'ôter?
Encor plein de verdeur, mon feu va-t-il s'éteindre?
Je jouis de la vie; ô Mort, je dois te craindre.

Il dit : on aperçoit quelques soldats épars :
De hauts bonnets velus ombrageaient leurs regards :
Leurs mains portaient un câble, et leur dos une hache :
Leur visage fendu par leur double moustache,
Leur teint où de la vigne a bourgeonné la fleur,
D'un prêtre qui les suit relevaient la pâleur :
C'était leur aumônier; et, cousu d'aiguillettes,
Leur commandant, tout fier de jeunes épaulettes,
En Céphale nouveau, devançait le matin :
Armé d'un court fusil, il poursuit le butin ;
Et chassant les oiseaux, familles bocagères,
S'exerce en les tuant à mieux tuer ses frères.

UN AUMONIER, UN CAPITAINE, UN OFFICIER, ET QUELQUES SOLDATS.

LE CAPITAINE.
Voici le lieu marqué pour nos détachements :
Ces bois nous serviront de bons retranchements :
Faites-en sur la route un abattis en forme.

L'OFFICIER.
Camarades, holà! coupez cet arbre énorme.

L'AUMÔNIER.
La parole de Dieu s'accomplit en nos temps,
Messieurs : tout est fauché comme l'herbe des champs :
L'orgueilleux dont le front est voisin de la nue,
Tombe, et meurt à jamais quand son heure est venue.

LE CAPITAINE.
Quoi! votre charité s'étend-elle à ces bois,
L'abbé? vous en parlez comme on parle des rois!

CHANT DEUXIÈME.

L'AUMÔNIER.

Cet arbre est né comme eux superbe et périssable.
Que lui sert aujourd'hui que l'histoire ou la fable
De son antique honneur ait rempli l'univers?
Car si nous en croyons tous les siècles divers,
La plaine de Membré vit son aïeul auguste
Protéger de ses bras la famille d'un juste.
Les chênes, ses parents, quoique sourds et sans yeux,
Devenus à Dodone organes des faux dieux,
Exhalaient de leur tronc une voix prophétique,
Oracle interrogé des confins de l'Attique.
La dryade, au sortir de leur sein verdoyant,
Aux voyageurs divins montrait un front riant;
Et leur feuille ondoyante en couronnes civiques
Ceignait dans les cités les têtes héroïques.
De la Tamise au Rhône, et du Rhin à l'Oder,
Gaulois, Germains, frappant des boucliers de fer,
Ont de sanglants autels honoré ses ancêtres :
On vit, la serpe en main, leurs homicides prêtres,
Perçant les airs de chants mêlés aux sons du cor,
De son gui consacré couper les bourgeons d'or.
Son corps, depuis ce temps, a recelé des fées :
Ses bras des chevaliers portèrent les trophées;
Et, de fragiles nœuds durables monuments,
Ses flancs en leur écorce ont reçu les serments
Des amours plus légers que les oiseaux sans nombre
Peuple ailé qui voltige et bâtit sous son ombre.
Eh bien! tant d'attributs ne préserveront pas
Ce vieux roi des forêts de pourrir ici-bas.

L'OFFICIER, *aux soldats.*

Frappez, sciez, taillez, sappez, fouillez la terre.

L'AUMÔNIER.

Rien n'est donc à l'abri des fleaux de la guerre!
Combien tous ces soldats et leur chef rugissant
Signalent de courroux contre un arbre innocent!
Hier, contre un moulin ils écumaient de rage;
Et demain leur fureur va brûler un village.
Sot délire!

UN SOLDAT.

Voyez ce chat-huant qui fuit!.....

LE CAPITAINE, *tirant sur l'oiseau.*

Pour ton œil faux et louche il n'est plus assez nuit....
A bas! tu n'iras plus, quand l'ombre tend ses voiles,
Chasser dans la campagne aux lueurs des étoiles.

L'AUMÔNIER.

Quel luxe de plumage en son obscurité!
De la création riche diversité!....

LE SOLDAT.

Une taupe en ces trous?.., tiens, meurs en ton coin sombre.

LE CAPITAINE,

La taupe dans son nid, le hibou dans son ombre,
Ont subi le destin de tant d'hommes peureux
Souvent frappés de mort dans leur lit ténébreux.

L'AUMÔNIER.

Les dangers sont par-tout: il n'est d'autre science
Que de mettre en Dieu seul toute sa confiance.

LE CHÊNE.

Quelle force m'ébranle?....

LA MORT.

    Ah! tu gémis en vain.
LE CHÊNE.

Je chancelle....

LA MORT.

    Il est temps de céder à ma main :
Du sol qui t'a nourri j'arrache ta racine,
Tombe, et remplis le ciel du bruit de ta ruine!
Adieu! j'entends de Mars le bronze au loin tonner,
Et sur des bords sanglants ma fureur va planer.

L'arbre alors se renverse, et tout le voisinage
Perd à jamais sa vue et son antique ombrage.

LA PANHYPOCRISIADE.

CHANT TROISIÈME.

SOMMAIRE DU TROISIÈME CHANT.

Description des camps retranchés de *François-Premier* sous Pavie, et de ceux de *Bourbon*, *Lannoi* et *Pesquaire*. Discours des chefs qui haranguent leurs soldats avant la bataille. *Les Vents*. Dialogue du chevalier *la Trimouille* et de la *Mort*. Combat. Dialogue de la *Peur*, de la *Honte*, et du duc *d'Alençon*. Mort de l'amiral *Bonnivet* et de *la Trimouille*. Entretien de *François-Premier* vaincu ; discours et mort de son cheval. Invocation du roi au soleil, témoin de sa défaite. Discours d'*Hélion*, dieu du soleil. Applaudissements des démons, spectateurs de ces différentes scènes.

LA PANHYPOCRISIADE.

CHANT TROISIÈME.

Le théâtre changé soudain offre aux regards
Les plaines où Pavie élève ses remparts :
Des escadrons par-tout, rangés sous leurs bannières,
Bordent les champs lointains d'éclatantes barrières;
Les piques, hérissant les épais bataillons,
Forment des murs d'acier, lancent mille rayons.
Sur leurs foudres ici par des chevaux traînées,
Chantent, le verre en main, de fumants Salmonées :
Là, des soldats vont boire en des brocs de liqueurs
Le mépris des dangers dont s'enivrent leurs cœurs;
Là, se hâte l'adieu d'ardentes vivandières,
Veuves deux fois le jour, et Ménades grossières.
Non loin, à triples rangs marchent des corps nombreux;
Les fifres, le tambour, guident leurs pieds poudreux;
Et le clairon aigu, les sonores tymbales,
Répondent aux canons, tonnant par intervalles.
 D'un côté c'est Bourbon, qui, plein du feu de Mars,
Conduit de Charles-Quint les flottants étendards;
Lannoy partage ici l'armée avec Pesquaire :

De l'autre, impatient des hasards de la guerre,
François-Premier commande à ses preux chevaliers :
Sa vive Salamandre et l'or de ses colliers,
Sa plume, d'un beau front décorant la jeunesse,
Ses cheveux demi-ras, sa longue barbe épaisse,
La candeur de ses traits, la hauteur de son port,
Sur tous les autres chefs le signalent d'abord :
Il leur parle de lui moins que de la patrie.
Henri-d'Albret est là, de qui l'ame aguerrie
Dispute à Charles-Quint le sceptre Navarois :
Son sang, d'où sortira le plus aimé des rois,
D'une ardeur martiale enflamme son visage.
Après lui vient Saint-Pol, son émule en courage,
Favori de Valois, dans sa cour sans rival;
A son port, à son luxe, on le croit son égal.
Plus loin, avec lenteur s'avance la Trimouille;
Il courbe un front pensif que l'âge enfin dépouille :
Treize lustres passés le virent chez trois rois
Blanchir sous le fardeau d'un belliqueux harnois;
Vieux, son vieux corselet atteste un long service.
A ses côtés paraît le noble la Palisse,
Sage ami de Bayard, plus froid, non moins vaillant;
Sous un maintien tranquille il cache un cœur bouillant.
   Bonnivet, ton coursier hennit devant ta troupe;
L'image de Clérice alors montée en croupe
Te presse; et l'on distingue et Lambesc, et Brion,
Parmi vingt chefs brillants et d'armure et de nom.

   L'Imprévoyance accourt, et d'un aile étourdie
Plane autour d'eux, levant une tête hardie,

Prête à les aveugler d'un magique bandeau
Dont le prisme éblouit, et change tout en beau.
 Les Vents poussent des cris d'orgueil et de colère;
Et de ses premiers feux l'astre du jour éclaire
Ces atômes guerriers, se disputant un coin
Sur le globe terrestre où lui seul brille au loin.

PESQUAIRE, SES SOLDATS, et LES VENTS.

PESQUAIRE.

 Amis de la fortune et de la renommée,
Soldats! portons secours à Pavie affamée.
L'ennemi, dans son camp faussement attaqué,
S'épouvante déja de s'y voir provoqué :
S'ils nous cèdent la route, allons sauver Pavie;
S'ils arrêtent nos pas, arrachons-leur la vie.
Croyez-en et Pesquaire, et Bourbon, et Lannoy;
Méprisez les Français et leur superbe roi.
L'Italie, aisément par leurs armes surprise,
Fut de tout temps perdue aussitôt que conquise :
Légers, impatients, non moins que hasardeux,
Quand leur fougue est à bout, on ne craint plus rien d'eux.
Les longs travaux d'un siége, épuisant leur armée,
Ont ralenti leur force à demi consumée :
Leur prince est loin d'avoir en ses rangs complétés
Tous les soldats qu'il paie et qui lui sont comptés :
Las, faibles, appauvris de garnisons lointaines,
Trahis des alliés, désertant par centaines,
Ces troupeaux de Gaulois vont fuir devant le char
De l'heureux Charles-Quint, notre nouveau César.

Vive notre empereur! mort à cette canaille!
LES SOLDATS.
Vive notre empereur! oui, livrons la bataille!
LES VENTS.
Quelles clameurs, mon frère! ah! je fuis plein d'horreur...
— La mer ne hurle pas avec tant de fureur.
— Vers le camp des Français tes ailes sont tendues,
Va, porte-leur ces voix dans les airs répandues.
— Mon frère, je venais sur les bords du Tésin
Semer l'esprit des fleurs qui parfumaient mon sein,
Agiter doucement les cloches matinales :
Hélas! faut-il, percé du sifflement des balles,
Souffler l'odeur du sang et la poudre à canon,
Des mousquets tout le jour vomir l'horrible son,
Et, rapides courriers de subites alarmes,
Faire au loin retentir la tempête des armes?
— Eh bien! renvoyons-nous tous les bruits des combats,
Frappons dans les deux camps l'oreille des soldats,
Et, chassant coup-sur-coup la grêle meurtrière,
Volons chargés de cris, de flamme, et de poussière.

FRANÇOIS-PREMIER, LES CHEFS, LES SOLDATS DE SON ARMÉE, L'IMPRÉVOYANCE, LA MORT, LES VENTS, ET LES HEURES.

FRANÇOIS-PREMIER.
Dignes vengeurs des lys, voici l'heure et le jour
De signaler pour eux votre honorable amour.
On ose rallumer autour de nos enceintes
Des foudres qu'à jamais nous devions croire éteintes;

Entendez nos rivaux dans nos camps insultés
Braver de Marignan les vainqueurs redoutés!
C'est peu que ce combat soit nommé par l'histoire
Le combat des Géants, titre immortel de gloire!...
Ah! s'ils l'ont oublié, réprimons leur transport :
Leur attaque a donné le signal de leur mort.
Marchons! et vous saurez contre leur insolence
Ce que peut votre zèle aidé par ma présence.
Sied-il que votre roi, moins digne de son nom,
Tarde encor à punir le transfuge Bourbon?
Sied-il qu'un déserteur, qu'un ingrat, qu'un rebelle,
Nous force à reculer vers quelque citadelle?
Que servit notre essor, qui, s'ouvrant des chemins,
Surprit au haut des monts l'aigle altier des Germains,
S'il nous faut, reployant nos ailes inutiles,
Sous les Alpes ramper, fuir en lâches reptiles?
Non; ces monts éternels, gardant mon souvenir,
Ne diront point ma honte aux âges à venir :
Je ne repasserai sur leurs têtes blanchies
Qu'en des routes encore avec honneur franchies.....
Il semble que du ciel je les entends crier :
« Vos ennemis sont là; courez les foudroyer,
« Soldats! vos premiers coups, dont la France se vante,
« Font devant vos drapeaux élancer l'épouvante :
« Le bruit par-tout semé de tant d'exploits heureux
« D'avance les terrasse, et gronde encor sur eux. »
Ne balançons donc pas, et terminons la guerre.
Frappons, foulons aux pieds Lannoy, Bourbon, Pesquaire.
Mon rival apprendra que ses fiers généraux
Sur le bord du Tésin ont trouvé nos héros;

Et qu'à jamais rentré dans mes mains souveraines,
Le duché de Milan est un de mes domaines.

UN CAPITAINE.

Gloire à notre Alexandre! et feu sur tout coquin
Osant nommer César le pâle Charles-Quint!

SOLDATS.

Vive, vive le roi! mort à cette canaille!

L'IMPRÉVOYANCE.

Grand roi! l'heure est propice à livrer la bataille.
Ceins mon divin bandeau : marche, et vois rayonner
Les palmes que ta main s'apprête à moissonner.
L'empereur, lent et sombre, est né pour les désastres :
Toi, prompt, fier et hardi, tu vas toucher les astres.

HENRI-D'ALBRET.

O Chabanne, voyez que, malgré vous et moi,
La folle Imprévoyance aveugle votre roi.

LA PALISSE.

Ah! quiconque à la guerre est jaloux de la gloire,
N'a qu'un but devant lui, ce but est la victoire.
La constance n'est point l'opiniâtreté.
« Laissons, disais-je au roi, ce siége en vain tenté :
« Ecartons-nous plutôt de la ville investie
« Que de perdre en un coup le gain de la partie.
« Nos rivaux, épuisés par la route et la faim,
« D'eux-mêmes en marchant se détruiront enfin :
« Sire, alors paraissons; et les villes charmées
« Vous apportant leurs clés, s'ouvrant à vos armées,
« Admireront comment, arbitre des hasards,
« Vous hâtez vos succès par de sages retards. »
Tels étaient nos avis : l'instant de le convaincre

Est passé maintenant. On canonne... allons vaincre!
HENRI-D'ALBRET.
Au feu, mes compagnons! fondons sur ces gens-ci;
Vous n'avez nul péril à redouter ici :
La victoire est à nous; leur mort est assurée.
LA PALISSE.
Au feu, vaillants soldats! allons à la curée.
Nous sommes les plus forts : ces gens vont devant nous
Fuir comme les moutons à l'approche des loups.
SAINT-POL.
Mes amis, ce sont là les pillards du Mexique :
Tuons-les! empochons tout l'or de l'Amérique.
LA MORT.
Oh! comme du butin ces guerriers trop jaloux
Courent, bride abattue, au-devant de mes coups!
Agitez tous leurs sens d'une rage insensée,
Tambour, fifre, trompette; ôtez-leur la pensée.

Vieux la Trimouille, toi, parmi tes escadrons
Au péril qui t'attend tu vas à pas moins prompts.
LA TRIMOUILLE.
C'est que tu m'apparais; et mon heure arrivée
M'avertit que ta faulx sur ma tête est levée.
LA MORT.
Si tu pressens mes coups, que ne sors-tu des rangs?
LA TRIMOUILLE.
Me fais-tu peur?
LA MORT.
Malgré les dehors que tu prends,
Vieillard, de m'éviter n'aurais-tu pas envie?

LA TRIMOUILLE.

Non, je sais préférer mon honneur à ma vie.

LA MORT.

Tu te roidis, brave homme : hélas! qu'en ce moment
Ton courage affecté me sourit tristement!

LA TRIMOUILLE.

J'ai toujours sans effroi contemplé ton image.

LA MORT.

Oui, telle qu'un fantôme au travers d'un nuage :
Mais lorsque les regards m'envisagent de près,
Mon aspect fait frémir : conviens-en.

LA TRIMOUILLE.

Moi! jamais.

LA MORT.

Je sais qu'à tes pareils ma tête décharnée
De lauriers éclatants se montre couronnée;
La gloire, de son voile, aux regards des héros
Cache les vers hideux qui me rongent les os :
On vante mes cyprès. Cependant ma présence
Hier à la retraite exhortait ta prudence :
Je t'ai glacé, la nuit, d'un présage odieux;
Ton chien hurlant sembla t'adresser des adieux;
Et ton coursier, l'œil morne, et baissant la crinière,
Sent qu'il conduit son maître au bout de sa carrière.
C'en est fait! tes brassards, ta cuirasse d'airain,
Ne pourront de ma faulx parer le coup certain.
Va te faire immoler... Un jour, ta vieille armure
Sera de ton château l'honorable parure!
Mais quand de tes périls je t'accours avertir,

Aux crédules soldats oseras-tu mentir;
Et mener sans pitié sous la mitraille affreuse
Ces jeunes campagnards, milice valeureuse?

LA TRIMOUILLE.

Laisse-moi les guider, ne les consterne pas.
Avancez, mes enfants! et signalez vos bras!
Je vous parle en bon père, et vous le dis sans feindre;
Ici tout à gagner, et nulle perte à craindre.

BONNIVET.

Bien, mon vieux chevalier! c'est parler comme il faut.

LA TRIMOUILLE.

Nous mentons en damnés; ce jour-ci sera chaud.
Je te l'ai dit.

BONNIVET.

Ami, que rien ne t'effarouche:
Nous vaincrons.

L'IMAGE DE CLÉRICE.

Bonnivet, ce soir, viens dans ma couche!

BONNIVET.

Ai-je temps d'y songer dans ce bruyant conflit?
Gare ici que la mort me creuse un autre lit.

L'IMAGE DE CLÉRICE.

Souviens-toi qu'à ces bords j'attachai ta constance:
J'ai dans l'événement plus de part qu'on ne pense.

BONNIVET.

Folle image! va-t'en..... mes braves canonniers,
Là-bas, de l'ennemi les bataillons entiers
Des portes de Pavie ont tenté le passage......
De nos feux sur leur route allez grossir l'orage;
Et dirigeant contre eux vos tonnerres roulants,

Faites pleuvoir le fer et le plomb sur leurs flancs.

LA MORT.

Quel tumulte !... La foule et se disperse et crie.....
Déchargez la fureur de votre artillerie !
Redoublez, éclatez, mousquetades, obus !
Voilà, voilà les rangs entr'ouverts et rompus....
Les escadrons ployant sous le feu qui les perce;
Chevaux et fantassins, tout tombe, se renverse.....
Têtes, jambes et bras, affreux lambeaux, volez !
Plumets, bonnets sanglants, casques vides, roulez !
Grondez, bouches d'airain, mes organes fidèles,
Vomissez la terreur et mes flèches cruelles.....
Bourbon, soutiens le choc... Ah ! ah ! je m'aperçois
Que ton front a pâli pour la première fois.....
Pesquaire, de bien près j'ai passé sur ta tête...
Toi, qui viens si fougueux, l'arquebuse t'arrête,
Jeune officier buveur, qui te battais si bien !
Tu dédaignais l'hymen, la paix du citoyen;
Où t'a conduit l'orgueil d'une ardeur martiale ?
Dans ton bel âge, atteint d'une homicide balle,
Tu n'es plus ! ton œil fier ne verra plus le ciel.
Et vous, qui, sur les monts, nourris de lait, de miel,
Innocents, respiriez dans la libre Helvétie;
Et vous, pauvres enfants de l'âpre Carinthie,
Qui vendîtes vos jours au prix de quelques sous,
Troupeaux que j'achetai, tombez donc sous mes coups.
Quoi donc ? vous reculez, trop timides recrues !
Ah ! jamais tant d'horreurs ne vous sont apparues;
La mort est inflexible à vos cris qu'elle entend.
« Mon vieux père, dis-tu, dans ses vignes m'attend...»

Tu ne fouleras plus la pourpre des vendanges,
Rougis tes pieds au sang qui fume dans les fanges.
« Moi, ma femme au hameau compte sur mon retour..»
Elle peut dans ton lit soudain changer d'amour :
Son sein fécondera les baisers d'un autre homme.
Toi donc, que je t'égorge, et toi, que je t'assomme!
Je cours à pas plus prompts que le pied des fuyards..
Mais quoi! vous franchissez vos fossés, vos remparts,
Français!... De vos rivaux j'ai fait un long carnage :
Eh bien, dans votre sang il faut donc que je nage;
Et que, trompant le sort, je tourne mes rigueurs
Sur vous et votre roi qui vous croyez vainqueurs.

FRANÇOIS-PREMIER.

Amis! sonnez la chasse, et forçons dans l'arène
Tous ces timides cerfs nous fuyant par la plaine.

LA TRIMOUILLE.

Sire, hors de ce camp pourquoi vous élancer?
Entre eux et vos canons c'est trop mal vous placer.

MAROT.

Suivons de Marignan le héros tutélaire!

SAINT-POL.

Qui connaît les périls n'est pas si téméraire :
Qui n'en courut jamais s'y lance trop avant.

MAROT.

Qui les prévoit le moins en sort le plus souvent.

FRANÇOIS-PREMIER.

Quoi! Marot tient l'épée ainsi que la trompette!

MAROT.

Sire, on n'est pas poltron parce qu'on est poëte :
Tyrthée, Eschyle, Alcée, ont bravé les hasards.

Un vrai fils d'Apollon n'a jamais peur de Mars.

FRANÇOIS-PREMIER.

A moi, mes défenseurs! au butin! à la gloire!
Partons.

LES SOLDATS.

Vive le roi!... Mort! Massacre! Victoire!

LES VENTS.

Ah! d'horreur et de bruit quel effroyable cours!
O rage!... il nous suffoque.... il rend les échos sourds...
Mais les bronzes français sont réduits à se taire....
La force a rallié les troupes de Pesquaire....
Vole, à toi ce salpêtre!... — A toi, bombes, boulets!
—Tremblez, clochers lointains, ponts, remparts, et palais!
—Eh bien? nos promptes sœurs, eh bien, filles ailées,
Avez-vous du canon pu compter les volées,
Heures, qui vous hâtez de rappeler Vesper?
Précipitez ce jour, rendez la paix à l'air.
Nous, aux quartiers voisins où Montmorenci veille,
Portons de ce combat l'avis à son oreille.

Ils volent : un prestige incroyable à nos yeux
Rend soudain les démons présents à d'autres lieux,
Et plus prompt que les vents les transporte en des plaines
Où d'un camp retranché siégeaient les capitaines.

LE DUC D'ALENÇON, MONTMORENCI, ET LES HEURES.

MONTMORENCI.

Oh! quel bruit sourd... des airs entendez-vous le son?
Votre frère combat, noble duc d'Alençon !

D'ALENÇON.

Oui, des Vents empressés je reçois le message.
Le roi cueillera-t-il des lauriers sans partage?
Courons de Charles-Quint punir les vils agents;
Passons leur sur le ventre, écrasons tous ses gens:
Les malheurs de Lautrec au sein de l'Italie
De leur superbe audace exaltaient la folie :
Maintenant nos soldats ont de fermes appuis;
Mon frère est dans l'armée, et moi-même j'y suis.

MONTMORENCI.

Commandez, monseigneur : les voilà tous en selle.

LES HEURES.

Nous t'amenons, ô Mort, une troupe nouvelle:
Esclaves du destin, ministres de sa loi,
Pourquoi nous soumet-il à ce funeste emploi?
Ah? qu'il nous plairait mieux, riantes, fortunées,
De guider pas à pas d'agréables journées,
De rouler mollement un cercle de plaisirs
Qui des heureux humains charmât tous les loisirs,
Jusqu'au temps où l'ennui de leur vieillesse éteinte
Verrait de jours sans pleurs le doux terme sans crainte!

A peine d'Alençon arrivent les soldats
Aux bords ensanglantés par les premier combats,
Qu'une horrible Déesse au tumulte échappée
Pousse à grands cris vers eux sa voix entrecoupée.

LA PEUR, *aux soldats du duc d'Alençon.*

Fuyez! tout est perdu! sauvez-vous, malheureux!...
Vos nombreux ennemis sont des Géants affreux...
Ici frappe le sabre et d'estoc et de taille...
Ici la lance brille, et là pleut la mitraille....
Au froid de mes frissons c'est résister assez....
Vos fronts pâles, vos yeux hagards, vos poils dressés,
Vous rendent l'un à l'autre un spectacle effroyable...
Fuyez, fût-ce en enfer! laissez la gloire au diable!

Mais quoi? ne vois-je pas d'Alençon arrivé,
Tout coloré d'orgueil, marchant le nez levé?
De ces fanfarons-là l'audace est passagère :
Son œil flottant trahit son douteux caractère :
Brave, et non courageux, plein de fausse chaleur,
Quand sa fougue le quitte, il reste sans valeur :
Son teint, dès qu'on lui parle, et s'altère et varie ;
Et mon souffle imprévu va glacer sa furie.

D'ALENÇON, LA PEUR, ET LA HONTE.

D'ALENÇON, *à ses soldats.*

Comment, lâches fuyards, la terreur vous abat?
Poltrons, où courez-vous? retournez au combat.

LA PEUR.

Ah, prince! il n'est plus temps!...

D'ALENÇON.

L'honneur, sa loi suprême,

Commande.... Eh quoi, Français ? vous fuyez !

LA PEUR.

Fuis toi-même.

D'ALENÇON.

Que fait le roi mon frère ?

LA PEUR.

On l'ignore : va, fuis.

D'ALENÇON.

Quoi ? les chefs ? Quoi ? les grands ?...

LA PEUR.

Le fer les a détruits :
Allemands, Espagnols, les ont pressés en foule...
Regarde ce désordre et tout le sang qui coule.
Fuis, te dis-je.

LA HONTE.

Toi, fuir ! Prince, songe à ton rang.

LA PEUR.

Ne songe plus qu'à vivre, et regarde ce sang !

LA HONTE.

Infâme Peur, tais-toi.

LA PEUR.

Tais-toi, gênante Honte.

LA HONTE.

Mon pouvoir te vaincra.

LA PEUR.

Mon horreur te surmonte.

LA HONTE.

Beau-frère d'un grand roi, n'écoute point la peur !

LA PEUR.

Homme, iras-tu mourir par un orgueil trompeur ?

5.

LA HONTE.

A sa fuite aujourd'hui sa dignité s'oppose:
N'est-il pas prince?

LA PEUR.

Eh bien! je le métamorphose.
Tel que devant l'autour fuirait un passereau,
Le prince disparu s'envole en prompt oiseau:
Frémissant de tomber en des serres cruelles,
Le voilà, plein de crainte, emporté par des ailes,
Qui des Alpes franchit la cime en palpitant,
Et déja dans Lyon rentre au nid qui l'attend.

LA HONTE.

Va, je l'y poursuivrai pour son ignominie :
Et là, d'un repentir sa lâcheté punie
Apprendra s'il devait, trop prompt à s'alarmer,
En oiseau fugitif, se laisser transformer.
Là, redevenant homme, un fond de bile noire
Dans son lit agité l'étouffera sans gloire,
Méprisé d'une épouse, inflexible Pallas,
Pour avoir fui la mort, qu'il n'évitera pas.
Telle est la fin du lâche, abhorré de soi-même.

D'où revient Bonnivet, sanglant, poudreux et blême?
Aux deux flancs de l'armée en vain te montres-tu ?
En vain ton fier courage a par-tout combattu,
L'image de Clérice et ta folle imprudence
Ont ruiné ta gloire, et ton prince, et la France.
Vois ces morts entassés, vois tes derniers amis,
Victimes des hasards à qui tu les soumis.
Rougis donc, insensé..... Tu lèves ta visière!
Essaie, essaie encore à souffrir la lumière.

BONNIVET.

Non, non, je l'ai trop vue... affrontons le vainqueur :
Qu'il connaisse mes traits, et me perce le cœur.
Je dois, sans rechercher ni secours ni retraite,
Sauvant au moins ma gloire, expier ma défaite.
Lansquenets, Castillans, je ris de vos clameurs :
Mourez, ou tuez-moi.... Dieu! j'expire....

LA TRIMOUILLE.

Tu meurs,
Obstiné Bonnivet! ma vieille expérience
Eût mérité peut-être un peu de confiance.
Dans le conseil du roi ta voix m'a repoussé :
Tu te flattais.... ô Dieu! Dieu! quel plomb m'a blessé!
Le sang à gros bouillons coule sur mon visage...
Ici finit pour moi la course d'un long âge!
Ma valeur t'a bravée au déclin de mes ans,
O mort!... tu n'as pas fait dresser mes cheveux blancs...
Quel nouveau coup m'atteint! la force m'est ravie....
Hélas!... adieu, mon roi, ma famille, et la vie!

CASTALDO.

Buzarto, laisse-moi mon noble prisonnier.

BUZARTO.

Castaldo, j'ai tué moi-même son coursier.

CASTALDO.

Français, parle, réponds, qui de nous est ton maître

LA PALISSE.

De l'ami de Bayard nul de vous ne peut l'être.
Sous mon cheval mourant, dans la poudre tombé,
Dieu seul me désarma, lorsque je succombai.

BUZARTO.

Nul de nous ne l'aura : terminons la querelle.

CASTALDO.

Ah, scélérat!...

BUZARTO.

Du coup vois jaillir sa cervelle.

FRANÇOIS-PREMIER.

O Galéas! ô toi, qui péris le dernier,
De ton roi vainement tu fus le bouclier.
Tu tombes, malheureux! qui pourrait me défendre?..
A me saisir vivant oserait-on prétendre?
D'avance par la mort dépouillé d'attributs,
Roi sans armée, hélas! on ne me connaît plus.
Je n'ai plus d'autre espoir qu'un trépas qui m'honore....
En ce gros d'assaillants tout prêt à fondre encore,
O mon vaillant coursier! jetons-nous tous les deux..
Quoi? m'abandonnes-tu, compagnon belliqueux?

LE COURSIER DU ROI.

Mon maître, n'ai-je pas, secondant ton courage,
Tout le jour, écumé de fatigue et de rage?
Le sang baigne mes flancs, le sang rougit mon frein :
Percé de mille coups sous mon harnois d'airain,
Lassé d'avoir bondi sur les morts et les armes,
Je sens mon feu s'éteindre, et je verse des larmes..
Crains d'être dans ma chûte entraîné sous mon poids.

FRANÇOIS-PREMIER.

D'un dernier serviteur ô merveilleuse voix!

LE COURSIER DU ROI.

Orgueilleux de la main qui daignait me conduire,

Sous la pourpre et sous l'or toujours fier de reluire,
J'espérais, trop superbe, encor plein de vigueur,
Ramener aux Français leur monarque vainqueur,
Et, dans tes beaux haras et tes gras pâturages,
Charmer long-temps les yeux des belles et des pages..
Mais, hélas! c'en est fait! et ma chair et mes os
Resteront sur ces bords, pâture des oiseaux.

FRANÇOIS-PREMIER.

Trop docile animal! te voilà sans haleine,
Parmi tous les humains que ma fortune entraîne!
Que t'importaient mes droits au duché de Milan,
Pour en mourir victime ainsi qu'un courtisan!
Tu fus non moins aveugle en ton obéissance,
Et reçois aujourd'hui la même récompense.
Que puis-je maintenant, sans hommes, ni chevaux?
Mortel qu'on nomme roi, sens le peu que tu vaux!

POMPÉRANT.

Sire, avec vous encor je soutiendrai l'orage.

FRANÇOIS-PREMIER.

Guerrier, dis-moi ton nom, montre-moi ton visage :
Sous ta visière en vain je tâche à découvrir
Quel digne chevalier accourt me secourir.

BOURBON.

Victoire, de la mort parcours l'affreux théâtre!

LANNOY.

Accablons des Français ce reste opiniâtre.

PESQUAIRE.

Ces chevaliers encor tiennent le glaive en main.
Qu'ils se rendent à nous, ou qu'ils tombent soudain.

POMPÉRANT, *au roi.*

On vient! on fond sur nous!.. je me ferai connaître
A mes derniers efforts pour défendre mon maître.

LA MORT.

Non, cruels ennemis, vous ne l'abattrez pas.
Pour vous exterminer il me prête son bras....
De quelle ardeur sur lui chacun se précipite!
Reste des nobles preux qui formaient son élite,
Frappez ces assaillants accrus de toutes parts,
Et de corps expirés faites-lui des remparts.
Quel carnage!... Vautours, corbeaux, criez de joie,
Venez tous.

LES VAUTOURS, *dans les airs.*

A la proie!

LES CORBEAUX.

A la proie! à la proie!

SAINT-POL.

Sommes-nous sous le feu de volcans en fureur?

POMPÉRANT.

O jour! en ce moment recules-tu d'horreur?

FRANÇOIS-PREMIER.

Soleil! par ces torrents de fumée épaissie
Ta lumière à jamais serait-elle obscurcie?
Je n'entrevois plus rien qu'aux lueurs des éclairs
Que mes aveugles coups font jaillir dans les airs.
Astre, qui tant de fois éclairas ma vaillance,
Cache, en te dérobant, mes revers à la France!

LE SOLEIL.

Fixe, et tranquille au sein de tout mon univers,

Que je répands d'éclat sur les mondes divers!
Que j'aime à contempler la constante harmonie
Des sphères, traversant l'étendue infinie!
Que mes rayons sont doux à ces globes heureux,
M'empruntant la splendeur qu'ils se rendent entre eux!
Comme en paix dans l'ellipse où leur cours les attire,
De l'espace éternel ils partagent l'empire!
Comme je dois charmer par mes sérénités
Tous les êtres vivants dont ils sont habités!
Dieu! grand Dieu! mon auteur, conserve tes ouvrages.
Il est, il est prédit qu'en des millions d'âges,
Me chassant loin du centre, et rompant mon ressort,
Tu dois soumettre enfin le Soleil à la mort :
Mondes, vous combattrez...! Que deviendra la Terre?
Et toi, Lune, après elle à mes regards si chère?
Ah! la Discorde affreuse, et fille du chaos,
De tous vos éléments troublera le repos,
Si Dieu, dans sa fureur, laissant chacune libre,
Tarde à renouveler leur premier équilibre.

A ces mots d'Hélion, divin astre des jours,
Un applaudissement, redoublé dans son cours,
Du bas fond du parquet monta jusques aux voûtes.
Les Autans, soulevés sur les liquides routes,
Font avec moins de bruit rugir les vastes mers :
Nul volcan n'égala ce fracas des enfers.

Les démons plus qu'humains, hors du point où nous sommes,
Sont mieux saisis du beau que ne le sont les hommes.

D'un coup-d'œil, ce tableau leur faisant mesurer
Tant d'êtres sur la scène offerts à comparer,
Ils se plurent à voir en leurs causes profondes
Nos petits chocs de haine et les grands chocs des mondes;
Et la Mort tour-à-tour frappant de coups pareils
Les chênes, les fourmis, les rois, et les soleils.

 La foule des acteurs en ce drame introduite
Du dialogue en vain reprit deux fois la suite :
Mais les chœurs de bravos! toujours plus éclatants,
Tinrent le divin acte interrompu long-temps;
Et l'Envie oublia d'éveiller la colère
Des serpents infernaux qui sifflent au parterre.

LA PANHYPOCRISIADE.

CHANT QUATRIÈME.

SOMMAIRE DU QUATRIÈME CHANT.

François-Premier est fait prisonnier, et rend son épée à *Lannoy*. On le conduit au camp ennemi avec honneur. Dialogue des soldats qui enterrent les morts et les dépouillent. *Clément-Marot*, blessé, gémit sur les horreurs de la guerre. Entrevue du roi de France et du connétable de *Bourbon*. Réflexions de *François-Premier* dans la solitude. Le théâtre représente l'intérieur d'un château de Madrid. Dialogue de *Charles-Quint* et de la *Politique*. Audience qu'il donne aux seigneurs de sa cour et à ses différents ministres. Il reçoit la nouvelle de la victoire de Pavie. Conseils de la *Politique*.

LA PANHYPOCRISIADE.

CHANT QUATRIEME.

Tel que d'une tempête en un épais feuillage
Un sourd frémissement suit long-temps le passage,
Avant que les oiseaux, dans l'air déja calmé,
Raniment leurs concerts dont le bois est charmé :
Tel aux vives clameurs un bruit léger succède ;
L'acte reprend son cours, et le tumulte cède.

Cependant, au mépris de la flamme et du fer,
Le roi des lys, vaincu, semble encor' triompher :
Rien ne l'abat : à fuir il ne peut se résoudre.
Son corselet d'argent, noir de sang et de poudre,
Fut reconnu d'un chef qui devançait Lannoy :
Soudain aux assaillants il cria, « C'est le roi ! »
LES SOLDATS.
Le roi ! lui !... qu'il se rende.
FRANÇOIS-PREMIER.
      A Bourbon ! à ce traître !
POMPÉRANT.
Je fus non moins perfide, et je cesse de l'être :

Oui, sire, à vos genoux j'implore mon pardon :
Revoyez Pompérant, complice de Bourbon :
Je vins sous cet armet seconder votre épée....
Heureux, pour vous sauver, si ma tête est frappée!
Mais de lutter encor quittez le vain projet.

L'HONNEUR, ET LES MÊMES.

L'HONNEUR.

Roi, te dois-tu remettre aux mains de ton sujet?
L'Honneur, ton seul appui, ta derniere espérance,
T'a prêté dans ce choc une mâle assurance :
Vaincu, je t'ai couvert du sang de tes vainqueurs.
Je te reste; du sort méprise les rigueurs.
Commande que Bourbon t'épargne sa présence,
Et rends ta noble épée à Lannoy qui s'avance,
Et qui, par ton abord lui-même confondu,
De cheval humblement est déja descendu.

LANNOY.

Je me jette à vos pieds, seigneur, et vous supplie
En me rendant ce glaive, effroi de l'Italie,
D'accuser moins Lannoy, qui sait vous respecter,
Que l'injuste destin qui seul put vous dompter.

FRANÇOIS-PREMIER.

Lannoy, recevez-la cette fidèle épée
Qu'au sang de mes rivaux j'ai noblement trempée.

LANNOY.

Prenez, sire, en échange, un glaive que mon bras
N'a rougi qu'à regret du sang de vos soldats.

L'HONNEUR.

D'une auguste pitié source encore inconnue!

Regarde tes vainqueurs, marchant la tête nue,
Te comblant, roi captif, de leurs soins généreux,
Et plaignant ta défaite, et leurs coups trop heureux.
Traîne ton corps blessé parmi leur grand cortège :
N'en rougis point ; l'Honneur te suit et te protège.
De ton armure entre eux partage les débris ;
Un jour en leurs foyers les braves attendris,
Baisant tes éperons et ton fer teint de rouille,
Montreront à leurs fils ton illustre dépouille.

O Vents fougueux, pourquoi déchirer ces drapeaux,
Que les mains des soldats suspendent en faisceaux,
Seul abri de ce roi sous des torrents de pluie ?

LES VENTS.

Nous soufflons un orage, il faut bien qu'il l'essuie.
Libres enfants des airs, les Vents impétueux
Respectent-ils des rois les fronts majestueux ?
Sur la terre et les eaux désolant leurs empires,
Nous brisons sans égard leurs dais, et leurs navires.
Que sont-ils sous le ciel ? — Mes frères, calmons-nous.
Moins gros de rage enfin, planons d'un vol plus doux ;
Le tourbillon s'abaisse ; et les foudres roulantes
Se retirent de loin sur les routes sanglantes.
Laissons donc ce cortège entraîner après soi
Les clairons, les tambours, fiers d'escorter un roi.

La nuit vient, l'air gémit : répondons sur ces rives
Aux soupirs des blessés, à leurs clameurs plaintives,
Et rappelons les cœurs des amis, des parents,
Sur les chemins couverts d'infortunés mourants.

UN OFFICIER.

Cachons dans ces fossés les pertes de la guerre.

Tôt, dépouillez ces morts; vîte, qu'on les enterre :
Sur le nez de chacun un peu de sable mis,
Nous ne penserons plus qu'ils furent nos amis;
Et demain, oubliant les fureurs de la veille,
Avec leurs meurtriers nous viderons bouteille.

UN SOLDAT.

Comme ils nagent ensemble en un bain de leur sang!
Colonel si brutal, et si vain de ton rang,
Un coup de sabre a donc, rabattant ton ivresse,
A côté d'un goujat étalé ta noblesse.

DEUXIÈME SOLDAT.

Camarade, je tiens son brillant compagnon :
D'un prince ou d'un évêque était-il le mignon?
La blancheur de sa peau plus douce que l'hermine.....
Qu'aperçois-je? un portrait gardé sur sa poitrine...
Sa maîtresse...! Ah! madame, en votre lit paré
Avait-il ce cœur froid, ce teint décoloré?
Pourquoi souriez-vous sur ce cadavre blême?
Songez-vous qu'en ce lit vous dormirez vous-même...?
Tendre ami, cède-moi médaillon, et bijou!
Un fat n'a pas besoin de briller en ce trou.

TROISIÈME SOLDAT.

Laisse, laisse à l'écart ce jeune capitaine :
Fouillons l'autre; sa poche est d'argent toute pleine!
Cet avare en nos mains va payer son écot.

QUATRIÈME SOLDAT.

Amassait-il pour vivre? il n'est plus : qu'il fut sot!

UN OFFICIER.

Hélas! entre ces morts, hélas! cherchez mon père!

DEUXIÈME OFFICIER.

Ah! déterrez mon fils!

TROISIÈME OFFICIER.

Ah! retrouvez mon frère!

DEUXIÈME OFFICIER.

Sur ces ravins sanglants apportez un flambeau...
Ta mère de ses mains te broda ton manteau,
Tes jeunes sœurs, mon fils, de ton honneur éprises
Tracèrent alentour de touchantes devises....
Avançons.... je frémis.... Ah! ce tronc mutilé...
C'est lui! ciel!... où sa tête a-t-elle donc roulé?
Triste père! ô des ans mensongère promesse!
Vieux, je vis; et tu meurs en ta verte jeunesse.

QUATRIÈME OFFICIER.

Retourne ce grand corps sur le ventre étendu,
Soldat; lave le sang sur ses traits répandu....
Reconnais Castriot à cette noble marque....
Ce coup, que des Français lui porta le monarque,
Fera voler son nom jusque dans l'avenir :
Sous le glaive d'un roi qu'il est beau de finir!
Ce héros n'est pas fait pour engraisser la plaine,
Parmi les os des gueux, pressés à la douzaine:
Les siens iront blanchir sous un tombeau doré,
De la niche d'un saint ornement admiré :
Les passants y liront, ne fût-il en sa vie
Qu'un ivrogne effronté, qu'un brigand, qu'un impie :
« Ci-gît un chevalier plein de foi, sobre, humain,
« Qui, sous Pavie, est mort d'une royale main. »
Quant à ces fantassins, miliciens imberbes,
Leurs corps, fumier des champs, se leveront en gerbes.

UN BLESSÉ.

Ah! que votre pitié termine mes destins!

AUTRE BLESSÉ.

O Dieu! mon flanc ouvert vomit mes intestins.

AUTRE BLESSÉ.

O cuisante douleur de ma plaie embrasée!

AUTRE BLESSÉ.

O perte de ma jambe en ses deux os brisée!

CHIRURGIENS-MAJORS.

Tranchez ces membres-ci, — trépanez ces gens-là. —
Leurs langes sont tout prêts : leurs brancards, les voilà.
Des soins des hôpitaux sommes-nous donc avares!
Sont-ils si malheureux? les rois sont-ils barbares?

UN SOLDAT.

Entre ces buissons, moi, loin de tout envieux,
Dépouillons de ce mort les habits précieux.
Plus brillant qu'un prélat devant une chapelle,
Son cramoisy, brodé d'un fil d'or en dentelle,
Est d'un velours trop beau pour un enterrement :
Riche aubaine! à son doigt reluit un diamant!
Lâche-moi cet anneau... Mordieu! comme il résiste!
Avec un doigt de moins un mort n'est pas plus triste :
Coupons ce doigt soudain; la bague le suivra....
Oh diantre!... il rouvre l'œil.... est-ce qu'il me verra?

SAINT-POL.

Où suis-je ?... prête-moi ton secours charitable,
Mon ami! ce bienfait te sera profitable....
Je suis Saint-Pol.

LE SOLDAT.

Saint-Pol! le favori du roi!

SAINT-POL.

Ami, cache mon nom! je me livre à ta foi.

Ote-moi ces joyaux; crains qu'on ne m'emprisonne
Avec tous ces captifs que le vainqueur rançonne.
Va, ta fortune est faite.

LE SOLDAT.

Ah! j'agis pour l'honneur :
Mon seul desir était de sauver monseigneur.

CLÉMENT MAROT.

Toi qui de ce combat augurais un miracle,
Le vainqueur sous ses pieds t'a foulé sans obstacle,
Aveugle Bonnivet, qui, l'esprit à l'envers,
Fis la guerre aussi mal que tu parlas de vers.
Apollon t'a puni de railler ma vaillance :
Que ne vois-tu mon bras blessé par une lance!...
Quel homme dans ce coin entends-je soupirer?
C'est un pauvre sergent, hélas! près d'expirer.
Combien de coups de feu! combien de coups de pique!
Quel diable animait donc ta valeur frénétique?

LE MOURANT.

La gloire de me battre, et l'espoir d'arriver
Dans un poste éminent où je veux m'élever,
L'honneur d'être connu dans le rang des grands hommes.

CLÉMENT-MAROT.

Tu l'as bien acheté : dis comment tu te nommes.

LE MOURANT.

Mon nom.... mon nom....

CLÉMENT-MAROT.

Achève....

LE MOURANT.

Ah! malheureux!... je meurs.

6.

CLÉMENT-MAROT.

Eh bien? qu'auront produit ses vaillantes fureurs?
Il voulait que son nom fût cité dans l'histoire :
Qui le saura? personne. O la trompeuse gloire!

(A des soldats.)

Amis, sur quel objet s'attachent vos regards?

UN SOLDAT.

Voyez.

CLÉMENT-MAROT.

C'est un écu du temps des rois lombards.

LE SOLDAT.

Il brilla sous nos mains qui fossoyaient la terre.

CLÉMENT-MAROT, *à soi-même*.

Des mots y sont gravés, monument d'une guerre.
Les Goths jadis aux Francs disputaient donc ces lieux
Que disputent nos rois ainsi que leurs aïeux!
Enragés potentats, plus fous que les poëtes,
Quel fruit retirez-vous de vos courtes conquêtes?
Vos palmes, et vos droits, et vos sceptres altiers,
Passent de race en race à d'autres héritiers.
Ne nommez plus amour de l'ordre politique
L'instinct d'inimitié dont l'aiguillon vous pique :
Battez-vous sans orgueil, si vous êtes rivaux,
Comme font les buveurs qu'égarent leurs cerveaux.
   A quoi bon, comme vous, plein de fureur brutale,
Ai-je ici respiré l'ivresse martiale?
Pour le plaisir si vain de briguer les honneurs
D'une audace, vertu qu'ont les chiens des veneurs.
Ah! que, souillé de sang, je hais ma frénésie!
Tire-moi de ces lieux, ô douce poésie!

Loin de Mars, apprends-moi l'art de tes favoris,
Apprends-moi les combats dignes des grands esprits,
A détruire l'erreur et sa rage insensée,
A tout vaincre, en luttant par la seule pensée :
Va peindre, en vers discrets, à la sœur de mon roi
Le destin de ce jour, qu'avec horreur je voi.
Dis-lui que, sans l'amour qui m'enchaîne à son frère,
Sur-tout sans notre ardeur à son ame si chère,
Je n'eusse point armé d'un glaive furieux
La main qui touche un luth aimé d'elle et des cieux.

Mais, que vois-je ?.... ô Tésin! dans ton urne agitée
Hâte-toi de laver ta robe ensanglantée ;
Ne retiens plus ces morts, glacés dans tes roseaux,
Sur le sein frémissant des Nymphes de tes eaux.
Ton courroux s'est vengé, défenseur de Pavie,
Le jour où ta Naïade, à son penchant ravie,
Prisonnière un moment, nous permit d'assiéger
La ville que tes bras aiment à protéger.

Fuyons ces bords, leur deuil, et ma mélancolie !
Tout poëte est, dit-on, enclin à la folie ;
Et souvent méconnue en un fils d'Apollon,
Sa sagesse est nommée aveugle déraison.

Aux murs d'une Chartreuse élégamment bâtie,
Assis dans une salle, antique sacristie,
François-Premier reçoit la cour de ses argus,
Espions, affectant des respects assidus.
Son front pâle, mais fier, du sort dément l'outrage :
Ses sujets, compagnons de son triste esclavage;

Considèrent debout, silencieux témoins,
Ceux d'entre ses vainqueurs qui l'offensent le moins.
  L'Honneur, qui de son ame est le franc interprète,
L'Honneur, au fier sourcil, à ses côtés s'arrête :
Sur son flanc chatouilleux brille un glaive éclatant,
Dont, au premier appel, son bras s'arme à l'instant.

FRANÇOIS-PREMIER, L'HONNEUR, LANNOY, COURTISANS.

LANNOY.

Sire, les mains de l'art, secourables et sûres,
Ont-elles bien fermé vos nombreuses blessures ;
Et les ruisseaux d'un sang à tous si précieux
N'affligeront-ils plus vos sujets et nos yeux ?

FRANÇOIS-PREMIER.

De vos soins attentifs mon cœur vous remercie.
Mon sang fournit encor aux sources de ma vie :
Que n'ai-je, l'épuisant en nos jours de combats,
Racheté de ce prix celui de mes soldats !

LANNOY.

Oserai-je de vous implorer une grace ?

FRANÇOIS-PREMIER.

Mes vainqueurs, ordonnez ce qu'il faut que je fasse.

LANNOY.

Bourbon à vos regards peut-il se présenter ?

FRANÇOIS-PREMIER.

François à vos desirs ne veut pas résister.
Cet asyle de paix me défend toute haine :
Il m'est sacré, Lannoy. Je consens qu'on l'amène.

LA CONSCIENCE, L'HONNEUR, FRANÇOIS-PREMIER, PESQUAIRE, BOURBON, LANNOY, ET LEUR SUITE.

L'HONNEUR, *à François-Premier.*
Il entre avec Pesquaire...observe-les tous deux :
L'un est vêtu de deuil, l'autre d'habits pompeux.
L'un semble à son captif déguiser sa victoire,
L'autre à son prince aux fers montre une infâme gloire;
Et leur double maintien signale, en ces rivaux,
Un orgueilleux rebelle, un modeste héros.
Des sentiments divers devant toi les conduisent :
Que des égards divers tous les deux les instruisent
Qu'avec un même accueil, en dépit des revers,
François n'aborde pas le bon et le pervers;
Et que des lâches cours ce vulgaire artifice
Te paraît dégrader ton trône et la justice.

PESQUAIRE.
Sire.....

FRANÇOIS-PREMIER.
Approchez, Pesquaire : hommage à vos lauriers !
Rendons-nous l'accolade en dignes chevaliers.

BOURBON.
Ah ! sire.....

FRANÇOIS-PREMIER.
Près de moi, Pesquaire, prenez place.

LA CONSCIENCE, *à Bourbon.*
Muet pour toi, Pesquaire est le seul qu'il embrasse.

L'HONNEUR.

Conscience, sur lui venge ici mon pouvoir.

LA CONSCIENCE.

Le prince et le sujet souffrent à se revoir :
Une égale rougeur sur leurs visages monte,
Là, d'éclatant courroux, là, de secrète honte.

FRANÇOIS-PREMIER.

Sforce de son duché ne doit plus s'éloigner :
Charles, votre empereur, le laissera régner,
Messieurs ? Il m'accusait d'envahir ses domaines :
Il va de ses états lui remettre les rênes ;
Et sans doute prouver, en triomphant de moi,
Qu'il n'agit que pour Sforce, et n'agit point pour soi :
Et, qu'heureux de borner ma puissance affaiblie,
Il ne veut pas en maître usurper l'Italie.

BOURBON.

Votre majesté....., sire.....

FRANÇOIS-PREMIER, *à Bourbon*.

      A Pesquaire, à Lannoy,
Je dois rendre justice..... ils ont servi leur roi.

LA CONSCIENCE.

Ce mot perce ton cœur, perfide connétable !

BOURBON.

Mes larmes à vos pieds, sire.....

FRANÇOIS-PREMIER.

      Ami trop coupable !
Viens, reviens en mes bras ! plus de ressentiment.

LA CONSCIENCE, *à Bourbon*.

Tout se tait : sa bonté devient ton châtiment...

Courtisans attentifs, terminez cette scène ;
Hâtez-vous donc de rompre un cercle qui vous gêne :
Sortez de l'étiquette, où l'œil vous croit glacés,
Pour exhaler le feu de vos cœurs courroucés :
Et, loin des yeux français, que ta victoire outrage,
Toi, Bourbon, va gémir; et va cacher ta rage.

L'HONNEUR, *à François-Premier.*

Roi malheureux! l'éclat que j'imprime en tes traits
Touchera tes vainqueurs non moins que tes sujets :
A table, ils serviront ta majesté sacrée;
Leur foule avec respect s'est déja retirée.
Soupire seul; et moi, pour excuser tes fers,
Courrier, dans tes états, du bruit de tes revers,
Je vais, de Charles-Quint réprimant l'espérance,
Rallier en mon nom les vertus de la France,
Prévenir des méchants le souffle empoisonneur,
Dire à ta mère : « Il a tout perdu, fors l'honneur : »
Et mes nobles conseils t'illustreront encore
A l'égal de Louis racheté dans Massore.

FRANÇOIS-PREMIER, *seul.*

Où suis-je? ô désespoir! que vais-je devenir?
En quel abaissement mon sort doit-il finir?
Insolent Charles-Quint! je me dépeins ta joie :
Serpent, dont les replis vont entourer ta proie,
Je ne t'échapperai qu'affaibli, dépouillé,
De tes plus noirs venins peut-être tout souillé :
J'éprouvai ta souplesse et tes lâches morsures,
Plus cruelles pour moi que toutes mes blessures :
Je te connais trop bien, ô monstre enclin au mal!
De quoi triomphes-tu, présomptueux rival?

As-tu marché vers moi pour affronter mes armes !
Non, au sein de Madrid, tes timides alarmes
Sans doute en ce moment, où je suis dans tes fers,
N'attendent que le bruit de tes propres revers.
Que dira néanmoins ta perfide arrogance ?
« Tel est le piége où tombe une folle vaillance !
« Valois, et son armée, et ses projets détruits,
« Sont vaincus par les chefs que mon art a conduits.
« Ils m'amènent ce roi dont la fierté me brave ;
« Et son propre sujet en a fait mon esclave. »
Va, je saurai punir tes outrageants discours !
A la France rendu, plus fort de ses secours,
Je veux, rentrant au sein de ton triple royaume,
Te disputer bientôt jusqu'à l'abri d'un chaume.....
Mais, captif, désarmé, je menace un vainqueur !
Insensé ! quoi ! l'orgueil rentre encor dans mon cœur !

 Ces derniers jours m'ont vu, noble chef d'une armée
Au milieu de la foule à me suivre animée,
Superbe, et par ma voix dirigeant mille efforts,
Au seul bruit de mes pas effrayer tous ces bords :
Et cette nuit m'entend, noirci d'un chagrin sombre,
Sans cour et sans soldats, soupirer dans son ombre.
Ici, dans l'abandon..... Que dis-je ? abandonné !
On surveille tes pas, monarque emprisonné.
Est-ce pour t'obéir qu'une garde attentive
Veille au seuil qui retient ta majesté captive !
Ah ! le sort, ternissant l'éclat de mes hauts faits,
En un lieu d'esclavage a changé mon palais !
Et j'ai, comme David, sous la rigueur céleste,
En entrant dans ce temple où l'espoir seul me reste,

Mêlé ma voix, touché d'un saint respect de Dieu,
Aux hymnes que chantaient les prêtres de ce lieu.
Ciel! ô ciel! ô mon peuple! ô Louise, ma mère!
Marguerite, ma sœur, digne d'un autre frère!
O vous! qui condamniez ma belliqueuse ardeur,
Qui me vantiez la paix, utile à ma grandeur,
Vous, chefs de mon conseil, que j'avais cru confondre,
Dans l'opprobre où je suis, qu'aurai-je à vous répondre?
Mais pleurons nos soldats, plus triste objet de deuil!
Quel soin m'occupe ici!... Quoi! toujours mon orgueil!
A l'excuser jamais me sied-il de prétendre?
De son pouvoir enfin cherchons à me défendre :
Regardons, en ces jours flétrissants pour les lys,
Quels rois tombés aux fers sont les moins avilis :
A la loi du vainqueur ne cédons rien d'injuste.
La noble fermeté rend le malheur auguste.
Lassons par ma constance un altier empereur,
Que perdra de ses vœux l'ambitieuse erreur.
Pensons au bien de tous, et non à ma vengeance.
Ciel! aux mains de Louise assure la régence :
Mes sujets à ses lois voudront-ils obéir ?
Mon sort leur a donné le droit de la haïr.
Elle arrêta Lautrec dans l'Italie ouverte;
Elle perdit Bourbon, artisan de ma perte :
Moi, d'or et de soldats j'épuisai leur pays.
Quelles mères pour nous feront marcher leurs fils ?
Nos amis, nos parents sont morts pour vos querelles,
S'écrîront à-la-fois les traîtres, les rebelles,
Qui, m'enviant le sceptre en ma race affermi
Le vendront lâchement à mon fier ennemi.

O du sort qui m'opprime ignominie affreuse !
Des mortels couronnés ô peine rigoureuse !
Leur intérêt émeut tant d'intérêts divers
Que l'affront qui les souille est vu de l'univers.
C'est là sur-tout, c'est là, j'en ai honte en moi-même,
Ce qui de mes douleurs rend l'amertume extrême !
La mort de tant d'amis frappés autour de moi
Semble m'affliger moins que de n'être plus roi.
Même, ah, me croirait-on cet excès de faiblesse !
Je crains mon infamie aux yeux d'une maîtresse......
La peur de ton mépris, en mon sort malheureux,
Belle d'Heilly, se mêle à mes regrets sur eux ;
Oui, prompt à me voiler leur perte irréparable,
Mon seul orgueil gémit de sa plaie incurable.
Je sens que, devant tous étouffant mes sanglots,
Ce même orgueil me force au maintien des héros.....
Que suis-je ? le martyr, l'esclave d'une gloire,
Néant qu'à nos tombeaux dispute encor l'histoire !
Renom des conquérants ! titre des potentats !
Grandeurs ! ah ! sans l'orgueil, qu'êtes-vous ici bas !

Il dit : on admirait quelles leçons prospères
Le malheur donne aux grands qu'abusent les chimères.
Un revers imprévu confond leur vanité
Mieux que la voix du sage et de la vérité.
Des seuls amis du ciel la raison peu commune,
Dans l'un et l'autre sort, se rit de la fortune.

Le théâtre se change : en un salon bruni,
Orné de bas-reliefs sous un plafond terni,
De Madrid apparaît le prince redoutable :
Là, des siéges dorés entourent une table,
Où sont de vingt pays les dessins crayonnés,
Vague image des camps d'avance examinés ;
Chaque trait y rappelle à la mémoire errante
Les bords qui nourriront la guerre dévorante.

Près du fier Charles-Quint, pensif en un fauteuil,
La Politique est là, ministre de l'orgueil,
Sibylle au triple front, vieille comme la terre :
Tantôt aigle, ou colombe, ou lion, ou vipère ;
Tantôt femme, et parant sa trompeuse beauté
Du luxe de l'église et de la royauté.
Elle se repaît d'or, boit le sang et les larmes ;
Lois, bulles, fer, poison, tour-à-tour sont ses armes :
Mille brillants hochets éclatent dans ses mains,
Magiques talismans pour charmer les humains :
Terrible, ou caressante, en sa noirceur profonde,
Cette fée infernale est la reine du monde.

Elle se plaît à voir son fils idolâtré,
Magnifique empereur, de blazons chamarré :
Elle épuise pour lui ses leçons de souplesse ;
Ainsi Momus ravi guide en leurs tours d'adresse
Ces mimes, d'une place effrontés charlatans,
Tout sonnants de grelots, et rayés de rubans.

LA POLITIQUE, CHARLES-QUINT, MERCURE-GATTINAT, AMBASSADEURS, et COURTISANS.

LA POLITIQUE, *à Charles-Quint.*

Homme né pour ma gloire et pour la tyrannie,
En qui de Ferdinand j'ai soufflé le génie,
Qui, de la tête aux pieds réglant ton faux maintien,
Te formas pour tromper le Turc et le Chrétien ;
Et, mieux que ces larrons que la galère assemble,
Peux mentir à-la-fois en dix langues ensemble,
Regarde bien les gens à qui tu dois parler ;
Tes moindres mots redits sont prêts à revoler :
Ton coup-d'œil, ton sourire, et tes graves postures,
Font de tous les cerveaux jaillir les conjectures :
Pénètre donc, soulève, interroge en secret,
Le phlegme taciturne, et le sang indiscret.
Parle à cet orthodoxe en zélé catholique,
A ce luthérien en style évangélique ;
Rabats l'homme soldat devant l'homme civil ;
Lui, devant le guerrier ; et, brouillant chaque fil,
Ris, devant l'orateur, de l'art si lent d'écrire ;
Déprise à l'écrivain l'art fougueux de bien dire ;
Vante aux muses l'audace, et la règle au pédant :
Et chacun satisfait, bien dupé cependant,
Croyant même avoir lu le fond de tes pensées,
Rebattra ta louange aux oreilles dressées :
Ou du moins tes flatteurs, de ton babil surpris,
Diront qu'en toi le ciel a mis tous les esprits.

Mais crains ce sage obscur dont la vue est subtile,

Et ce médecin prompt à démêler la bile ;
Leur savoir a toujours sa balance et ses poids,
Et prise à leur valeur les pâtres et les rois.
Tes basses profondeurs sont pour eux éclaircies ;
Et le mince appareil de tes superficies
Leur déguise si mal un misérable fond,
Que sous leurs yeux perçants ton orgueil se confond.

CHARLES-QUINT, *à un Légat.*

Cardinal, un message envoyé du saint-père
M'annonce qu'incertain du succès de la guerre,
Valois toujours s'efforce à l'attirer vers lui :
Mais à mon zèle pur qu'il garde un saint appui,
Bientôt, libre des soins où m'engage la France,
Des sectes de Jean-Hus j'extirperai l'engeance ;
Et, d'une bulle encor s'il veut les foudroyer,
On brûlera Luther comme son devancier.

L'Église, de tout temps première monarchie,
Fut la clé de la voûte en notre hiérarchie :
Les hardis novateurs ne pourront m'ébranler
Jusqu'à laisser sur tous l'édifice crouler :
Je veux que sur la terre il soit dit que mon trône
En devint sous le ciel la plus ferme colonne.
L'ame d'un empereur n'a point ces sots mépris
Que pour la cour de Rome ont quelques bas esprits.

LE LÉGAT.

De votre majesté l'ardent catholicisme
Vous rend bien cher au pape, et bien terrible au schisme.
Ma cour saura le but de vos secrets desseins.

CHARLES-QUINT, *à George Spalatin.*

Les évêques, monsieur, vont donc être des saints,

Si Frédéric, en Saxe, accueillant la réforme,
Veut qu'ils tiennent au fond ce que promet la forme!
  Mon nœud avec le pape, ennemi des Français,
Rend pour votre électeur mes penchants plus secrets :
Mais l'Église jadis, république première,
Soumit à d'humbles lois l'héritier de saint Pierre;
Et le pape, en effet, semble un fils de Satan,
Quand des biens de l'empire il dispose en tyran.
De la sainte cité foudres spirituelles,
Leurs bulles, en troublant les villes temporelles,
Doivent en nos états se faire dédaigner
Des princes clairvoyants et jaloux de régner.
  Un jour, ce secret-là, qu'on se dit à l'oreille,
Se dira haut.

SPALATIN.

              Grand roi, c'est penser à merveille.

CHARLES-QUINT, *à Muncer*, *anabaptiste*.

Monsieur, n'outrez-vous pas les dogmes de Luther?

MUNCER.

Nemrod à l'homme libre a mis un joug de fer :
Le Dieu mourant s'explique en parabole obscure
S'il ne vint racheter notre égalité pure.

LA POLITIQUE, *à Charles-Quint*.

Cet apôtre est farouche, et sent un peu la hart :
Croyant rendre à César ce qu'on doit à César,
Pour les biens en commun sa charité divine
Brûle de te plonger un fer dans la poitrine.

CHARLES-QUINT.

Il peut de mes rivaux soulever les états,

CHANT QUATRIÈME.

LA POLITIQUE, *à Charles-Quint.*

Flatte donc son avis; mais parle-lui bien bas.

CHARLES-QUINT, *à l'anabaptiste.*

Les hommes sont égaux pour la philosophie :
Mais de quelque ascendant qu'un chef se glorifie,
Quel moyen de fonder leur niveau solennel ?
C'est pour le genre humain un problème éternel.

MUNCER.

Dieu saura le résoudre.

CHARLES-QUINT, *à l'anabaptiste.*

Ah! qu'il daigne le faire !

MUNCER.

Vos desirs sont d'un prince au-dessus du vulgaire.

CHARLES-QUINT, *aux grands d'Espagne.*

Vainqueurs du nouveau monde, est-il rien de plus doux
Que de vivre et régner dans Madrid et sur vous ?

LA POLITIQUE, *à Charles-Quint.*

De leur orgueil flatté leur sourire est le gage :
A tes peuples du nord tiens un pareil langage.

CHARLES-QUINT, *aux envoyés d'Allemagne et des Pays-Bas.*

Dites, nobles vassaux, à tous vos souverains
Que mes plus chers sujets sont Flamands et Germains.

LA POLITIQUE, *à Charles-Quint.*

De ces barons épais vois la reconnaissance
Peinte en leur large face émue en ta présence :
L'Allemand est muet par lente pesanteur,
Non moins que l'Espagnol par sa grave hauteur.

CHARLES-QUINT, *à l'un de ses hommes d'armes.*

Bientôt, mon général, les fous anabaptistes,

Les vains luthériens, les crédules papistes,
Se tairont, grace à vous; ou bien, de vos canons
La bouche leur dira mes dernières raisons.
Ils n'ont point d'arguments contre cette éloquence.

LE GUERRIER.

Le fer n'a jamais tort.

CHARLES-QUINT, *à Pintianus.*

      Colonne de science,
Docte mortel, plaignez mon illustre métier.
Entouré de soldats, peuple dur et grossier,
Je vis loin du flambeau dont la clarté vous guide.
Savent-ils qu'un Milon est moins fort qu'un Euclide ?
Nos artilleurs brutaux ignorent très-souvent
Que s'enflamma leur poudre au cerveau d'un savant,
Et que Colomb obtint de l'étude profonde
La révélation d'une moitié du monde.
Sous le toit d'un grenier, tel, par d'heureux secrets,
A mu tout l'univers mieux qu'un roi sous le dais.

LE SAVANT.

Les grands princes toujours ont de hautes maximes.

CHARLES-QUINT, *à Titien.*

Titien, mon Apelle, à vos pinceaux sublimes
Je me veux confier pour vivre aux yeux surpris
En d'aimables tableaux, riches de coloris.
Sciences, qu'êtes-vous près des arts et des muses !
Poésie ou peinture, est-ce que tu m'abuses ?
Les êtres que tu feins, idéales beautés,
Ont un pouvoir réel sur les cœurs enchantés.
Tu fixes à nos yeux les choses passagères :
Les froids calculateurs ignorent tes mystères,

Et comment Michel-Ange, et comment Raphaël
Au héros qui n'est plus rend un corps immortel.
Dans les temps à jamais nos chars et nos visages
Se perdraient, sans votre art qui marque leurs passages;
Et, comme vos portraits, nos grandes passions,
Tableaux pour l'avenir, ne sont qu'illusions.

(à Horta.)

Eh bien! mon Esculape, en mes travaux sans terme
Vos avis m'ont rendu le corps, l'esprit plus ferme :
Jour et nuit quelquefois j'en soutiens l'action.

LE MÉDECIN.

Tout homme est tel qu'il est par sa complexion;
Et j'ai vu, fatigués en leurs veilles cruelles,
De malheureux courriers, de pauvres sentinelles,
Surpasser les travaux dans les cours si vantés,
Et par ces durs labeurs affermir leurs santés.

CHARLES-QUINT, *à son chancelier.*

Mercure, notre argent plaît-il au docte Érasme?

MERCURE-GATTINAT.

Pour sa folle équité trop plein d'enthousiasme,
Il craint de l'empereur les généreux présents,
Et tremble de tenir au joug des courtisans.

CHARLES-QUINT, *au même.*

Ces philosophes-là, qu'entravent leurs scrupules,
Ont pour leur liberté des respects ridicules.
L'indigent orgueilleux se sent par-tout lier :
Qu'ils sont dupes et sots! Parlez, mon chancelier;
Il serait bon qu'on sût que la seule opulence
A vous et vos amis promet l'indépendance.

7.

LA POLITIQUE.

Poursuis, ô Charles-Quint ! mets ton baume à haut prix ;
Les hommes te croiront, hors quelques fiers esprits.

CHARLES-QUINT.

Qu'entends-je ?... on marche, on ouvre.....

LA POLITIQUE.

On accourt te remettre
De ton camp sous Pavie une importante lettre.....
Prends garde en la lisant : romps ce cachet au loin,
Ou cèle tes transports contenus avec soin.

CHARLES-QUINT, *à soi-même*.

Vient-on me confirmer le bruit que je redoute ?...
M'annonce-t-on des miens la fatale déroute ?
Si le roi des Français, nouveau duc de Milan,
Joint encor des lauriers à ceux de Marignan,
De tous mes alliés j'ai prévu la retraite,
Et sur quel plan la paix commande que je traite.....
Qu'ai-je lu ?.. qui ?.. François dans mes mains prisonnier !
Fortune, je serai maître du monde entier !

LA POLITIQUE.

Silence, homme profond ! que ton cœur se reploie ;
Un mal aigu surprend moins qu'une vive joie.
De ton sein agité le prompt soulèvement
Troublerait ton maintien : reste sans mouvement.
 De ton esprit calmé promène la lumière
Sur le tableau changeant qu'offre l'Europe entière :
Pèse ton gain immense, et ce que tu perdras,
Et débrouille du temps les futurs embarras.
Valois est dans tes fers : le sort qui le ravale,

De l'Autriche soumet l'éternelle rivale;
Et la France, long-temps sans monarque et sans or,
Ne peut plus de ton aigle interrompre l'essor.
Ton poids attirera la flottante Venise,
La mobile Italie, et le chef de l'Église.
Sforce, dont j'affectais de venger la maison,
Languira dans ta cour qui sera sa prison.
L'infidèle sujet, qui, rêvant son royaume,
De ta haute faveur a servi le fantôme,
Bourbon, déshonoré, dépouillé de ses droits,
Saura qu'on est puni quand on trahit ses rois.
Seule entre l'Italie, et l'Autriche, et la France,
L'Helvétie est en vain rebelle à ta puissance;
Et tes dons à ses yeux n'ayant que trop d'appas,
Ses villes te vendront son sang et leurs sénats.
Par le sombre Henri faiblement gouvernée,
Qu'importe l'Angleterre, en ses mers confinée!
Triomphe! Il est donc vrai, qu'arbitre souverain
Ton œil au loin parcourt un horizon serein!
Mais crains que ton orgueil, soudain portant ombrage,
Par ses folles vapeurs n'élève quelque orage,
Que les princes, jaloux de tes sceptres nombreux,
Loin de fléchir sous toi ne se liguent entre eux;
Et qu'envers ton captif une rigueur hautaine
N'éveille dans les cœurs la pitié de sa chaîne.
Qu'un souffle heureux du sort n'enfle pas ta fierté,
Et parais au-dessus de ta prospérité.
   Que feras-tu du roi que le destin te livre?...
Ton sang bouillonne encor..... l'allégresse t'enivre.....
Tiens tes projets, tes vœux, tes ordres suspendus.

Laisse au temps démêler tes desirs confondus :
Laisse les intérêts pour tous les diadêmes
Signaler les partis, et se trahir eux-mêmes.
La joie ou la fureur, dont les sens sont ravis,
En leurs premiers transports donnent de faux avis.
Tel qu'au milieu des mers, sous des cieux sans étoiles,
Long-temps dans la tempête ayant ployé ses voiles,
Un nocher, pour les rendre à des vents assurés,
Attend que devant lui les airs soient épurés ;
Ote à l'émotion en ton ame produite
Le dangereux pouvoir d'égarer ta conduite.

TITIEN, *à soi-même.*

Son corps d'une statue a l'immobilité ;
Mais un trouble dément sa froide gravité.
Je pourrai, sur ma toile imprimant ce visage,
Des contraintes des rois peindre une sombre image.
Charles-Quint ne sait pas qu'avec des yeux perçants
Notre art lit dans son cœur mieux que ses courtisans.

CHARLES-QUINT, *à la cour qui l'environne.*

Votre empereur, Messieurs, reçoit une nouvelle
Qui pour nous à-la-fois est heureuse et cruelle.
L'illustre roi des lys, François, a succombé :
Même, ce fier vainqueur dans mes fers est tombé.
Proclamez nos succès en tout mon vaste empire ;
Mais des transports du peuple arrêtez le délire.
Votre maître affligé ne saurait comme un bien
Regarder le malheur du plus grand chef chrétien.
Point de feux allumés ni de fêtes publiques.
 Qu'on fasse ouvrir le temple; et, par de saints cantiques,
Rendons graces au Dieu, seul monarque éternel,

Qui nous signale à tous dans ce jour solennel
Que sa main, disposant de nos grandeurs suprêmes,
A son gré donne, enlève, et rend les diadêmes.

Il dit, rêvant ses coups sur son vaste échiquier,
Comme un joueur pensif, qui, l'œil sur son damier,
Calcule ses pions et les marches soudaines
Où se perdent les fous, et les rois, et les reines.

LA PANHYPOCRISIADE.

CHANT CINQUIÈME.

SOMMAIRE DU CINQUIÈME CHANT.

Épouvante et révolte de la ville de *Paris* au bruit de la défaite du roi. Dialogue de *Paris* et du *Parlement.* Soirée de la cour transportée à *Lyon.* Assemblée des notables tenue en cette ville; discours de la régente *Louise*, du président *de Selve*, et du chancelier *Duprat :* édit somptuaire. Entretien d'un sage et d'un courtisan aux environs du port de *Gènes*, et leur scène avec un pauvre pêcheur.

LA PANHYPOCRISIADE.

CHANT CINQUIÈME.

Madrid a disparu : les spectateurs surpris
Aux bords d'une rivière aperçoivent Paris ;
Paris, qui de Lutèce est l'éclatante fille :
Au crystal de la Seine elle se mire et brille.
Fières des ornements à son peuple si chers,
Le front coiffé de tours, de dômes, de clochers,
A grand bruit s'agitant, elle frappa la vue
Des démons infernaux dont elle est si connue.
Alors, nouvelle Hécate, au coin des carrefours,
Elle appelait ses fils, du centre et des faubourgs.

PARIS.

Enfants ! cette nouvelle, ô ciel ! est-elle vraie ?
A-t-on vu le courrier ? est-ce à tort qu'on m'effraie ?
Notre armée est battue, et le roi même est pris....!
Ah ! l'on répand cela pour exciter mes cris !
Sans cesse des braillards, que l'étranger soudoie,
Trompettes de malheur, viennent troubler ma joie.
Tous mes bons citadins, qu'on prend pour des badauds,
Devraient les faire taire et leur tourner le dos.
Viens-çà, toi ! sers un peu d'exemple à la canaille.....

Que la main du bourreau l'étrille, le tenaille.....
La corde à ces coquins, et la roue, et le feu!
Ces bruits, où sont-ils nés? dans les antres du jeu,
Aux cabarets, du vice immondes habitacles,
Des oisifs et des sots dangereux réceptacles;
Là, l'esprit cuve un feu d'enivrante liqueur;
Là, des vieillards chagrins fermente encor le cœur:
Des états, en buvant, ils tirent l'horoscope;
Et la peur, qui toujours eut l'œil en microscope,
Autour d'elle voyant tous les objets grossis,
Des nains fait des géants à qui croit ses récits.
Non, je le gage, non, un écu contre quatre!
Marignan, ton héros n'a pu se faire battre;
Il reçut trop d'argent et de secours de moi:
Il doit être vainqueur; il l'est! Vive le Roi!
Vive le Roi!... comment? vous jurez sa défaite!
En tous lieux, dites-vous, ce bruit-là se répète,
Au milieu des salons! à la cour! au palais!
Lui, prisonnier! ce roi si fier, si grand!... Jamais.
Qui? lui! subir le joug du tyran de l'Autriche!
Écoutons ces tambours... paix! lisons cette affiche.....
Dieu! que m'annonce-t-on?... Eh quoi! nos magistrats
Veulent qu'un tel revers ne me soulève pas!
Le roi captif!... ô rage!... eh! quelle folle envie
Avec tant de Français l'entraîna sous Pavie?
Ecervelé monarque!... ah! qu'il revienne encor
Me sucer tout mon sang, me manger tout mon or.....
Eh bien! quand vos impôts excitaient nos murmures,
D'échos de cabarets vous traitiez nos augures:
Nos cabarets, messieurs, sont pleins d'esprits très-nets,

CHANT CINQUIÈME.

Exercés à voir clair au fond des cabinets ;
Et de vos conseillers les voix toujours fatales
Parlent moins vrai que moi sous les piliers des halles.
L'horreur, concitoyens, fait dresser vos cheveux...
Nos pères, nos époux, nos fils, et nos neveux,
Nos frères.... ils sont morts !... ah ! l'ennemi s'avance...
La frontière est livrée, et nos murs sans défense.....
Quels seront nos appuis? des catins, des bourreaux,
Titrés de majestés et du nom de héros;
Un chancelier Duprat, dont l'industrie infâme
Nous vend à la régente, ambitieuse femme,
Qui croit à sa quenouille assujettir mes fils !
On sait ce que je peux, on sait ce que je fis
Sous l'époux insensé d'Isabeau de Bavière !
Au nez de plus d'un roi j'ai fermé ma barrière.
A bas donc les tyrans, la cour, l'autorité !
Aux armes ! sauvons-nous ! Vive la Liberté!
Pillons les arsenaux..... jetez par les fenêtres,
Décapitez, pendez, écartelez les traîtres.....
Où courez-vous par-là, vous tous, hommes armés?
Pourquoi ces cris, ces yeux de colère allumés!...
Vous réclamez Bourbon... oui, ce vaillant transfuge
Victime de la brigue eut la haine pour juge.....
Bourbon nous défendrait contre la trahison...
Rappelons ce héros : Vive, vive Bourbon !
Mais quoi ! de ce côté quelle autre foule crie ?...
Bourbon à l'empereur a vendu la patrie.....
Qui trahit son pays n'est qu'un vil scélérat.....
Mais par qui remplacer la régente et Duprat ?
Vendôme est né d'un sang le plus beau du royaume,

Brave, puissant... d'accord : Vive à jamais Vendôme !
Suppôts de Charles-Quint, il vous fera frémir.
Ah ! le jour fuit... je cède au besoin de dormir...
Illuminez, veillez, patrouillez sans paresse,
Patrouillez en tous lieux, et patrouillez sans cesse.
Qui va là ?... Dieu ! quel bruit ? c'est un coup de mousquet !
On enfonce une porte... on a fait fuir le guet.....
Gardez ce pont... j'entends noyer les sentinelles...
Au secours !... arrêtez ces hordes criminelles
Dont les cris de fureur et sur-tout les chansons
Epouvantent, la nuit, le seuil de nos maisons :
Les murs tremblent..... combien de barques reparues
Amènent de brigands, la terreur de mes rues !
Où vont, la torche en main, ces bandits vagabonds ?...
Leur bacchanal nocturne éclaire vos balcons,
Drôlesses ! couchez-vous..... Au mépris du scandale,
Quel desir de les voir à leurs yeux vous étale ?
N'avez-vous rien de mieux à faire entre vos draps ?...
Marchands, sages bourgeois, n'ouvrez, ne sortez pas :
Des filous sont mêlés parmi ces frénétiques ;
Verrouillez vos logis et barrez vos boutiques....
On sonne le tocsin... à qui suis-je ? est-ce au roi ?
A Bourbon ? à Vendôme ? à la régente ? à quoi ?
Plus de paix, ni de trève... argus de la police,
Parlement, prévôt, maire, ah ! main forte et justice !

PARIS, ET LE PARLEMENT.

LE PARLEMENT.

Grande et sage cité, modérez ces clameurs.
Votre vieux Parlement vient mettre ordre aux rumeurs.
Sa voix procédera contre les forfaitures.
Mon chaperon doré, mes mortiers, mes fourrures,
Mon manteau, qu'a rougi la pourpre de nos rois,
Attestent que je veille aux archives des droits.
Exposez les griefs : Thémis tient la balance.

PARIS.

Sauve, ô grand Parlement, tout mon peuple et la France!

LE PARLEMENT.

Soit : au nom du roi, donc...

PARIS.

                Parle au nom de la loi.
Un roi mis dans les fers ne règne plus sur moi.

LE PARLEMENT.

Paix-là ! n'êtes-vous plus Paris, sa bonne ville ?
Vous pourrai-je sauver si vous n'êtes tranquille ?

PARIS.

Non; je dois t'obéir.

LE PARLEMENT.

                Votre roi valeureux
Trahi par la fortune est assez malheureux :
N'ajoutez pas aux maux d'un prince qui vous aime.
Tel qu'un simple soldat il s'est battu lui-même.

PARIS.

Oh, oui ! c'est un lion que ce François-Premier :
Mon amour le plaindrait s'il n'était dépensier.

La chair, le vin, le sel, les tailles, les amendes....
LE PARLEMENT.
Il faut de grands impôts quand les guerres sont grandes.
PARIS.
Je ne l'accuse pas : son conseil l'a perdu.
Louise a fait le mal; que Duprat soit pendu.
LE PARLEMENT.
La régente est du roi la mère respectable;
Duprat, son grand ministre, un homme redoutable :
A leur double pouvoir cesser d'être soumis
C'est ouvrir de vos mains la porte aux ennemis.
PARIS.
Craignez-vous de risquer l'argent de vos offices ?
Car on taxa vos droits de tripler les épices,
Intègres opinants, de par la cour élus !
LE PARLEMENT.
Paix-là, paix ! bonne ville!... On ne se vendra plus.
Vous plaiderez sans frais; nos arrêts seront justes.
PARIS.
Enregistrez donc bien vos promesses augustes.
LE PARLEMENT.
Oui, ce qu'on signe au greffe est au moins constaté.
PARIS.
Inscris donc, comme acquis, le droit illimité
Que délégue en tes mains, dans la grand'chambre ouverte,
Paris, très-bonne ville, et capitale experte.
Maintenant fais de moi tout ce que tu voudras :
Je jure confiance à mes purs magistrats.
LE PARLEMENT.
Or, vous vous soumettrez à nos lois, sans murmures?

CHANT CINQUIÈME.

PARIS.

Oui.

LE PARLEMENT.

Que dans les bureaux, dans les manufactures
Rentrent donc ces commis et tous ces artisans,
Des affaires d'état en tumulte jasans.

PARIS.

Pourquoi cela? chacun dissertait dans Athènes,
Et la place publique a fait des Démosthènes.

LE PARLEMENT.

Le décret est rendu : paix-là! plus de raisons.
Silence aux orateurs! qu'on les mène aux prisons.

PARIS.

C'est nous tyranniser qu'en agir de la sorte.

LE PARLEMENT.

Au retour de la nuit qu'on ferme chaque porte :
Qu'aux barrières le jour n'en ouvre plus que cinq.
Fouillez les voyageurs, agents de Charles-Quint.

PARIS.

Eh mais! c'est étouffer dans une étroite enceinte
Mes enfants consternés de tristesse et de crainte :
C'est gêner le commerce, entraver le plaisir :
Il me faut respirer, rire et boire à loisir.

LE PARLEMENT.

On vous fera murer, si vous êtes mutine.

PARIS.

Ah! de nos oppresseurs suivrais-tu la routine?

LE PARLEMENT.

Bourgeois, montez la garde! et prenez l'ordre ici
Du président de Selve et de Montmorenci.

PARIS.

Mes bourgeois casaniers sont mauvais satellites;
Et, déja sur les dents, ronflent dans leurs guérites.

LE PARLEMENT.

Soldez les régiments qui vont les remplacer.

PARIS.

Quoi! paîrai-je toujours pour me faire rosser?

LE PARLEMENT.

Payez: au Parlement ne faites plus outrage;
La garnison est là.

PARIS.

Bon dieu! quel esclavage!

LE PARLEMENT.

Çà, versez désormais le trésor dans ma main.

(à soi-même.)

Suprême Parlement, te voilà souverain!
Fils du notariat, les rois ont fait ton lustre:
Accrois à leurs dépens ton privilége illustre;
Et convainc gravement le peuple sans savoir
Qu'en toi du triple état réside le pouvoir.
Opposons à Paris la cour et la régence:
Opposons à la cour la ville et sa vengeance:
Je resterai seul maître.

PARIS.

Ah! je vois tes projets.

LE PARLEMENT.

Tout est pour votre bien : paix, bonne ville, paix!

PARIS, *à soi-même.*

Comme on me traite!... hélas! que n'ai-je pas à craindre!
Si je me plains sans cesse ai-je tort de me plaindre?

Quand je cède à mes rois, je me sens ruiner :
Quand je sors de leurs mains, sais-je à qui me donner ?
Ceux que j'appelle à moi sont espions ou traîtres,
Ou se font mes flatteurs pour s'ériger en maîtres.
L'hydre que je nourris, épouvante de tous,
S'apprivoise au premier qui caresse ses goûts :
On le soûle de vin, de lard, et de saucisses,
On l'attire béant à des feux d'artifices.
Je prévois leurs complots et n'y peux échapper,
Et passe ainsi pour folle, ou facile à duper.
Voilà, dans mes chagrins dont j'affecte de rire,
Ce qui soulève en moi mon levain de satire,
Et pourquoi je chansonne en de malins couplets
Mes bourreaux décorés, et leurs altiers valets.

 Si l'on prêtait l'oreille à l'esprit qui m'éclaire,
On préviendrait ma haine et ma sourde colère.
Mais Dieu, sans doute, veut que mes cris irrités
Forcent par-fois mes chefs à de justes traités ;
Et m'inspira souvent de bons accès de rage,
Pour secouer le joug qui m'accable et m'outrage.

 Le Parlement bientôt, complice de mes torts,
S'appuyant de moi-même appuiera mes efforts ;
Et la régente ou lui craignant leur propre chûte,
Quelque soulagement naîtra de cette lutte.
Ressort heureux du ciel ! qui, faisant tout mouvoir,
Des corps entre eux ainsi balance le pouvoir,
Et sans qui monterait au comble de l'audace
L'aveuglement des chefs ou de la populace !
Je raisonne, et défends mon peu de liberté,
Comme le fit toujours chaque haute cité.

8.

La vieille Babylone eut un babil extrême ;
Memphis, Palmyre, Athêne ont babillé de même :
Leur esprit, accusé par leurs contemporains,
Leur a valu pourtant des honneurs souverains.
Ah ! lorsque, sur ce bord, comme elles enterrée,
Le destin aura mis un terme à ma durée,
Puisse le philosophe, en cherchant mes débris,
Lire : « Tous les tyrans ont redouté Paris ;
« Et les muses, les arts, la science hardie,
« L'avaient ceinte de gloire, et l'avaient aggrandie. »

———

La scène se transporte, en variant d'acteurs,
Aux lieux où de Paris l'une des riches sœurs,
Lyon, s'enorgueillit de l'hymen de la Saône,
Que presse en mugissant l'azur des flancs du Rhône.
   Le soir a réuni sous l'abri d'un palais,
Et la mère et la sœur du monarque français.
Tout se passe en silence et n'est que pantomimes.
Éminences sont là, près des Sérénissimes ;
Et vingt nobles seigneurs y frappent les regards,
En singes transformés, quelques-uns en renards.
   Le parterre jugeait, aux muscles de leurs faces,
Le jeu des sentiments sous le jeu des grimaces.
D'abord, une princesse avait-elle souri,
Bientôt le cercle singe avait doucement ri.
L'infortune d'un fils, l'esclavage d'un frère,
Avaient-ils contristé l'Altesse ou sœur, ou mère,
Soudain les longs museaux brunissaient de son deuil.
Les notables bourgeois, honorés d'un accueil,

Novices peu soumis à ces métamorphoses,
De leurs pudiques fronts sentant rougir les roses,
Restaient seuls étrangers à tous ces changements,
Et roulaient de leurs yeux les grands étonnements.
Les moins lourds s'efforçaient, en suant sous leurs linges,
D'être aussi des renards, et de singer les singes :
D'autres, d'un sang plus vif, changés en étourneaux,
Par le trouble aveuglés, heurtaient tous les panneaux.

La crainte cependant des publiques tempêtes
Amasse les soucis dans les augustes têtes :
Mais, des cartes en main, on joue; et le babil
Couvre un fond sérieux d'enjoûment puéril.
— Votre perle est du monde une des sept merveilles!
— L'admirable velours! — Les beaux pendants-d'oreilles!
Ce sont là les seuls mots qu'on se répète en chœur,
Tandis qu'en chuchottant on ouvre un peu son cœur.

La régente, ce soir, sous un air d'assurance,
Déguise du matin la longue défaillance :
Tandis que dans Lyon son corps paraît assis,
Son ame vers Madrid voyage avec son fils;
Louise a déja su le piége qui l'attire :
Sa fille Marguerite, éprouvant son martyre,
Sous un dehors distrait pense, non sans terreur,
Au soin d'aller ravir son frère à l'empereur.
Charles-Quint, se dit-on, n'est qu'un monstre effroyable;
Pour son ambassadeur on en est plus affable.
Duprat sait que l'état par sa faute est perdu,
Que la France et Paris veulent qu'il soit pendu;
Demain le parlement vient, l'accuse, et réclame :
Ministres, conseillers, tous ont la mort dans l'ame;

Et chacun d'eux pourtant ne s'en montre pas moins
Calme, silencieux, et vide de tous soins.
  O noirs esprits d'enfer, du mensonge idolâtres,
Envoyez vos acteurs jouer sur nos théâtres!
Jamais, avec tant d'art, nul mime en ses portraits
N'a fait, par sa couleur et ses mobiles traits,
Mieux ressortir un masque, et parler le silence;
Et des rôles muets exprimé l'éloquence.

  Le lendemain présente en auguste appareil
La cour au Parlement ouvrant son grand conseil.
  Siéges, tabourets, bancs, parquet, hauteur, distance,
Sont au lieu qu'a fixé la grave Préséance,
Dont l'orgueil mesuré n'est pas plus la grandeur
Que le point-d'honneur faux n'est le sincère honneur.
Des degrés compassés le spectacle la touche.
Tel, en cérémonie, un maître de la bouche
Voit se ranger la table, et suivre à tous les plats
L'ordre immémorial prescrit aux estomacs :
Qu'on l'osât subvertir, la cuisine funeste
Ferait des aliments un chaos indigeste :
Ni chef, ni marmiton, ne saurait plus quels mets
Auraient droit les premiers d'arriver aux banquets :
Elle fait donc passer dans la foule introduite,
Les gros poissons d'abord, et le fretin ensuite.
  La Préséance est vieille; et les dictons des Goths
Lui confirment toujours que les peuples sont sots :
J'en appelle aux plus grands, s'abuse-t-elle encore?
Et croit-on qu'en ce jour la bonne dame ignore
Qu'en Espagne Léva vieillit sous son drapeau,

Pour s'asseoir près des pairs sans ôter son chapeau?
O digne ambition de fous tels que nous sommes!
　La Préséance classe avec soin tous les hommes;
Et prévient les procès pour les rangs mal gardés,
Pour les dais, les fauteuils par elle échafaudés.

　Du Parlement, la nuit, de peur d'un choc sinistre,
Le premier-président vit le premier-ministre.
Ce qui dans le secret s'est déja dit sans fard,
Va devant le public se redire avec art;
Et, jouet de la scène, il n'aura plus nul doute
Que le Parlement gronde, et que la Cour l'écoute.
　Les dames cependant, présentes aux débats,
Viennent des deux partis juger les avocats;
Et cette noble farce, amusement pour elles,
Les surcharge d'un poids de graves bagatelles.

LA RÉGENTE, LE PRÉSIDENT DE SELVE, MARGUERITE, DUPRAT, COURTISANS, ET TÉMOINS DES DEUX SEXES.

LE PRÉSIDENT DE SELVE.
　Organes d'équité, ministres de Thémis,
Par votre ordre suprême au pied du trône admis,
Notre seule présence est un signal propice
Du zèle que la cour montre pour la justice.
Comment craindrions-nous, mère auguste du roi,
D'élever nos accents pour appuyer la loi;
De déplorer ici les désordres sans nombre
Qu'un voile d'imposture a couverts de son ombre,

Et qu'à votre vertu dénonceraient assez
Les revers si nombreux dont nous sommes pressés ?
Le plus grand des fléaux, sans doute, est l'hérésie,
Dont, malgré nos bûchers, s'accroît la frénésie :
Mais comment l'arrêter dans ses emportements
Si toujours sa fureur trouve des aliments ?
Si les prêtres sans foi, se souillant par des crimes,
Prêtent à ses erreurs des armes légitimes ?
Si l'amour scrupuleux d'un fatal concordat
Transporte au Vatican les tributs de l'état ?
Si, du clergé français gênant l'indépendance,
De ses élections enchaînant la prudence,
A la brigue étrangère, aux présents corrupteurs,
Sont vendus les troupeaux, et le choix des pasteurs ?
Vainement aux abus s'opposent nos entraves ;
Toute digue est rompue, et les lois sont esclaves :
Leurs plus sages arrêts, au conseil évoqués,
N'atteignent point les grands par elles attaqués.
Des faibles dépouillés où seraient les refuges ?
Leurs vils accusateurs sont proclamés leurs juges :
Et, ce que sans frémir on n'ose publier,
Leur arbitre est souvent leur futur héritier !
Ainsi, rendus jaloux de leurs biens qu'ils se volent,
L'un de l'autre ennemis, les citoyens s'immolent.
A des bourreaux gagés notre glaive est remis :
Les premiers tribunaux aux derniers sont soumis,
Et combattent en vain la foule mercenaire
Que la vénalité pousse en leur sanctuaire.
Ah ! madame, empêchez que Thémis voie encor
Sa balance en nos mains pencher au poids de l'or.

Ah! qu'en deux factions ne soit plus séparée
Des justes magistrats la chambre révérée.
Proscrivez le trafic de nos dignes emplois :
Qu'on ne partage plus le domaine des rois.
Que d'avares flatteurs, trop comblés de largesses,
Aux sources de l'état rendent tant de richesses :
Qu'ils cessent d'engraisser leurs lâches favoris
Du fruit de tant d'impôts que le peuple a souscrits :
Ces trésors suffiront, sans de nouveaux subsides,
A racheter le roi de ses vainqueurs avides.
Les soldats, non payés, malheureux déserteurs,
N'iront plus, désolant les bons cultivateurs
Qu'écrasent à-la-fois la taille et le pillage,
Se nourrir en nos champs d'un affreux brigandage.
Non, non, si tant de chefs, qu'on ne surveillait pas,
N'eussent point dévoré l'aliment des soldats,
Notre roi n'eût point vu son armée appauvrie
L'abandonner captif loin de notre patrie !
Et cependant, hélas ! quel âge désastreux
Foula jamais l'état de poids plus onéreux !
Comparez du trésor les antiques registres.....
Mais quoi ? jettez plutôt les yeux sur ses ministres :
Quel fut leur héritage, et quels sont leurs grands biens !
A leur faste naissant qui prête des soutiens ?
Est-ce que la pudeur, seule dot de leurs filles,
Fut l'attrait qui charma les plus hautes familles ?
Non : mais le seul amour d'un superflu pompeux
Dégrade la noblesse alliée avec eux :
Ses titres et leur or font un coupable échange ;
Et les besoins du luxe ont forcé ce mélange.

Ainsi tout se confond ; et l'exemple des grands
D'un ruineux orgueil agite tous les rangs.
Réprimez-le, madame : et si notre influence
Donne à des yeux jaloux un peu de méfiance,
En dépit des pervers écartés ou punis,
Convoquez de l'état les trois ordres unis.
MARGUERITE, *bas à ses femmes.*
Convoquer les états!... Ah! prétentions folles !
UNE DES DAMES.
Leur remontrance est faite en très-belles paroles !
MARGUERITE, *de même.*
Tant que la politique aura le même cours,
Sur ce fonds-là sans peine on brodera toujours;
Et tant que les humains auront des cœurs, des langues,
Se suivront des faits vils, et de nobles harangues.
Admirez dans son coin l'impassibilité
De Duprat, dont leur voix blesse l'autorité.
Le sujet du débat naît de sa folle envie
De donner, à son choix, une grasse abbaye :
Les moines ont ligué messieurs du parlement,
Et ce grief les sert dans leur ressentiment.
On couvre tous ces riens de grands mots qu'on prononce.
Ma mère va parler.... écoutons sa réponse.
LA RÉGENTE.
Le plus sacré devoir des princes et des rois
Est de prêter l'oreille aux organes des lois;
Et je croirais trahir la puissance suprême
Que mon fils, en partant, ne remit qu'à moi-même,
Si je ne pesais pas vos avis importants,
Salutaire secours au malheur de nos temps.

Il est, j'en fais l'aveu, des abus innombrables :
Mais de tous à mes yeux les plus considérables
Naissent dans un royaume où les séditieux
Divisent le pouvoir en partis factieux.
Des ordres assemblés quelque appui qu'on attende,
Ils rendraient de nos lys l'adversité plus grande.
Le timon de l'empire est un fardeau pesant :
Mais dois-je le céder quand mon fils est absent ;
Et déposant du roi le sceptre respectable
Vous livrer un trésor dont il me fit comptable ?
Mon sexe et ma faiblesse ont excité l'effroi :
Je l'ai su : de vains bruits sont venus jusqu'à moi :
Mais ai-je témoigné la moindre négligence
Pour tous les intérêts liés à ma régence ?
Le succès de mes soins n'en est-il pas le prix ?
N'ai-je pas dans nos ports recueilli nos débris,
Depuis que votre roi, trahi des destinées,
A sous Pavie, hélas! vu ses mains enchaînées ?
Que dis-je ? triste mère! il m'eût été permis
De pleurer les malheurs où le sort l'a soumis :
Mais le péril de tous a suspendu mes larmes.
Nos voisins détrompés nous promettant leurs armes,
Henri de l'empereur détachant Albion,
Et de Rome avec moi la nouvelle union,
Tout vous atteste enfin que de ma vigilance
J'ai porté les effets au-delà de la France.
Quel effort tentiez-vous dans le commun danger ?
Ce prince généreux qu'ici l'on voit siéger,
Vendôme, ce héros, à mes côtés fidèle,
Avait reçu de vous l'offre de la tutelle ;

Et vous autorisiez vos nocturnes travaux
Du cri de tout le peuple accablé de fardeaux.
Le calme cependant des villes, des frontières,
Qu'a-t-il coûté de plus que de saintes prières?
Ah! cessez de vous plaindre : et, comme vos aïeux,
De l'enceinte des lois protecteurs studieux,
Vivez loin de la brigue à la cour si funeste.
MARGUERITE, *à ses femmes.*
Le chancelier se lève, et leur dira le reste.
DUPRAT.
Quel spectacle à-la-fois touchant et solennel,
Qu'une régente, ouvrant un cœur si maternel
Aux plaintes des sujets que des lois trop muettes
Lui viennent exprimer les doctes interprètes!
Heureux si le passé, couvert d'un crêpe obscur,
Laissait en bien présent changer l'espoir futur.
Mais ce qu'on fit jadis règle ce qu'il faut faire.
Briser le concordat peut sembler salutaire :
Mais on doit respecter l'œuvre du souverain,
Et ménager en tout le pontife romain.
Des chefs du parlement on connaît la sagesse :
Louise d'Angoulême, équitable duchesse,
Du trafic de leur charge a plaint comme eux l'affront :
Mais au retour du roi tous ces maux finiront.
L'excès du faste exige un édit somptuaire :
La régente a prévu qu'il serait nécessaire :
J'en tiens là, sous le sceau, les utiles décrets :
Enregistrez; et tous concourons à la paix.
MARGUERITE, *à ses femmes.*
De ce haut verbiage enfin me voilà quitte!

CHANT CINQUIÈME.

Et Paris de la cour recevra l'eau bénite.
Le premier-président qu'on nomme ambassadeur
De sa ligue à ce prix a refroidi l'ardeur :
Hier on l'a gagné : leur beau zèle est chimère.
Mesdames, au passage allons joindre ma mère.

LA RÉGENTE, *à Marguerite.*

Ah! ma fille!... sortons, je me sens toute en feu...
Si d'avance un long bain ne m'eût calmée un peu,
Je n'aurais pu vraiment soutenir un tel rôle.

MARGUERITE.

Quel charme dans votre air et dans votre parole!
Votre ton respirait la douce majesté.

LA RÉGENTE.

Je n'ai presque rien dit comme on me l'a dicté.

DUPRAT.

Votre cœur vous poussait : de là, tant d'éloquence.

LE PRÉSIDENT DE SELVE.

Au nom du parlement, j'ai parlé d'abondance.

PREMIER CONSEILLER.

Ah! comme un Démosthène.

DEUXIÈME CONSEILLER.

                    Ah! comme un Cicéron.

LE PRÉSIDENT DE SELVE.

Messieurs, épargnez-moi toute comparaison:
Ma modestie en souffre.... il suffit qu'on publie
Que la France est sauvée, et ma tâche remplie.

UNE DAME D'HONNEUR.

De leur péroraison qu'auront-ils obtenu?

LA RÉGENTE.

Un édit contre un luxe au comble parvenu,

Une défense expresse aux femmes de la ville
De traîner à leur robe une queue inutile ;
Ornement, dont le poids les doit embarrasser,
Attirail de princesse, et qu'il faut nous laisser.
Je prescris désormais que ni velours ni soie,
N'habille la roture et la fille de joie :
La laine et les couleurs sombres, tristes à l'œil,
Pour la prison du roi marqueront mieux le deuil ;
Et par mon réglement il faut que les coquettes
Baissent leurs chaperons, leur huppe et leurs cornettes.

LA DAME D'HONNEUR.

Sage Altesse ! l'état ne se peut mieux régir !
Les dames de la cour, (c'était de quoi rougir,)
Sentaient, comme on le dit, les filles d'une lieue :
Mais seules maintenant nous prendrons une queue.
On nous distinguera de ces femmes de rien,
Qui.... fi ! grâce au décret, enfin tout ira bien.

Le conseil se sépare ; et les diables de rire !

Tout change ; et vers les bords dont Gênes tient l'empire,
Est une humble cabane, au dos des Apennins,
Où serpente une route entre de vieux sapins.
Au nord, s'ouvrent des monts les sauvages entrées ;
A l'orient, paraît sur les mers azurées
Le port lointain, séjour des vaisseaux voyageurs ;
Au midi, sont épars quelques toits de pêcheurs,
Seuls hôtes indigents d'une arène étendue,
Devant qui l'onde immense, applanie à la vue,
Termine l'horizon, et borne l'occident

Où le soleil alors plongeait son disque ardent :
Sa pourpre qui reluit sur le gouffre bleuâtre
Des hauts sommets voisins rougit l'amphithéâtre :
Et là, sous de beaux cieux, le sage Agathémi
Guidait un passager, autrefois son ami.

AGATHÉMI, DAVE, UN PÊCHEUR.

AGATHÉMI.
Pourquoi ce nom de Dave, et ce mince équipage ?
DAVE.
Pour déguiser mon rang et mon secret message :
Je m'en vais de ma cour transmettre les rapports
Au noble André-Dorie, amiral dans ces ports.
AGATHÉMI.
Vous volez donc toujours en oiseau diplomate ?
DAVE.
Et toi, toujours en paix, tu rêves en Socrate.
Je naquis agissant : trop heureux mon métier,
S'il m'acquiert la faveur du grand François-Premier.
AGATHÉMI.
De complaire à ses rois l'homme eut toujours l'envie :
L'amour de s'élever qui consume sa vie
Est sans cesse attisé par les regards jaloux
Qu'il porte sur les grands, non moins petits que nous :
Moi, jugeant la valeur sous les vaines surfaces,
Je mesure leur taille et non pas leurs échasses;
Et pour n'être ébloui ni des titres d'honneur,
Ni par l'éclat de l'or, ni par un faux bonheur,
J'ai toujours des humains regardé le visage;
Et mon seul maître est Dieu, qui règne d'âge en âge.

DAVE.

Je confesse avec vous qu'il est le roi des rois,
Si j'en juge au destin du malheureux Valois.

AGATHÉMI.

Le bruit de son désastre a percé ma montagne.

DAVE.

Lannoy dans ce moment le conduit en Espagne.
Aux pieds de son vainqueur il se laisse attirer
Pour sortir de ses fers, que l'on va resserrer.
Si l'on m'eût écouté, certes, la Ligurie
Le garderait encor aux vœux de sa patrie.
Songeant à réparer ses crimes envers lui,
Bourbon fût devenu son invincible appui;
Et déja, de son prince achetant la clémence,
Il voulait à Milan rétablir sa puissance :
Pesquaire, qui dans Naple eût pu se couronner,
Mécontent de la cour, jaloux de dominer,
Oubliait de Bourbon les rivalités vaines,
Et du roi, leur espoir, tous deux brisaient les chaînes :
Quand Lannoy plus rusé, (peignez-vous leur fureur,)
Leur enlevant leur proie, a fui chez l'empereur.

AGATHÉMI.

Ah! prince infortuné, que la brigue environne!
On se vend ta faveur, et même ta personne.
Qui croirait qu'un monarque ait ce honteux destin
De se voir disputé, ravi comme un butin ?

DAVE.

Qu'entends-je sur les flots ?

AGATHÉMI.

        Un pêcheur qui soupire.

CHANT CINQUIÈME.

LE PÊCHEUR, *à soi-même.*

Le souffle de la nuit veut que je me retire.
Ah! cessons d'amorcer tous nos vains hameçons,
Et levons mon filet, vide encor de poissons.
Les eaux grondent... ployons ma voile misérable!
Je jette avec ennui mon ancre sur le sable;
Mes enfants chercheront, hélas! à mon retour,
Le produit de ma pêche, attendu chaque jour...
Perfide mer! avant que le soleil arrive
Je viens sonder ton lit et cotoyer ta rive;
Sur ton sein immobile et pur comme un miroir,
Je fixe mon esquif, mon œil et mon espoir :
Voici l'ombre; ton calme a trompé mon attente.
Eh bien! que cette nuit l'orage te tourmente,
Mer fatale aux pêcheurs, dangereuse aux nochers,
Plains-toi, rugis, aboie, hurle sous tes rochers,
Capricieuse, avare, infidèle, traîtresse..!

DAVE.

Ecoutez les clameurs qu'à la mer il adresse.
Le pauvre est sans raison quand il est courroucé.

AGATHÉMI.

L'opulent roi Xerxès était-il plus sensé
Quand il fouetta l'Euxin à ses flottes rebelle?
L'homme est par-tout semblable et faible de cervelle.
Holà, pêcheur! ce soir tu grondes en tes dents.

LE PÊCHEUR.

Hélas! comment nourrir mes trois pauvres enfants?
Mes filets aujourd'hui n'ont fait nulle capture...

J'ai bien maudit la mer depuis mon aventure.
En songe, l'autre nuit, Jésus vint, brillant d'or,
M'avertir que sur l'eau flottait un grand trésor.
Je cours, et du matin je devance l'étoile ;
Rien sur l'eau, rien au bord : mais, auprès de leur voile
Etaient deux compagnons dans leur barque assoupis :
Ils s'éveillent ; du ciel je leur conte l'avis.
«Voguons, me dirent-ils, nous aurons chance heureuse.»
Notre pêche bientôt fut si miraculeuse,
Qu'ayant fait de poissons un troupeau prisonnier
Nous nommions le plus gros notre François-premier.
Vous riez !... il était beau, doré, grand de taille,
C'était un roi des flots, tout cuirassé d'écaille.
Nous bénissions le sort, contents de l'avoir pris :
Avec moi l'un des deux en disputait le prix ;
Il me suit chez le juge ; et, pour clorre l'affaire,
L'autre, qui le gardait, nous l'enlève en corsaire.

AGATHÉMI.

Seigneur, qu'en dites-vous ? c'est ainsi qu'un grand roi
A Pesquaire, à Bourbon, fut ravi par Lannoy.
Les petits et les grands ont les mêmes querelles :
Tous ont l'amour du gain, et des ruses cruelles.

(Au pêcheur.)
Tiens, prends ce peu d'argent, bonhomme.

LE PÊCHEUR.

                              Grand merci !

AGATHÉMI.

L'entendez-vous qui siffle et marche sans souci ?
Au moins dans son état peu de chose console.

DAVE.

La paix de la chaumière est une triste idole.
Je ne vis qu'à la cour.

AGATHÉMI.

Moi, je respire aux champs.

DAVE.

J'escorte les seigneurs.

AGATHÉMI.

J'évite les méchants.

DAVE.

J'apprends l'art de régner.

AGATHÉMI.

Moi, l'industrie agreste.

DAVE.

Je vois des lambris d'or.

AGATHÉMI.

Et moi, l'azur céleste.

DAVE.

J'ai de pompeux banquets.

AGATHÉMI.

Moi, de prompts appétits.

DAVE.

J'ai la faveur des grands.

AGATHÉMI.

J'ai l'amour des petits.

DAVE.

J'éblouis par mon faste, et soumets Vénus même.

AGATHÉMI.

Moi, quand on m'aime un peu, c'est pour moi seul qu'on m'aime.

DAVE.
Je marche décoré.
AGATHÉMI.
Moi, sans vain appareil.
DAVE.
Je vois lever le roi.
AGATHÉMI.
Moi, lever le soleil.
DAVE.
Mes pieds foulent la pourpre.
AGATHÉMI.
Et les miens, la verdure.
DAVE.
Je parle aux souverains.
AGATHÉMI.
J'écoute la nature.
DAVE.
J'entends les bruits publics; j'admire les héros.
AGATHÉMI.
J'entends murmurer l'onde, et vois s'enfler les flots.
DAVE.
Tu t'endors sans honneur au sein de la paresse.
AGATHÉMI.
Je veille à conserver une libre sagesse.
DAVE.
Dédaignes-tu la gloire où je suis parvenu?
AGATHÉMI.
Qui de nous, dans mille ans, sera le plus connu?

DAVE.
Tu n'es jaloux de rien !... comment es-tu si sage ?
AGATHÉMI.
En regardant toujours les hommes au visage.
DAVE.
Adieu ! je m'en vais lire au front des souverains.
AGATHÉMI.
Adieu ! moi, je vais lire au front des cieux sereins.

LA PANHYPOCRISIADE.

CHANT SIXIÈME.

SOMMAIRE DU SIXIÈME CHANT.

Dialogue de l'*Honneur* et de la *Politique*. Soulèvement du parterre des démons dans la salle infernale. Entretien de *François-Premier* et du *Chagrin*. Visite de *Charles-Quint* au lit du roi de France. Guérison de ce prince. Dialogue de la *Nuit* et du *Lendemain*.

LA PANHYPOCRISIADE.

CHANT SIXIÈME.

Tolède et son château dominent un rocher
En des bois où long-temps l'Espagne vit cacher
Des vierges, tendres fleurs, tribut offert au Maure,
Tel qu'en payait la Crète au fatal Minotaure.
C'est là que Charles-Quint s'est venu retirer :
Il préside un conseil. L'Honneur y veut entrer;
La sombre Politique, en Cerbère, à la porte
Se présente, et retient le zèle qui l'emporte.

L'HONNEUR, ET LA POLITIQUE.

LA POLITIQUE.

Qui de mon cabinet ose heurter le seuil ?
Ah ! c'est toi, vieil Honneur.
L'HONNEUR.
Je te demande accueil;
Et veux à l'empereur, parlant sous tes auspices,
Donner quelques avis généreux et propices.

LA POLITIQUE.

C'est prétendre beaucoup : les avis généreux
Jamais pour qui les suit n'ont des effets heureux.
Ma prudence a pour lui de plus sûres maximes
Que tes élans de cœur et tes vœux magnanimes.

L'HONNEUR.

O Politique ! ô toi, dont l'esprit assuré
Marche dans l'univers d'un pas si mesuré,
Est-ce à toi de tomber dans cette erreur fatale ?
Ah ! sois mon alliée et non pas ma rivale.
Tu sais que des humains notre seule union
Fit long-temps admirer la noble ambition :
La gloire est l'heureux fruit de notre hymen illustre ;
L'antique droit des gens en reçut tout son lustre :
Sans moi, la vile intrigue abaisse ta grandeur,
Sans toi, mon feu s'exhale en impuissante ardeur.
Marchons par-tout ensemble ainsi qu'aux premiers âges,
Beaux temps, où nous guidions ces chefs, ces rois si sages,
Qui, dignes fondateurs, qui, rivaux des Cyrus,
Virent par l'équité leurs empires accrus !
Sont-ils donc arrivés par des routes obliques
Jusqu'au plus haut sommet des grandeurs héroïques ?

LA POLITIQUE.

Laisse tout ce phébus à l'art des romanciers !
Les poëtes, charmés des demi-dieux guerriers,
Leur prêtent comme toi des traits imaginaires :
Moi, j'ai touché le tuf, et vu net aux affaires.

Ces héros, qui du monde ont conquis le tribut,
Sans choisir leur sentier allaient droit à leur but.
De tous leurs ennemis ravir les héritages,

De leur soumission retirer des ôtages,
Fouler le plus puissant une fois abattu,
Ce fut là leur étude et leur noble vertu.

L'HONNEUR.

Oublierais-tu l'éclat dont Alexandre brille ;
Comment de Darius il traita la famille ?

LA POLITIQUE.

Il fut fier d'honorer un roi qui n'était plus,
Et d'usurper son trône, en châtiant Bessus.
Pour l'ennemi qui meurt, ne sied-il pas de feindre
Un généreux penchant dont on n'a rien à craindre ?

L'HONNEUR.

Faut-il qu'un autre exemple éclaire ton erreur ?
François est prisonnier de ton fier empereur :
Sans rançon à son trône il est beau de le rendre.
Que ce nouveau Porus trouve un autre Alexandre ;
Et pour en enchaîner l'inviolable foi,
Disons à Charles-Quint de le traiter en roi.

LA POLITIQUE.

Ne cite point Porus, faible roi tributaire,
Des biens qu'on lui rendit alors dépositaire,
Dont la fidélité régna pour le vainqueur,
Qui le fit son sujet en conquérant son cœur.
François dans l'occident est un roi formidable,
De Charles-Quint émule et rival implacable,
Et qui, de ses liens une fois échappé,
Se vengera du coup dont le sort l'a frappé.
Mon aigle, dont la serre arrêta cette proie,
S'il lui permet de vivre, et jamais la renvoie,

Doit, prévenant sa rage et son essor futur,
Sucer en la plumant tout son sang le plus pur.

L'HONNEUR.

Du malheur de Valois qu'espère ta furie?
Les états de Milan, de Naple, et de l'Ombrie,
Ses domaines rendus au rebelle Bourbon,
Sont les biens dont à Charle il promet l'abandon :
Sa mère jure encore, à l'aide de la France,
De lui soumettre Rome, et Venise, et Florence.

LA POLITIQUE.

Digne traité des rois! dépouillés aujourd'hui,
Et prodigues vendeurs des domaines d'autrui!
Charles-Quint prise peu les chimères des princes :
Il veut de son captif l'argent et les provinces.
Si tes beaux sentiments ont cru le dominer,
Vieil Honneur, d'où tu viens, tu peux t'en retourner.

L'HONNEUR.

Arrête... il m'entendra : si l'intérêt l'anime,
Eh bien! de l'univers il doit briguer l'estime,
Et ne pas, sous ses pieds écrasant le malheur,
Des princes indignés irriter la valeur.

LA POLITIQUE.

Tous les princes muets dans l'Europe étonnée,
Du plus puissant d'entre eux voyant la destinée,
Tremblant d'un sort pareil, et tristement soumis,
N'oseront du vaincu s'avouer les amis.
La pitié dans les cours n'a que peu d'influence :
L'estime à qui peut tout est de mince importance :
Que Charles-Quint haï soit craint des potentats;

Il suffit de ce point pour régir les états.

L'HONNEUR.

L'événement confond ce dangereux système :
A ses yeux, au mépris de son ordre suprême,
Les grands, à son captif témoignant leur pitié,
Condamnent de leur chef la dure inimitié.
Sa cour plus généreuse, et noblement rebelle,
A François qu'elle plaint forme une cour nouvelle.
Sa sœur même, sa sœur, l'illustre Éléonor,
A ses adversités plus attendrie encor,
Sans rougir qu'à son lit tes soins l'aient destinée,
Sourit à son amour qui parle d'hyménée :
Les bras de la beauté sont ses tendres appuis :
Les plaisirs sont ligués pour tromper ses ennuis :
Et le respect touchant que son courage inspire,
Relevant son malheur, exerce un tel empire
Que, chez son ennemi ce monarque enchaîné
De ses propres sujets paraît environné ;
Et l'Espagne, admirant sa fierté magnanime,
Semble même braver son vainqueur qui l'opprime.

LA POLITIQUE.

Ah! ne t'abuse pas : les danses et l'amour,
Ministres du vainqueur, s'empressant tour-à-tour
A consoler Valois, à calmer sa furie,
Tendent un piège adroit à sa galanterie :
Ainsi de ses secrets se rendant possesseur,
Charles-Quint le séduit par les yeux de sa sœur.
Les femmes, déités des Français idolâtres,
A ses graves desseins prêtent leurs jeux folâtres;
En flattant son captif découvrent ses penchants,

Amollissent son cœur à leurs discours touchants;
Et l'indiscrétion, prix de leur sacrifices,
Est le fruit espéré de ces doux artifices.
L'hymen, ce dieu si saint, n'obéit qu'à ma voix;
Et chez les grands lui-même esclave de mon choix,
Rapprochant les états par les nœuds des familles,
Donne à mon gré son joug aux plus illustres filles:
Il va d'Eléonor, si je le trouve bon,
Vendre à François la couche engagée à Bourbon.
Ainsi je pèse tout: Charles-Quint, mon élève,
Ne règle rien sans moi, guerre, ni paix, ni trêve;
Et des plus vains plaisirs calculant les écarts,
Ne marche dirigé que par mes froids regards.
Je l'avertirai donc que, loin d'être domptée,
Chaque jour de Valois l'âme plus irritée,
Se confiant aux soins de nos séductions,
En rehausse l'espoir de ses présomptions.
Où la douceur échoue il faut la violence.
J'ai proscrit de sa cour la vaine complaisance,
Et, pour le surmonter, je le livre au Chagrin.

L'HONNEUR.

Il bravera ses traits; je l'ai couvert d'airain:
Mais dût-il être en bute aux plus vives atteintes,
Je l'ai mis au-dessus des douleurs et des craintes.
Où tendent tes rigueurs? crois-tu que ses sujets,
S'il vendait leur patrie, obéiraient en paix,
Et que le noble orgueil dont j'anime la France
Pourrait à Charles-Quint jurer obéissance?

LA POLITIQUE.

Eh oui! tous les humains sont lâches, ou pervers:

L'avarice et la peur maîtrisent l'univers.
L'argent de l'empereur décorant ses esclaves,
Subjuguerait le peuple et ses chefs les plus braves ;
Et des vrais courageux les affronts ou la mort
A leurs imitateurs feraient craindre leur sort.
Quand les ministres vils de ses rigueurs extrêmes
Souleveraient la haine, il les tuerait eux-mêmes ;
Et les peuples alors, vengés de leurs bourreaux,
Béniraient Charles-Quint sur l'autel des héros.
Qui lui résisterait? des oisifs imbécilles,
Des justes, offensés de ces respects serviles,
Prophètes de malheur dont on ne fait nul cas,
Cœurs sans ambition, esprits grossiers, ou bas.

L'HONNEUR.

Ah! tais-toi, décrépite! avec plus de noblesse
Parle de ces mortels si chers à ta jeunesse.
Apprends que leur dédain pour ta subtilité,
Vertu qu'on traite en eux d'opiniâtreté,
Est une forte égide, abri que leur droiture
Oppose aux mouvements de ta souple imposture.
Tel dont la probité, sous le toit paternel,
N'a pour sobre aliment que le pain et le sel,
Cache sous les dehors dont une cour se raille
Un bon sens, qui confond l'opulente canaille,
Dès que le sort, aux grands le montrant tel qu'il est,
Fait voir qu'il s'est roidi pour n'être pas valet.
Tu révérais jadis les citoyens austères
Qui savaient conquérir et labourer leurs terres.

LA POLITIQUE.

D'où viens-tu me sonner ces propos rebattus

Sur le ton d'Aristide et de Cincinnatus ?
Triste Honneur ! D'autres temps veulent d'autres coûtumes ;
Les vertus sont de mode ainsi que les costumes.
Aux allures du siècle il faut s'accoutumer ;
Et le Goth en Romain ne peut se transformer.
Ton antique héroïsme est aujourd'hui burlesque :
Qu'a-t-il fait de François ? un preux chevaleresque,
Honteux de reculer, fondant sans savoir où,
Qui sur un rude écueil se heurtant comme un fou,
Contre un rival prudent suit l'orgueil qui le guide,
Et de ta fausse gloire est la dupe candide.
Moins en butte aux hasards, Charles-Quint que j'instruis,
De mon adresse heureuse a recueilli les fruits ;
Dans toutes les cités il souffle des querelles,
Pour entrer dans leurs murs, arbitre élu par elles :
Envahisseur rapide, actif avec lenteur,
Il ne prend de Thémis qu'un masque protecteur :
Cruel, peu scrupuleux aux traités qu'il proclame,
Il sait trahir la foi que de tous il réclame :
Le talent de corrompre est son recours secret ;
Et son amitié tourne au vent de l'intérêt.
Si mon art est d'agir par la force et la ruse,
C'est donc l'art d'opprimer, de tromper ; il en use :
Et par lui, tu le vois, cet empereur fameux
Au trône des Césars s'est aggrandi comme eux.
Réussir est ma loi.

L'HONNEUR.

Magicienne usée,
Ah ! ce siècle de fer t'a métamorphosée !
L'onzième des Louis, qui, né sombre tyran,

CHANT SIXIÈME.

Égalait en noirceur l'idole de Séjan,
Le pontife Alexandre, infection des temples,
Sont donc tes favoris, tes sublimes exemples!
Qui t'a changée ainsi, ton fils, Machiavel,
Qui du noir Borgia fait un prince immortel?
Compare aux nobles chefs de la Grèce et de Rome
Le modèle ignoré que son livre te nomme;
C'est un brigand qu'il raille; où, s'il put l'admirer,
Par là son court esprit se laisse mesurer :
Juge si des mortels vraiment grands dans l'histoire,
L'affreux Valentinois atteindra la mémoire.

On hait du crime heureux la sombre profondeur,
Et l'on pleure un martyr revêtu de splendeur.
Au seul bruit des succès si la gloire était due,
Socrate avec orgueil eût-il bu la ciguë?
Régulus et Caton, libres de fuir leur sort,
Auraient-ils accompli leur serment à la mort?
Que dis-je? l'Homme-Dieu, modèle inimitable,
Aurait-il cru pour lui la croix inévitable,
Et présenté son front, d'épines couronné,
Aux bourreaux de Pilate, oppresseur consterné?
Son supplice est sa gloire, et le monde l'adore.
Mais j'ai de quoi te vaincre et t'étonner encore,
Par les prospérités de ces fortunés rois,
Alphonse, Charlemagne, Alfred, auteurs des lois,
Qui surent employer la guerre et l'industrie
A la seule grandeur utile à leur patrie.

Si j'ai terni l'éclat du vainqueur de Caton,
De ton nouveau César je souillerai le nom :
Qu'il soit, tel que le veut ton écrivain si sage,

Du lion, du renard, un difforme assemblage;
Les routes dont il prend le fil embarrassé
Le mèneront enfin à périr insensé :
Et moi, qui, dans l'esprit laissant mes nobles marques,
Rends Guesclin et Bayard égaux aux grands monarques,
Je veux dans l'avenir qu'il trouve pour vainqueur
Mon loyal roi des lys, qui ne suit que son cœur;
Et témoigner par-là que ma seule prouesse
T'enlève tout le gain de ta scélératesse.
Adieu, fourbe!

    LA POLITIQUE, *à soi-même.*

           Endurons ces outrageants éclats :
Je punis qui m'offense; et ne m'irrite pas.
Rentrons dans le conseil d'où mon crédit l'évince;
Mais j'y redoute Osma, confesseur de mon prince :
Son zèle véhément a pour autorité
La parole du Christ et de la charité...
Étouffons avec soin la ferveur qui l'anime.
Le juste, prêchant seul, de tous est la victime :
Sa voie crie au désert dans les lieux où je suis;
Ou bien, j'ai pour vengeurs les poisons et les nuits.

A ces mots, des enfers le prince despotique,
Las d'entendre avilir l'auguste Politique,
Et rabaisser son art, qui lui semble infini,
Au métier que la corde et la roue ont puni,
Ému, mais comprimé par sa dignité grave,
Soulève du sourcil une cabale esclave.
    Aussitôt se dressant, mille serpents obscurs

Sifflent les derniers vers qui lui paraissaient durs.
Ce bruit est le signal d'une prompte tempête.
Un parti veut ici que le drame s'arrête;
Un autre veut qu'il marche; et tous les spectateurs
D'une scène imprévue eux-mêmes sont acteurs.

 L'hydre de la critique, à vaincre difficile,
Crie, A bas! mauvais goût! plat sujet! méchant style!
A la pièce, à l'auteur prodiguant mille affronts,
Allongeant mille mains, mille cols, mille fronts,
Elle appelle à son aide une séche harpie,
La Grammaire, toujours dans un coin accroupie,
Qui, des mots épluchés digérant mal le sens,
Revomit sa syntaxe, et lutte sur les bancs.
Des démons, barbouillés d'encre de son école,
Tirant à l'alambic les termes qu'elle isole,
Et déplaçant les mots de leur figure exclus,
Jugent ainsi des vers, qui dès-lors n'en sont plus.
Si l'accord de deux mots qu'allia le génie,
D'une expression neuve enfante l'harmonie,
De cet hymen fécond leur pudeur s'alarmant
En trouve monstrueux le vif accouplement.
Le cours rapide et clair des ellipses nouvelles,
A la pensée en vain semble prêter des ailes;
Mille aveugles esprits, vengeant leur cécité,
En niaient le vol prompt et la lucidité.
Un diable, à l'œil de porc, à la gueule de dogue,
Bondissait en hurlant : « Barbare! néologue!
« Qui, frondant le bon goût, s'efforce d'allier
« Le simple au figuré, le noble au familier,
« Qui mêle chaque genre, et la fable, et l'histoire!

« Des lettres ici-bas il va perdre la gloire !
« Mais c'est peu : quel scandale ! il prétend attaquer
« La Politique même, et la veut démasquer !
« Elle qui nous gouverne, et dont le ministère
« Couronna plus d'un diable en régnant sur la terre,
« Fit les cœurs des tyrans où nous nous renfermons,
« Et qui, sous la tiare a béni des démons !
« L'auteur, amant du vrai, s'appelle Mimopeste.
« Je dénonce aux enfers un esprit si funeste,
« Qui, s'il offrait son drame aux regards des humains,
« Ruinerait notre art chez tous les souverains ;
« Et qui, rendant bientôt les princes philosophes... »
Il disait ; lorsqu'un flot d'amères apostrophes
Tout-à-coup assaillit l'orateur indiscret
Du débat littéraire éventant le secret.

Un autre diable accourt, érudit, sec, et blême,
Des langues de Babel sachant à fond le thême.
C'est lui de qui le fouet, chez nos rhéteurs ardents,
Imprime son latin sur le cu des pédants :
Sa mémoire est un puits, sa tête est sans lumières ;
Et de ses yeux jaunis il brûla les paupières
Sur de vastes feuillets, pleins de noms inconnus,
En ik, en uk, en ak, en ôs, en ès, en us.
Pour tirer du chaos de vieux hiéroglyphes,
Sur un livre éternel l'ont suspendu ses griffes ;
Et son corps de dragon, sans ailes et sans chair,
Durant un siècle entier ne s'en put détacher.
Il s'imbut de doctrine en flottant dans le vide :
Telle pend à sa proie une sangsue avide.

On dit que ce démon tomba chassé du ciel,

Au jour que par l'envie empoisonné de fiel,
Son orgueil, trop jaloux, irrité des louanges
Qu'obtint la poésie en un concert des anges,
Proscrivit son langage affranchi dans ses tours
Des liens où languit le vulgaire discours :
De l'Olympe il roula dans la poudre classique.
Là, pour juste supplice épousant la Critique,
Le solécisme obscur, le barbarisme affreux,
Fantômes de ses nuits, troublaient son cerveau creux :
Les verbes mal d'accord soulevaient ses scrupules;
Il se sentait piqué de points et de virgules;
Et tout style concis, vif, et riche en couleurs,
Excitait en ses yeux de cuisantes douleurs.
Sa race, à la férule, aux verges aguerrie,
En bourdonnant essaim de mouches en furie,
Fond, murmure au parterre; et de longs farfadets
Sont de la queue au bec transformés en sifflets :
Embouchés par les vents, une harmonie aiguë
De leurs anneaux gonflés fait vibrer l'étendue.

Cependant l'ergoteur, zoïle de l'enfer,
Glapissait d'une voix qu'on ne put étouffer :
« Ah! d'un drame incorrect interrompons la suite!
« S'il en faut condamner le fonds et la conduite,
« Mon cornet va répandre, à perpétuité,
« Des préceptes connus de toute antiquité.
« Habile à déchirer, inhabile à produire,
« J'ignore l'art de faire, et sais l'art de détruire ;
« Et premier scribe un jour des charniers infernaux,
« Je serai pamphlétaire, et vendrai des journaux. »

L'impuissant a parlé. Les diablesses en loges
Admirent son crédit, effet des sots éloges :
On veut ouïr l'oracle ; un troupeau qui le suit,
Réclame le silence en redoublant le bruit.
Vains efforts ! le Destin, tout-puissant, invincible,
Avait écrit ces mots, d'un burin inflexible :
« Curieux de juger les mystères de tout,
« Le parterre entendra l'œuvre jusques au bout.
« Son goût sera gâté ; mais s'il s'en rit, qu'importe !
« Est-ce un mal que l'enfer, s'amusant de la sorte,
« Raille la politique, en respect aux humains,
« Petit jeu, dont je tiens les dez entre mes mains ?
« Dieu veut des noirs esprits soulager le supplice ;
« La pièce est commencée, il faut qu'elle finisse :
« Mais d'horribles combats ces jeux seront mêlés.
« Les démons n'ont jamais que des plaisirs troublés. »
 Ma muse, que n'as-tu l'organe d'un Homère,
Pour chanter ce théâtre, où le feu de la guerre
A cent taureaux ailés, à cent dragons volants,
L'un par l'autre assaillis, hurlants, sifflants, beuglants,
Inspira les transports d'une ivresse exécrable !
Oui, des cirques romains tout le peuple innombrable,
Rugissant alentour de ses gladiateurs,
A moins frappé le ciel d'accents provocateurs.
 Du parquet jusqu'au cintre on se divise en groupe,
L'abyme entier s'émeut : l'un, blessé sur la croupe,
Fesse au vol un griffon, de qui l'ongle d'airain
D'un grand âne pelé vient d'arracher le crin :
L'autre, entamé des dents du lutin qui le serre,
D'un puissant bras de plomb assomme sa colère.

Tels qu'on peint la Gorgone aux regards flamboyants,
Ceux-ci lancent de l'œil mille éclairs foudroyants;
Ceux-là dressent en coqs un crête hardie :
Que de tristes fureurs pour une comédie !
Par-tout, de sphère en sphère un tel choc résonna,
Qu'il émut notre globe, et qu'il ouvrit l'Etna.

    Les princes cependant se voilent dans leurs niches :
Le débat fut si long pour de vains hémistiches,
Que de ce choc bruyant, le diable le plus fin
Eût méconnu la cause, oubliée à la fin.
Mais la paix se rassied dans la foule rangée;
On suit le fil de l'acte, et la scène est changée.

    François-Premier languit, dans sa couche étendu;
Sur son chevet assis veille un monstre assidu,
Le Chagrin, qui, bouillant d'ardeur atrabilaire,
Ote à son court sommeil le repos salutaire,
Soulève tout son corps et par sauts et par bonds,
Et le livre au tourment des songes vagabonds.
Sa rigueur, comme on sait, n'épargnant pas les princes,
N'est pas moins rude aux rois qu'aux sujets les plus minces.

FRANÇOIS-PREMIER et le CHAGRIN.

LE CHAGRIN.
Homme, holà! ne dors plus.
FRANÇOIS-PREMIER.
                    Laisse-moi donc en paix!
Pourquoi rouvrir mes yeux fatigués de tes traits?

LE CHAGRIN.

Ne les revois-tu pas en des rêves terribles?

FRANÇOIS-PREMIER.

Au moment du réveil ils me sont plus horribles.
C'est peu que ta noirceur m'ait fait sécher, maigrir;
Et dans le désespoir je suis prêt à mourir.
Achève donc! qu'au moins je dorme dans la tombe.

LE CHAGRIN.

Alors que dans mes mains une victime tombe,
Je dévore sa chair et les jours et les nuits,
La suçant jusqu'aux os, enfin je la détruis.
Me fuit-on sur les mers, je m'attache au navire:
Dans les champs, des saisons j'attriste le sourire:
Dans les palais, je règne en lugubre appareil:
Je fais redouter l'ombre et haïr le soleil:
De mes premiers accès ou croit dompter la rage;
Mais, accrus par le temps, ils usent le courage.
Dis-moi, fameux héros, si la force de Mars
Vaut la ferme vertu qui résiste à mes dards?
Certes, la patience a droit à plus de gloire
Qu'un belliqueux transport qui court à la victoire.

FRANÇOIS-PREMIER.

Pour triompher de toi n'ai-je pas fait assez?

LE CHAGRIN.

De quelques mois d'efforts tes membres sont lassés,
Et tu t'enorgueillis de tes vertus sublimes!
Ah! dans les rangs obscurs regarde mes victimes:
L'une, indigente et nue au sortir du berceau,
Traîne sa pauvreté jusqu'au lit du tombeau,
Sans que le vil besoin, piége de l'innocence,

La contraigne à céder au poids de la souffrance :
L'autre, en un lieu creusé sous d'affreux soupiraux,
N'acceptera la paix que du fer des bourreaux,
Plutôt que de trahir un honneur, que lui nie
Le monde qui la raille, et qui la calomnie :
L'autre, sans toit, sans pain, entend ses fils crier,
Et vend ses jours pour eux au joug d'un maître altier.
Homme, que te dirai-je? Il faut te bien convaincre
Qu'avant toi, mieux que toi, mille autres m'ont su vaincre.

FRANÇOIS-PREMIER.

Né roi, jadis vainqueur, maintenant dans les fers;
Nul de ceux qu'ont pressés tes maux long-temps soufferts,
N'eut tant à regretter, à déplorer, à craindre!

LE CHAGRIN.

Toujours qui je poursuis se croit le plus à plaindre.

FRANÇOIS-PREMIER.

Mon rival, insensible à mon affliction,
Fonde sur mon tombeau son usurpation.
Ne l'aperçois-je pas s'asseyant sur mon trône?

LE CHAGRIN.

Que t'importe ton rang si le jour t'abandonne.

FRANÇOIS-PREMIER.

Il flétrira mon règne en trompant mes sujets :
J'aurai perdu mon sceptre et jusqu'à leurs regrets.
J'entends ma propre cour applaudir ses mensonges.

LE CHAGRIN.

Eh bien! entre au cercueil : là, finiront tes songes.

FRANÇOIS-PREMIER.

Bourbon, de ma famille ennemi factieux,

Va livrer mon royaume aux chocs séditieux.
Par quel hideux sourire il insulte à ma cendre!

LE CHAGRIN.

Ta haine chez les morts veut-elle encor descendre?

FRANÇOIS-PREMIER.

Tous ces arcs triomphaux, à mes palmes dressés,
Sous la main des Français s'écroulent renversés.
Louis, qui de l'Égypte a sauvé sa mémoire,
Revit du moins la France, et vivra dans l'histoire.
Moi!...

LE CHAGRIN.

Si tu meurs, péris obscur en ta prison!

FRANÇOIS-PREMIER.

Ces femmes, dont ma gloire égarait la raison,
Fières de mon amour qui les a possédées,
Rougissent des faveurs qu'elles m'ont accordées.
Leur amant couronné, vaincu dans un combat,
N'est plus à leurs regards qu'un imprudent soldat.

LE CHAGRIN.

Te sied-il de songer au cœur de tes maîtresses?
Les rides sur ton front ont gravé tes détresses.
Ce miroir t'apprendra que mes âpres douleurs
De ton jeune visage ont desséché les fleurs.
Mais cède à Charles-Quint, et sors de ta misère :
Tu reverras tes fils.

FRANÇOIS-PREMIER.

J'avilirais leur père.

LE CHAGRIN.

Tourne-toi donc vers Dieu, suprême espoir des morts,

Dont la sainte onction vient d'arroser ton corps.

FRANÇOIS-PREMIER.

Malheureux! de sa croix la présence sacrée
N'a pu rendre le calme à mon ame égarée.

LE CHAGRIN.

Celui de qui l'orgueil et les soucis d'un rang
Agitent encor l'ame en un corps expirant,
Aveugle au bord du gouffre où chaque heure l'entraîne,
Aux avis de la mort ouvre l'oreille à peine.
Tu n'imploras l'hostie avec solennité
Que par soin politique et non par piété.
Il n'est que les mourants libres du joug du monde,
A qui l'aspect du ciel rende une paix profonde,
Sans qu'un rite et qu'un prêtre, au moment du trépas,
Leur rappellent un Dieu, qu'ils n'oublièrent pas.

FRANÇOIS-PREMIER.

On ouvre : on entre ici.

LE CHAGRIN.

C'est l'empereur lui-même!
Il redoute l'effet de ta faiblesse extrême;
Et t'a fait demander de te rendre aujourd'hui
La visite qu'en vain tu demandas de lui.
Maintenant qu'à tes maux sa vue est un remède,
Alarmé de ton sort, il accourt de Tolède :
Et ses doux traitements vont guérir mon poison,
De peur qu'enfin la mort n'emporte ta rançon.

FRANÇOIS-PREMIER.

L'oserai-je augurer?.... le plus cruel supplice
Est d'embrasser l'espoir s'il faut qu'il nous trahisse.

LE CHAGRIN.

Charle et deux confidents s'approchent de ton lit.
Ta pâleur les étonne, et lui-même en pâlit.

CHARLES-QUINT, FRANÇOIS-PREMIER, COURTISANS.

FRANÇOIS-PREMIER, *à soi-même.*

Son regard attentif sur ma couche s'arrête.
Le superbe s'incline et découvre sa tête!....
Un trouble involontaire a-t-il saisi son cœur?
Ah! plutôt, l'hypocrite affecte la douceur.
(A Charles-Quint.)
De votre prisonnier venez voir la misère.

CHARLES-QUINT.

Non, je viens embrasser mon digne ami, mon frère!

FRANÇOIS-PREMIER.

Après tant de retards, au moins, graces aux cieux,
Près d'aller chez les morts je reçois vos adieux.

CHARLES-QUINT.

De mille soins pressants la triste dépendance
D'un court trajet pour moi prolongeait la distance :
Libre un moment, j'accours soulager vos ennuis.

FRANÇOIS-PREMIER.

Vous seul m'eussiez tiré de l'état où je suis!
Le voulez-vous changer?

CHARLES-QUINT.

Que ne suis-je Esculape!
Je vaincrais tout d'un coup la douleur qui vous frappe.

CHANT SIXIÈME.

FRANÇOIS-PREMIER.

Ah! de votre grand cœur je connais l'amitié :
Vous êtes généreux : votre noble pitié
Vient rendre le repos à mon ame, à la France?

CHARLES-QUINT.

De votre corps, mon frère, appaisons la souffrance.
L'esprit flotte incertain quand les sens sont troublés :
Nos justes intérêts nous sont alors voilés :
Souvent même, l'effort des organes débiles
Rompt le fil de nos jours, tant nous sommes fragiles!
Ne réglons rien encor : raffermissez-vous bien ;
Et pour votre salut bornons cet entretien.
Revenu dans Madrid, mes visites prochaines
De mon frère chéri termineront les peines.

FRANÇOIS-PREMIER.

La mort peut m'empêcher, hélas! de vous revoir.
Que d'un heureux traité j'emporte au moins l'espoir...

CHARLES-QUINT.

Quel discours, ô mon frère!... Ah! chassez ce présage,
Et de votre santé vous reprendrez l'usage.
Que j'examine encor vos lèvres et vos yeux....
Votre force renaît : demain vous serez mieux.
Mon frère, embrassons-nous : sommeillez plus paisible.
Adieu!

FRANÇOIS-PREMIER.

Qu'à ce baiser votre frère est sensible!

(A soi-même.)

Il sort le scélérat, que rien ne peut toucher!
Ses regards sur mes traits semblaient ne s'attacher
Que pour voir si, domptant l'ennui qui me dévore,

Mon ame à ses rigueurs résisterait encore.
Qui croirait qu'un grand prince, en effet si pervers,
Approchât son captif sans en rompre les fers;
Et qu'après sa visite, objet de mon attente,
Il laissât ma faiblesse en ses doutes flottante?

     UN COURTISAN, *à la suite de Charles.*
Annonçons en tous lieux par des courriers certains
Quel charme à se revoir goûtaient ces souverains;
Comment notre empereur, de qui la renommée
Connaît peu la bonté sincère, accoutumée,
A plaint son prisonnier, et calmé ses tourments;
Et que le temps qui court est gros d'événements.

Ils sortent : et les jours, se succédant sans cesse,
Autour du lit du roi passent avec vîtesse.
Ceux-ci peignent son teint d'un vermillon nouveau;
Ceux-là chassent l'ennui qui rongeait son cerveau :
Les autres le levaient, et de sa marche lente
Soutenaient la langueur bientôt moins chancelante;
Ou plus réparateurs, aiguillonnant sa faim,
Rendaient son cœur plus fort, rendaient son corps plus sain :
Cependant en ces mots, tout remplis de tristesse,
Au Lendemain changeant la sombre Nuit s'adresse.

LA NUIT et LE LENDEMAIN.

LA NUIT.
Fantôme aux pieds ailés, perfide Lendemain,
Pourquoi t'offrir toujours au triste cœur humain,

Et corrompant les fruits du jour et de la veille,
Troubler l'homme en mon sein, même quand il sommeille?
Fils de l'aube, apprends-moi par quel malin plaisir
Tu trompes si souvent sa crainte et son desir.
Tu n'es qu'un faux Prothée, et ta mobile image
Se montre rarement pareille à ton visage.

LE LENDEMAIN.

Il est vrai, comme toi je m'avance voilé;
L'homme qui croit me voir d'un prisme est aveuglé :
Et mon retour dément, par mille expériences,
Des horoscopes vains toutes les presciences :
Mais ainsi Dieu l'ordonne, et Dieu veut le punir
De perdre le présent pour chercher l'avenir.
Malheureux, se peint-il ma figure effrayante?
J'arrive en l'égayant par ma face riante :
Trop heureux, m'attend-il pour s'enivrer d'orgueil ?
J'accours l'humilier, et suis vêtu de deuil.
Que ne vit-il en paix sans forger des mensonges
Qui me prêtent un masque aussi vain que tes songes!
L'heure qui fuit l'entraîne, et, hâtant son trépas,
L'avertit que peut-être il ne m'atteindra pas :
Mais, toujours poursuivant ma forme imaginaire,
L'homme est sa propre dupe, et né visionnaire.
O nuit! l'ignores-tu? l'absence du soleil
Te permet à son lit d'appeler le sommeil :
Eh bien! sans profiter de ta douceur paisible,
Toi-même si propice, il te peint si terrible,
Qu'il croit te voir ouvrir les portes du tombeau,
Et t'escorter d'objets, monstres de son cerveau.
Ses lampes et ses feux repoussent tes ténèbres,

Tant leurs obscurités lui paraissent funèbres !
Tel espace où, le jour, il se voit isolé,
Lui semble à ta faveur d'assassins tout peuplé :
Ta lune, astre charmant, lui verse la tristesse;
Et les rêves, s'il dort, le tourmentent sans cesse.
Ne m'accuse donc pas si, courant après moi,
Son esprit inquiet l'emporte hors de soi.
Se créer des erreurs, voilà sa destinée.

LA NUIT.

Hélas ! c'est donc en vain qu'au bout de la journée
Sur les yeux des mortels fatigués de travaux
J'épanche la vertu de mes plus frais pavots !
De l'homme vainement je répare la force,
S'il l'épuise à courir vers ta trompeuse amorce.

LE LENDEMAIN.

Dis-lui qu'en philosophe il m'attende sans soins,
Qu'il se confie au ciel, et m'envisage moins.
Aussi-bien, en son cœur, la crainte et l'espérance
Ne produisent de moi qu'une fausse apparence :
Je change incessamment de maintien et de traits,
Et tel qu'on me prévit je ne reviens jamais.

François, aux premiers jours de sa mélancolie,
Crut qu'avec moi la mort suivrait sa maladie;
De sa fièvre pourtant j'arrêtai la fureur :
Bientôt j'ai dans sa chambre attiré l'empereur.
Il redoutait le poids de son ennui funeste;
Bientôt de ses langueurs j'ai dissipé le reste :
Il craignait l'abandon; bientôt je vins encor
Rendre à ses yeux épris l'aimable Éléonor.
Voici que du matin les lumières dorées

Percent de son château les vitres colorées.....
Va-t'en : je lui rendrai plus de sérénité
Que du flambeau des cieux n'en répand la clarté.
Marguerite, sa sœur, ô visite imprévue!
Belle comme l'aurore, apparaît à sa vue.

LA PANHYPOCRISIADE.

CHANT SEPTIÈME.

SOMMAIRE DU SEPTIÈME CHANT.

Entretien de *François-premier* et de *Marguerite* sa sœur. Conseil secret de *Charles-Quint*, qui pèse la rançon du roi dans les balances de la *Politique*, après avoir reçu les avis du monstre ailé de la diplomatie. Leçon de *Charles-Quint* à son chancelier. Réjouissance du peuple à la nouvelle de la délivrance de *François-Premier*. Assemblée des notables, où l'*Honneur* et la *Monarchie* réclament pour les droits de la Bourgogne contre l'ambassadeur de *Charles-Quint*. Intermède : fêtes de chevalerie ; tournois présidés par *François-Premier*. Dialogue entre l'*Honneur* et *Marguerite*.

LA PANHYPOCRISIADE.

CHANT SEPTIÈME.

FRANÇOIS-PREMIER, ET MARGUERITE.

MARGUERITE.

Enfin je vous revois!... douce faveur des cieux!

FRANÇOIS-PREMIER.

Marguerite, c'est vous! Marguerite en ces lieux!

MARGUERITE.

Après tant de regrets votre sœur vous embrasse!
Du plaisir que je sens, ô Dieu! je te rends grace.
Mon frère est sur mon sein.

FRANÇOIS-PREMIER.

      Que dites-vous? hélas!
Votre frère, illustré par de vaillants combats,
Fut assis avec gloire au trône de la France :
Suis-je rien dans Madrid qu'un captif sans défense ?
Un roi vainqueur peut-il se reconnaître en moi ?
Vous n'avez plus de frère, et je ne suis plus roi.

MARGUERITE.

Sur le trône des lys oubliez-vous, mon frère,
Que vous seul commandez par la voix de ma mère,

Et qu'au loin vos arrêts, par nos lèvres dictés,
Sont dans votre royaume encor exécutés?
Qui vous atteste mieux votre entière puissance
Que de voir votre nom régner dans votre absence?
De l'Europe sur vous tous les regards fixés,
Tant de grands souverains pour vous intéressés,
Les pleurs d'un peuple, et ceux que répand ma tendresse,
Ce que pour vous servir tente ici ma faiblesse,
Ne témoignent-ils pas, mieux que tous les discours,
Que François est mon frère, et qu'il règne toujours?

FRANÇOIS-PREMIER.

Marguerite, en mes maux que ne puis-je vous croire!
Mon sceptre m'est resté, mais j'ai perdu ma gloire;
Et, plus éclate en vous la magnanimité,
Plus j'ai honte à vos yeux de mon adversité.

MARGUERITE.

Un revers ne flétrit qu'alors qu'on le mérite.
Jusques au fond du cœur connaissez Marguerite :
Le faible d'Alençon a fui vos étendards.
Lorsque je le revis, échappé des hasards,
En cet indigne époux je ne pus reconnaître
Ni les droits de son lit, ni son rang, ni mon maître;
Hélas! et trop livrée à mon premier transport,
Mes reproches, peut-être, ont avancé sa mort.
Oui, si la même fuite eût sauvé votre vie,
Vous n'auriez plus de sœur. Mais, vaincu sous Pavie,
Vos coups ont fait payer votre chûte au vainqueur;
Et d'un prince français j'ai reconnu le cœur.

FRANÇOIS-PREMIER.

Ce cœur est bien déchu de sa fière constance :

Lassé d'une inutile et triste résistance,
Il succombe au chagrin..... Mais, sans doute, ma sœur
De quelque espoir nouveau m'apporte la douceur ?

MARGUERITE.

Vous êtes un héros, non un prince vulgaire ;
Ainsi de vos malheurs je n'ai rien à vous taire :
Ils sont au plus haut point ; Charles-Quint m'a parlé :
Son caractère affreux s'est enfin dévoilé.

FRANÇOIS-PREMIER.

Qu'entends-je ?...

MARGUERITE.

Hélas ! pour vous la régente affligée
De vos traités secrets m'avait seule chargée,
Afin que l'empereur, séduit à mon aspect,
Pour vos nobles destins gardât plus de respect.
Il m'a reçue : en vain l'amitié fraternelle
De sa vive éloquence appuyait tout mon zèle ;
En vain je lui peignis l'opprobre dangereux
Dont le pourraient souiller vos fers trop rigoureux ;
Tour-à-tour, employant la louange et l'outrage,
En vain j'ai su piquer son orgueil, son courage ;
Et même, surmontant ma haine et la pudeur,
Par l'offre de ma main j'ai tenté sa grandeur ;
Ah ! rien n'a du cruel désarmé l'injustice.
Non que, pour m'abuser, son galant artifice
N'ait, à l'aide des fleurs d'un esprit gracieux,
Coloré ses refus de motifs spécieux :
Mais, dans ses volontés le trouvant inflexible,
J'ai pu sonder le cœur de ce monstre insensible,

Que l'honneur généreux, et que mon peu d'attraits
Ne détourneront point d'avares intérêts ;
Et qui, pour seul profit d'un pénible voyage,
Me laisse dans vos bras pleurer votre esclavage.

FRANÇOIS-PREMIER.

Ma sœur, de mon destin subissons les arrêts.

MARGUERITE.

Quel courroux imprévu s'allume dans vos traits?

FRANÇOIS-PREMIER.

Ne vous l'ai-je pas dit?

MARGUERITE.

Calmez tant de colère.....

FRANÇOIS-PREMIER.

Non, je ne suis plus roi! vous n'avez plus de frère.

MARGUERITE.

Que me répétez-vous, et quel transport nouveau?...

FRANÇOIS-PREMIER.

Cette infâme prison, n'est-ce pas mon tombeau?
Parle; sied-il, du fond de leur demeure sombre,
A des morts oubliés, ensevelis dans l'ombre,
De gouverner en rois les états attristés,
Et de faire aux vivants ouïr leurs volontés?
Du sein de mon néant m'arroger quelque empire,
De tous les droits humains c'est lâchement me rire.
Parle; subir le joug d'un tyran odieux,
En attendre son sort, le lire dans ses yeux,
Souffrir que son caprice et vous joue, et vous brave,
Est-ce exister en roi? Non, mais en humble esclave.
Vil, et sans liberté, je ne suis désormais

Ni ton frère, crois-moi, ni le roi des Français.
MARGUERITE.
Est-ce qu'à la douleur votre raison succombe?
FRANÇOIS-PREMIER.
Le Dieu qui parle aux morts, m'éclaire dans ma tombe :
Entendez le décret qu'il dicte par ma voix.
Le sceptre des Français, dépôt transmis aux rois,
Et qui de mains en mains en leur famille passe,
Quand le prince finit, vit toujours en sa race.
Que mon fils, héritier de Valois qui n'est plus,
Prenne donc ma couronne et tous ses attributs;
Et, de mon ennemi détruisant l'espérance,
Rendant, pour le combattre, un monarque à la France,
Disons à l'univers, par le deuil de ma cour,
Que les murs de Pavie ont vu mon dernier jour.
MARGUERITE.
Ah! que proposez-vous?
FRANÇOIS-PREMIER.
     Porte pour ma vengeance
Cet écrit que mes mains ont tracé par avance,
Titre que je ne puis confier qu'à ton sein;
Titre qui dans mon rang élève le dauphin;
Salutaire abandon de tous mes droits au trône.
MARGUERITE.
Sacrifice admirable, et grandeur qui m'étonne,
Qui désarme un tyran, fier de vous effrayer,
Et contraint un accord qu'il vous eût fait payer!
FRANÇOIS-PREMIER.
Ce n'est pas là, ma sœur, un piége que je dresse;

Je mourrai dans les fers où mon vainqueur me laisse.
Qu'à jamais oublié, ma famille.....

MARGUERITE.

Ah ! sachez
Combien de vos revers tous les cœurs sont touchés.
Votre nom respecté passe de bouche en bouche.
Plus de votre ennemi la vengeance est farouche,
Plus nos dignes Français, du noble honneur épris,
En tous leurs vœux pour vous lui marquent de mépris.
On parle de vos fers moins que de vos blessures,
De vos exploits nombreux plus que de vos injures ;
L'aiguille, nuançant les plus sombres couleurs,
Brode sur nos tissus le sujet de nos pleurs :
Vos faits et Marignan, plus chers à la mémoire,
Du chant des troubadours font revivre la gloire :
Et chaque mère, hélas ! et chaque femme, en vous
Semble redemander son fils et son époux.

FRANÇOIS-PREMIER.

O douce expression d'un regret qui m'honore !
O touchante pitié, te mérité-je encore ?
Mais, ma sœur, ne dis pas qu'une affreuse pâleur
Dément ma fermeté sous le poids du malheur ;
Que, m'offrant à ma garde avec des yeux sans larmes,
Mon lit, seul confident d'un roi rempli d'alarmes,
Me voit de ma fierté me dépouiller le soir,
Et n'être plus qu'un homme en proie au désespoir.
Instruis mes seuls enfants par mon cruel exemple,
Afin que nul orgueil... On rentre, on nous contemple;
Et l'argus qu'on renvoie en mon appartement

De ce court entretien mesure le moment.
Adieu donc ! sur mon sort pleure au sein de ma mère :
J'ai cessé d'être roi, je suis toujours ton frère !

Tout change : on aperçoit dans leur sombre atelier
Charle, et la Politique, et son bas chancelier ;
Leurs poids, leurs sceaux menteurs, leur bourbeuse écritoire,
Sont les vieux instruments de ce laboratoire :
En perroquet jaseur, en vigilant faucon,
S'y perche à leurs côtés le Diplomagriffon,
Animal aux cent yeux, aux cent becs, aux cent ailes,
Qui mue en écoutant, et pique les nouvelles,
Et, suivant la saison, discret ou babillard,
De son riche plumage éblouit le regard.

CHARLES-QUINT, LA POLITIQUE, DIPLOMAGRIFFON, MERCURE-GATTINAT.

LA POLITIQUE.
Çà, monstre clairvoyant, espion de la terre,
Viens dire à Charles-Quint ce que dit l'Angleterre.

LE DIPLOMAGRIFFON.
Elle abjure en secret ses traités avec lui :
A François qu'il opprime elle offre son appui ;
Et Volsay, qu'il trompa dans sa haute espérance,
Pousse Henri son prince à seconder la France.

LA POLITIQUE.
Que fait-on au saint-siége, où tu planes souvent ?

LE DIPLOMAGRIFFON.
Sa girouette sainte a tourné sous le vent ;

La régente Louise au pontife s'allie.
Hérétique et zélé, tout se réconcilie ;
Et du seul Charles-Quint, dans chaque nation,
On accuse l'audace et l'usurpation.
Invisible, et volant de Madrid à Venise,
De l'Éridan au Rhin, du Tibre à la Tamise,
J'ai tout vu; croyez-moi, l'orage se grossit;
Et.....

LA POLITIQUE.

Que regardes-tu ? qui suspend ton récit ?

LE DIPLOMAGRIFFON.

J'aperçois Marguerite, héroïque amazone,
De votre prisonnier emportant la couronne.
Son coursier, qui des monts franchit les hauts sommets,
Déja touche aux confins de l'empire français.

CHARLES-QUINT.

O rapport trop tardif! ô perfide entrevue!...
Quoi? malgré tes cent yeux on a trompé ta vue!

LA POLITIQUE.

Que ne l'arrêtiez-vous, malgré le droit des gens ?

LE DIPLOMAGRIFFON.

L'ordre en était parti.

CHARLES-QUINT.

Ne perdons plus de temps;
Vole la cajoler de-là les Pyrénées.
Toi, Politique, enfin pesons nos destinées ;
Et puisqu'il faut tirer François de sa prison,
Prends soudain ta balance, et compte sa rançon.

LA POLITIQUE.

Pose dans ce bassin la valeur du monarque :

Mets dans l'autre ce poids.

CHARLES-QUINT.

Et quelle en est la marque?

LA POLITIQUE.

Naple.

CHARLES-QUINT.

Il ne suffit pas, et son titre léger
Sous des princes divers est sujet à changer.
Quel autre poids en sus nous convient-il de prendre?

LA POLITIQUE.

Rachat du vasselage en tes cités de Flandre.

CHARLES-QUINT.

Les vassaux tels que moi n'ont plus de suzerain.
Passons : quel poids nouveau dépose ici ta main?

LA POLITIQUE.

Le duché de Milan, objet de ta querelle.

CHARLES-QUINT.

Sforce n'en peut long-temps garder la citadelle :
Nous l'en dépouillerons; à quoi bon l'acheter?
Son titre est d'un haut prix, mais trop à contester.
Accrois donc cette masse.

LA POLITIQUE.

Allons, nulle vergogne.
Celui-ci.....

CHARLES-QUINT.

Quel est-il?

LA POLITIQUE.

Le duché de Bourgogne.

CHARLES-QUINT.

Mets.

LA POLITIQUE.

Ah! le roi vaut moins: ce poids l'a soulevé,
Romps ses fers, si de lui ce pacte est approuvé :
Mais de sa foi jurée il faut peser les gages.
Prends ses plus grands guerriers ou ses fils en ôtages;
Et réclame de plus l'hymen d'Éléonor.

CHARLES-QUINT.

Que valent ses enfants?

LA POLITIQUE.

     Deux millions en or.

CHARLES-QUINT.

S'il offre douze preux, vaudront-ils ces deux princes?

LA POLITIQUE.

Pèse, pèse les pleurs, le sang de ses provinces,
Que leur perte à ton gré ferait couler soudain.

CHARLES-QUINT.

Bon! scellons ce marché.

MERCURE-GATTINAT.

     Mon noble souverain,
J'ai peur que de faux poids la Politique n'use.
Souffrez qu'à ces traités votre sceau se refuse.

CHARLES-QUINT, *sévèrement.*

Eh bien, rendez-le moi.

MERCURE-GATTINAT, *à soi-même.*

     Dieu! quelle est ma terreur!
J'ai d'un scrupule sot offensé l'empereur!
A quoi bon lui prouver quelque délicatesse?
Que servent les conseils? La droiture le blesse.
Mes entrailles, mon cœur, et tous mes sens émus,
Déja....

CHARLES-QUINT, *en souriant*.

Reprends les sceaux; mais ne raisonne plus.

LA POLITIQUE.

Excellente leçon! par là tu le consternes,
Et changes en muets ces agents subalternes.
Il faut que ses pareils, en brutes agissants,
Feignent d'être aveuglés, rampent obéissants.
Car, si tu contestais, la raison importune
Peut-être sentirait que ton ame est commune,
Et qu'en lâche caprice, en orgueilleuse erreur,
Aux plus petites gens s'égale un empereur.
Maintiens donc l'appareil de ta majesté fausse :
Tu ne leur parais grand que parce qu'il te hausse.

CHARLES-QUINT.

Oui, tout doit être en nous faux mystère et replis.
Allons briser les fers du monarque des lys.
Ouvre tes magasins : revêts tes mascarades :
Joie et farces de cour, perfides embrassades,
Paix feintes, au-dehors se colorant de fard,
Jeux et ris simulés et plâtrés avec art,
Accourez! Prends, Hymen, une torche enflammée!
Brillez, feux d'artifice! emportez en fumée
De nos divisions les sanglants résultats,
Et que tout chante et danse en nos heureux états!
C'est ainsi qu'en vapeurs s'exhalent les tempêtes :
Les guerres ne sont rien qu'un prélude à nos fêtes.

Sur les bords où François a reçu la clarté,
L'urne de la Charente arrose une cité,

Qui retentit au bruit d'une fête publique :
Là, ne circule pas un concours magnifique,
Mais un bon peuple, ému du retour de son roi,
Et sautant de plaisir, sans trop savoir pourquoi.
  Des seuls peintres flamands les riantes magies
Du lustre des couleurs relèvent ces orgies,
Et charment, à l'éclat de rayons purs et vrais,
L'œil le plus dédaigneux de leurs naïfs portraits.
Van-Hostade, et Téniers, en grotesques images,
Animeraient la joie échauffant les visages,
Le seuil des cabarets couronné de lauriers,
Le tambourin pressant la Danse aux pas grossiers,
Les claques et les ris des fécondes commères,
Les baisers hasardeux rendant les filles mères,
Les Entelles du port, les Darès villageois,
Lutteurs, qui d'une meute excitent les abois,
Par le jus de Cognac leur face réjouie,
Leurs combats égayés, et leur vue éblouie,
Les guirlandes aux murs tapissés en dehors,
Et les châsses des saints découvrant leurs trésors.
  Là, mettant dans un broc sa raison à l'épreuve,
Près d'un sonneur ivrogne un artilleur s'abreuve.

L'ARTILLEUR et le SONNEUR.

L'ARTILLEUR.
Au bon retour du roi ! je l'ai bien canonné.
LE SONNEUR.
Au bon retour du roi ! moi, je l'ai bien sonné.
L'ARTILLEUR.
Vos joyeux carillons, au milieu de la nue,

Semblent du Dieu du ciel chômer la bien-venue.
LE SONNEUR.
Nos cloches ont tinté pour Dieu seul autrefois;
Ensuite pour les saints; maintenant pour les rois:
Aussi, dit le Curé, l'Église dégénère.
L'ARTILLEUR.
Entends sur le rempart gronder notre tonnerre:
Jadis il ne rendait honneur qu'au Souverain.
En tous lieux aujourd'hui nous promenons son train,
Et brûlons aux moineaux une poudre inutile
Pour le moindre faquin, gouverneur d'une ville.
LE SONNEUR.
Mieux vaut de coups en l'air produire un vain fracas,
Que de carillonner de lugubres trépas.
Le canon et la cloche ont ce rapport ensemble
Qu'à leur bruit, tour-à-tour, on s'égaie, ou l'on tremble.
L'ARTILLEUR.
Ce jour par l'un et l'autre a droit d'être fêté.
Vive notre héros!... un coup à sa santé!
LE SONNEUR.
Buvons!... on va bientôt nous soulager des tailles.
L'ARTILLEUR.
Buvons!... nous n'aurons plus qu'à plumer des volailles.
LE SONNEUR.
Blé, vin, chair, et poisson, se donneront pour rien.
L'ARTILLEUR.
Tout allait mal; le roi fera tout aller bien.
LE SONNEUR.
Pintons en son honneur!

L'ARTILLEUR.

Verse, mon camarade!

LE SONNEUR.

Trinquons pour ce grand prince!

L'ARTILLEUR.

Encore une rasade!

LE SONNEUR.

Encor! Jamais, mordieu, je ne l'ai tant chéri!

L'ARTILLEUR.

Encor! Jamais mon cœur ne fut plus attendri!

LE SONNEUR.

Au diantre les lourdauds qui me brisent mon verre...
Quel vacarme!

L'ARTILLEUR.

Arrêtez!... Ils m'ont roulé par terre.

LA FOULE DES HABITANTS.

Gare! gare! — C'est lui! — De ce côté... — Par-là...
C'est lui qui passe! – Eh non. – Oui. – Le roi! – Le voilà!
Rangez-vous! place! place! – Holà! ciel! – Je rends l'ame.
Au voleur!.. — Insolent, respectez une femme..!
— On m'étouffe!.. – Poussons! enfonçons!.. -- Je le voi!
Vivat! — Je suis rompu, mais j'ai bien vu le roi.
— Moi, j'en étais tout proche. — Et moi, je puis vous dire
Qu'il a toutes ses dents; car nous l'avons fait rire.
— Moi, j'ai donné, reçu mille coups tour-à-tour....
— Moi, je suis tout en sang... — Vivat! ô le beau jour!

Tout l'Enfer reconnut dans cette populace
Se faisant échiner autour d'un roi, qui passe,
Même instinct qu'à la cour où de cuisants regrets
Font payer cher l'orgueil de l'avoir vu de près.

Du théâtre mouvant les ressorts admirables
Composent un conseil d'automates notables :
François, avec les Pairs, assis dans sa grandeur,
Du puissant Charles-Quint reçoit l'ambassadeur.
L'Honneur, génie heureux qui sur la France veille,
Au roi, qu'il raffermit, soudain parle à l'oreille.

FRANÇOIS-PREMIER, L'HONNEUR, LA MONARCHIE, LES GRANDS, LES DÉPUTÉS DE BOURGOGNE, LANNOY, SUITE DE L'AMBASSADEUR.

L'HONNEUR, *au roi.*

Te voilà de retour; et ma seule vertu
A dompté le chagrin qui t'aurait abattu.
N'avais-je pas prédit que l'Honneur héroïque
Saurait dans ses calculs tromper la Politique?
Et la priver des fruits qu'elle a cru retirer
Du traité que son joug te força de jurer?
Je crains pourtant qu'un jour des bouches indiscrètes
N'accusent de ton cœur les faiblesses secrètes :
Charge donc les États de dégager ta foi.
La Monarchie à tous va répondre pour toi;
Et le Nonce romain, si sa voix le réclame,
De tes serments forcés délivrera ton âme.

(A l'ambassadeur.)

Vous, Lannoy, j'interroge en secret votre sein :
Quel' pacte lie un homme avec un assassin,
Quand le fer meurtrier, qui sur sa gorge brille,
En obtient l'abandon des biens de sa famille?
L'espoir de votre maître est un folle erreur.

LANNOY, *à François-Premier.*

Sire, avant de parler au nom de l'Empereur,
Souffrez qu'en votre cour vos vertus magnanimes
Reçoivent de Lannoy les tributs légitimes,
Et qu'un soldat, admis devant François-Premier,
En ce grand roi, d'abord, salue un grand guerrier.
Mes yeux ont vu de près votre illustre constance;
Et j'en dois hautement témoignage à la France.
Maintenant à mon prince il me faut obéir.
Deux nobles souverains ne sauraient se haïr;
Et j'accours aujourd'hui rendre plus solennelle
Leur paix qui fut troublée, et doit être éternelle.
Comblez donc tous nos vœux : hâtez-vous de signer
Les traités consentis qui la feront régner;
Et l'Univers, plus calme en toutes ses provinces,
Bénira le pouvoir de deux augustes princes
Qui, vaillants, généreux, adorés des humains,
Toujours de l'équité suivirent les chemins.

LA MONARCHIE.

Sire, au nom des États convoqués vers la Saône,
Laissez-moi réclamer l'intégrité du trône.
Je joignis, dès le temps des neveux de Clovis,
Le sceptre bourguignon au faisceau de mes lis :
Dès-lors il m'appartint : d'un bien héréditaire

Vous êtes possesseur moins que dépositaire :
Est-ce à vous de le vendre ? Ah ! je lie à jamais
Les sujets à leur prince, et le prince aux sujets.
Sans leur commun aveu, mon pacte indestructible
Oppose à vos serments un obstacle invincible ;
Et la France, appuyant la Bourgogne et ses droits,
Ne sert en vous qu'un maître esclave de mes lois.

FRANÇOIS-PREMIER.

Au ciel plus qu'à moi-même elle a lieu de se plaindre
Si je blesse un devoir que je gémis d'enfreindre.
Un serment, commandé par la nécessité,
M'arrache la Bourgogne ou bien la liberté ;
Et, si je ne la cède, il faut qu'à ma parole,
Retourné dans Madrid, moi-même je m'immole.
Mes généreux sujets doivent donc acquitter
Le triste engagement qu'on m'a fait contracter :
Et, sous leur nouveau prince, en des temps plus tranquilles,
Thémis protégera tous les droits de leurs villes.

LA MONARCHIE.

Quoi ! nos engagements n'ont-ils pas devancé
Le serment qu'à Madrid vous avez prononcé ?
S'il est une promesse inviolable et sainte,
C'est celle qu'autrefois je reçus, sans contrainte,
Aux autels où sur vous la divine onction
Dans vos mains consacra ma domination.
Pouvez-vous, séparant votre intérêt du nôtre,
Détruire, parjurer ce serment pour un autre,
Avilir votre foi par ces renversements,
Et de mes libertés sapper les fondements ?
La France, de ses biens, de son honneur jalouse,

La France aime ses rois; la France est leur épouse;
Non pour voir déchirer ses membres en lambeaux,
Et sans pudeur passer à des maîtres nouveaux :
Mais pour être toujours noblement protégée,
Toute au juste héritier, et jamais partagée.
Si vous trompez sa foi, si vous abandonnez
Les fils que vers la Saône elle vous a donnés,
Je cesserai dès-lors de mettre en ma balance
Tout ce qu'ils doivent rendre à mon obéissance :
Affranchis de mon joug, méconnaissant la voix
D'un monarque étranger que n'a point fait leur choix,
Au mépris du devoir laissés par vous sans maître,
Libres au même instant, ils pourront toujours l'être.
Ma loi, qui les soumit à votre autorité,
Veut du père aux enfants même fidélité.

FRANÇOIS-PREMIER.

Lannoy, vous entendez avec quelle noblesse
La Bourgogne constante à son maître s'adresse :
Et vous êtes témoin qu'il ne m'est pas permis
De trahir des sujets que leur choix m'a soumis.
Sur les bords où s'accrut ma tige souveraine,
Plus que je ne suis roi, la Monarchie est reine :
Votre Empereur lui-même aurait bien du prévoir
Qu'il engageait ma foi, par de là mon pouvoir.
De sa rigueur aveugle, hélas! telle est la suite.
Que cet exemple serve à régler sa conduite :
Qu'il suive en son bonheur des conseils généreux,
Et respecte du moins ses rivaux malheureux.
Je ne le cèle point; j'éprouve quelque joie
Du secours imprévu qu'un Dieu vengeur m'envoie.

L'amour de ce royaume à mon sceptre attaché
Me donne un gage heureux dont mon cœur est touché.
Est-ce à moi de punir d'une guerre cruelle
Une rebellion qui m'atteste son zèle?
Livrerai-je un État, de qui je suis aimé,
Aux fers d'un souverain qui m'a tant opprimé?
Comment de Charles-Quint leur vanter la clémence?
Lui, dont l'inimitié, poussée à la démence,
Traita leur prince, aux yeux de l'univers entier,
Non comme un roi chrétien, mais en vil prisonnier!
Lui, qui retient encor mes deux fils en otages!
Lui, qui, dans une barque entraînant ces chers gages,
Défendit qu'en passant tout proche de mes yeux
Un baiser de leur père adoucît leurs adieux!
Voilà, voilà les fruits de sa cruauté vaine.
Tout le fuit : tout évite et redoute sa chaîne.
La Saône et ses enfants ont trop d'effroi de lui:
Tous les chefs de l'Europe, alliés aujourd'hui,
Prétendent arrêter l'Autriche impérieuse
Dont s'emporte sans frein l'audace ambitieuse,
Et s'unissent pour rendre à l'Italie en paix
Un maître qui tous deux nous en chasse à jamais.
Dites à l'Empereur d'entrer en cette ligue,
Barrière à tout orgueil, obstacle à toute brigue :
Mais s'il veut mon secours pour de justes exploits,
Je suis prêt : qu'au croissant il oppose la croix;
Et qu'enfin Soliman, qui nous menace encore,
Aille au fond des rochers rugir loin du Bosphore.
Ces belliqueux projets sont seuls dignes de nous.
Allez donc, et vers lui chargé de soins plus doux,

Dites-lui qu'à sa sœur ma main reste donnée,
Et que Paris l'attend pour fêter l'hyménée.

Il dit : le grand conseil se tait avec respect :
Il sort ; La cour le suit ; et tout change d'aspect.

Le spectacle infernal, sans règle dramatique,
De tout un long sujet compose un acte unique ;
Et la pièce, qu'ici notre art suspend cinq fois,
Là-bas, va d'un seul jet : autres lieux, autres lois.
Que d'arrêts érudits, que de justes remarques
Cet abus coûterait à nos grands Aristarques !
Et qu'il me semble heureux qu'évitant le bourbier,
Parmi nous chaque auteur marche en bon routinier !
En vain répondrait-on qu'un intermède utile
Coupe le dialogue et rompt l'ennui du style,
Et prêtant à la scène un lustre merveilleux,
Quand l'esprit se fatigue amuse encor les yeux ;
Cet acte sans repos, trop fécond assemblage,
Leur paraîtrait folie : ils ont le goût si sage !
A peine seulement voudront-ils écouter
Le récit des tournois que tu vas leur chanter,
Ma muse : trace donc, pour des gens sans lecture,
A juger par leur sens instruits par la nature,
L'enceinte où les Démons, vieux amis du chaos,
Se complurent à voir jouter mille héros.
 Dans le sein de Paris, les tambours et les flûtes,
Appellent tous les preux à de brillantes luttes :
Les murs sont revêtus de tapis éclatants,

De festons enlacés, et de drapeaux flottants :
De guirlandes par-tout les fenêtres ornées,
De chêne, de laurier, les portes couronnées,
Le concours enjoué des peuples curieux,
Tant de seigneurs si fiers de passer sous leurs yeux,
Des groupes de beautés, ceintes de pierreries,
Décorant les balcons des vastes galeries,
Et semant les chemins de rubans et de lis
Jetés aux palefrois des vaillants Amadis :
Et là, de mains en mains des corbeilles errantes
Qui jonchent le pavé de feuilles odorantes;
Tout annonce aux petits que, pour les éblouir,
Les grands daignent paraître, et vont les réjouir.

On admire l'éclat dont ce beau jour décore
La sœur de Charles-Quint, la tendre Éléonore,
Qui de François-Premier adoucit la prison;
Et qui, par un hymen allégeant sa rançon,
Conduite dans un lit à ses feux redevable,
Ne trouva pas, dit-on, le monarque insolvable.

Sur de riches brocards siégent à ses côtés
De son nouvel époux les enfants rachetés :
La maîtresse du roi, D'Heilly, sur son visage
D'un lendemain de noce aperçoit tout l'outrage,
Et d'un crédit rival méditant le malheur,
De la publique joie elle fait sa douleur :
Son œil à son héros jette dans cette lice
Un regard, souriant d'amoureuse malice;
Et cache le dépit d'un secret déshonneur,
Qui ferait fuir sa cour, fidèle au seul bonheur.

Ceux que de plaire au maître un soin jaloux tourmente,

N'osant trop encenser l'épouse ni l'amante,
Tournent tous leurs respects vers l'auguste appareil
Du roi, leur grave centre, et leur brillant soleil.

Déja le clairon sonne; un feu roulant pétille :
Les rangs des escadrons opposés en quadrille
Sous la barrière encore attendent les signaux
Tout près d'ouvrir l'arène, à la voix des héraults.

Roi d'armes en ce jour, Montmorenci commande :
Des chevaliers français nulle tige plus grande
N'a de l'honneur des preux si haut porté l'essor;
Bovine la vit croître, et Marignan encor :
Sa gloire l'annonçait mieux que les arquebuses,
Qui saluaient les noms des bannières confuses,
Dont le dénombrement fatiguerait cent voix
Jalouses d'imiter les Muses d'autrefois,
Et d'user doctement toute leur énergie
A s'enfler d'un orgueil de généalogie.
Eh! qu'importe aux splendeurs de l'effet théâtral
Quels sont ces cavaliers, champions de métal,
A qui leurs gantelets, et leur cuirasse énorme,
Leurs brassards, leur visière, ôtent l'humaine forme;
Armes, dont l'attirail appesantit leur corps
Non moins que leur esprit si rude en ses ressorts;
Que dis-je? leur esprit! créatures grossières,
Ils ont l'instinct brutal des bêtes carnassières :
Tels sont pourtant ces chefs des nobles carrousels,
Par les dames fêtés, chantés des ménestrels;
Lutteurs bien au-dessous de l'élite héroïque
Qui traversait jadis la poussière olympique,

Combattants demi-nus qui, debout sur des chars,
Laissaient lire en leurs traits leurs belliqueux hasards,
Et livraient à-la-fois, sous la voûte céleste,
Leurs fronts aux traits du jour, leur sein aux coups du ceste.
Dames et Troubadours ne les ont pas connus;
Hélas! ils n'ont charmé qu'Homère et que Vénus.

   Tous les Juges du camp lèvent leurs caducées.
Les mannequins de fer courent, têtes baissées;
La pique sur la pique, et l'écu sur l'écu,
Chaque géant renverse un géant sur le cu.
Un affreux cliquetis, musique des batailles,
Fait voler en éclats armets, cottes, et mailles,
Heaumes, hauberts, cuissards, panaches et cimiers....
Que d'exploits pour un chantre, aimant les faits guerriers,
Et qui du fer, de l'or, des arçons, et des selles,
Saurait en vers brillants tirer mille étincelles!
Oh! que ma muse a tort de prendre un ton moqueur
Dès qu'un grave sujet ne dit rien à son cœur!

   Cependant, en ce choc d'armures si pesantes,
Se heurtent les amants de Princesses galantes;
Et, sous le dur acier, les amours éperdus
S'alarment des efforts de leurs membres tendus,
Frémissant que la dague ou l'épieu qui les touche
Ne mutile un Hercule, athlète de leur couche.

   L'illustre Marguerite, aimable sœur du roi,
Chroniqueuse de cour, se rit de leur effroi:
Chaste, mais se créant mille folles peintures
Des preux dont sa gaîté traça les aventures,
Elle juge, aux grands coups des émules d'Artus,

Les regrets de leur dame, et leurs fermes vertus.

 La foule, à contenir en tout temps mal aisée,
Poursuit l'un de louange et l'autre de risée :
Sur les fiers concurrents un étendard s'abat ;
Et les monstres d'airain suspendent leur combat.

 La lice est transformée en un salon magique :
La Danse y renouvelle un cercle magnifique
D'illettrés paladins, galants avec roideur,
Du bout de leur épée appuyant leur grandeur,
Annonçant par leur chiffre et leurs devises fades
Moins des cœurs amoureux que des cerveaux malades,
Et, des belles du siècle, éprises de romans,
Nommés les Ferragus et les fiers Agramants.
Leur esprit n'exaltait en gothique langage
Que myrtes, nœuds d'amour, tendres fers et servage ;
Et tous les faux respects de ces vassaux altiers,
Aux femmes déguisaient des mœurs de muletiers.

 Mais tandis qu'un Renaud, couronné dans ces joûtes,
Est baisé d'une Armide, et rebaisé de toutes ;
Et des mains de la reine, ô précieux trésor !
Reçoit un casque, un glaive, et des éperons d'or,
L'Honneur, le franc Honneur s'adresse à Marguerite,
Qui, nouvelle Pallas, était sa favorite.

L'HONNEUR, ET MARGUERITE.

L'HONNEUR.

Qui me reconnaîtrait en d'insensés tournois
Où l'on m'a travesti sous un pesant harnois ?
Les dehors belliqueux dont cet âge me pare
N'étalent en mon nom qu'un appareil barbare ;

Et vous riez de voir tant de palmes coëffer
Un Rodomont sans cœur s'il n'est bardé de fer,
Et si toujours ses mains, dans l'escrime exercées,
N'ont pas contre la mort rassuré ses pensées.

MARGUERITE.

Noble Honneur, il est vrai ; ce siècle fanfaron
Affermit sous l'acier plus d'un homme poltron :
Ton maintien est singé par la chevalerie,
Comme le tendre amour par la galanterie.
Mais nous aimons mieux voir nos polis écuyers
Triompher en ces jeux sur de prompts destriers,
Que d'affliger notre œil aux combats téméraires
Où s'égorgent les preux et leurs auxiliaires,
Et qui placent un brave, appelé par ta voix,
Entre l'affront du blâme et le mépris des lois.

L'HONNEUR.

Non, l'Honneur, l'Honneur vrai, compagnon du courage,
Ne veut pas qu'on s'immole au soupçon d'un outrage,
Ni que des alliés, partenaires fougueux,
Quand se battent deux fous, se battent avec eux,
Ni que pour toute femme, ou laide, ou vieille, ou naine,
On coure en un champ-clos rompre une lance vaine :
Mais il veut que toujours on serve avec ardeur
L'intérêt de l'état, l'amitié, la pudeur,
La douce liberté, de tout grand cœur chérie,
Les lois, appui du peuple, et sur-tout la patrie.
Tous vils gladiateurs, tous lâches assassins,
Devant lui sont au rang des adroits spadassins ;
Et subir un pardon, oublier une offense,
Part de plus de vertu qu'un vaillant coup de lance.

MARGUERITE.

Tu n'approuves donc pas les aveugles duels
Allant de jour en jour décocher leurs cartels?

L'HONNEUR.

Si peu, que j'abandonne aux railleurs de la terre
Les défis que se font l'empereur et ton frère,
Et ces graves conseils jugeant leurs démentis.....

MARGUERITE.

Chut! dans le souvenir ces bruits sont amortis;
Des traités de Madrid efface au moins l'histoire:
Arrachons cette page, Honneur, pour notre gloire!

Elle dit; tout s'éclipse : aux fêtes de la cour
Succède une autre scène, en un autre séjour.

LA PANHYPOCRISIADE.

CHANT HUITIÈME.

SOMMAIRE DU HUITIÈME CHANT.

La scène est transportée au Vatican : dialogue du peintre *Michel-Ange* et de l'*Hypocrisie*. Retraite de *Luther* chez l'électeur de Saxe ; sa querelle avec le *Diable* ; son entrevue et son souper avec *Catherine-Bore*, nonne qu'il avait séduite et épousée. Entretien des deux interlocuteurs avec l'*Hérésie* leur fille. Monologue de *Catherine-Bore*. Siége de *Rome* par le connétable de *Bourbon* et les Luthériens. La mort frappe le transfuge sur les murs de *Rome*. Lamentations de la ville en proie aux assiégeants victorieux.

LA PANHYPOCRISIADE.

CHANT HUITIÈME.

Un palais se découvre, où règnent en idoles
Ceux qui d'une humble foi nous prêchent les paroles ;
Temple du souverain des temples des chrétiens,
Sacrés murs, enrichis par les arts des païens,
D'où la France amena sur le char de la guerre
Le superbe Apollon, seul dieu du Belvédère,
Et cet Antinoüs, dont les contours si beaux
Changeaient en Adriens les zélés cardinaux ;
Le Vatican enfin, orgueil de cette ville,
Qui, jadis en Brutus, en Cicérons fertile,
L'est en prédicateurs, en abbés avilis,
Qui, moins faits pour la toge, endossent des surplis.
  Là, du simple et du grand cherchant l'heureux mélange,
Errait l'infatigable et docte Michel-Ange ;
Peintre et sculpteur fameux, dont les travaux divers
Ont rempli de son nom le moderne univers.
  L'Hypocrisie alors, monstre ecclésiastique,
L'aborde sous l'habit du fervent Dominique.

L'HYPOCRISIE, ET MICHEL-ANGE.

L'HYPOCRISIE.
Michel-Ange, salut !
MICHEL-ANGE.
          Salut, mon frère en Dieu !...
Non, je te reconnais, patronne de ce lieu.
Un peintre est un argus, et rien ne nous échappe :
Revêts donc la cuirasse, ou la robe, ou la chape,
En vain, Hypocrisie, à mes yeux pénétrants
Veux-tu donner le change ainsi qu'aux ignorants ;
Je te vois mêmes traits sous diverses étoffes.
La pourpre, le manteau des rois, des philosophes,
Au temps des Phidias dérobaient tes contours ;
Le lin sacerdotal te déguise en nos jours :
Mais notre œil sait juger comment tu te varies,
Et, pour saisir le nu, lève les draperies.
L'HYPOCRISIE.
Aussi n'est-ce pas toi que je veux abuser,
Grand homme, que les arts ont su diviniser,
Dont l'esprit, rayonnant d'une vive lumière,
Pénètre au sein profond de la Nature entière,
Notre imposture même a de secrets rapports :
Nous colorons tous deux mille trompeurs dehors ;
Et des chastes martyrs les ressemblances peintes
Frappent autant les cœurs que mes chastetés feintes.
Les saints en tes portraits revivent pour toujours :
Tu mens par tes pinceaux, et moi par mes discours.
Ainsi, toujours chéris des princes et des prêtres,

Nos services du monde ont secondé les maîtres.

MICHEL-ANGE.

Ne nous comparons pas : les pinceaux innocents
De prestiges heureux n'abusent que les sens.
Le paradis du Christ, et l'olympe des fables
M'offrent des fictions que je rends vraisemblables;
Et mon art avertit la contemplation
De l'erreur qui la jette en son illusion :
Mais toi, qui ne feins rien que pour tromper les ames,
Tu venges sans pitié par le fer et les flammes,
De tes fausses vertus les dehors figurés,
Mensonges dangereux que tu no s rends sacrés.
Que ne t'ai-je tracée, à l'exemple du Dante,
De plomb doré vêtue, et gravement rampante!
Par-là j'eusse fait voir aux petits comme aux grands,
Qu'un vrai peintre à regret vend sa toile aux tyrans,
Que souvent il gémit, quand l'aveugle fortune,
Opposant à sa gloire une entrave importune,
Le force à consacrer, par d'immenses travaux,
Les rêves d'un apôtre et des siècles dévots,
Et l'excite à chercher l'espace imaginaire
D'un Enfer ténébreux, et d'un triste Calvaire.

L'HYPOCRISIE.

Tu dois t'en applaudir; c'est là que j'ai trouvé
Pour payer tes beaux arts un trésor réservé :
L'Église en cette source a puisé ses dépenses;
Et du fond des enfers tirant ses indulgences,
Je les vends de ma main au péché pénitent :
Leur prix fait sa richesse, et t'enrichit d'autant.
Mais apprends aujourd'hui l'embarras où nous sommes;

Luther, fléau du pape, ose instruire les hommes,
Et nos rémissions, qui s'achetaient si bien,
En ces temps endurcis ne nous valent plus rien.
Déja le saint trafic allait le mieux du monde :
Aux plus infames lieux où je faisais ma ronde,
Trouvais-je un libertin fourvoyé dans la chair ;
« Ah ! disais-je en pleurant, tu te damnes, mon cher.
« Du brasier éternel ainsi donc tu te joues
« Sur ce sein, sur ce dos, et sur ces belles joues !...
« — Hélas ! répondait-il, père dominicain,
« L'enfer est bien douteux, et le plaisir certain :
« Près de ce tendre objet mon corps est sur la braise.
« — Eh bien, paie un pardon, et prends-en à ton aise.
« — Quoi ! par-là, disait-il, le péché m'est permis ?
« Payons tous deux, ma sœur ; vîte, qu'il soit remis. »
Parlais-je au cabaret à quelque ivrogne indigne :
« Du Seigneur, lui disais-je arrosez donc la vigne,
« Puisqu'ainsi, dans le vin aimant à vous noyer,
« Votre langue en priant ne peut que bégayer. »
Visitais-je les cours, où les mœurs sont les mêmes ;
Des dévotes levant les scrupules extrêmes,
La grace des pardons disposait largement
Leur faible conscience à tout événement.
Un grand s'escrimait-il, encor chaud du carnage,
Aux combats de la table et du concubinage ;
Ruinait-il l'état au gré de ses valets :
« Mon frère, lui disais-je, au moins dormez en paix ;
« Acquérez pour le ciel des passe-ports sans nombre. »
De là, dans nos couvents je retournais, à l'ombre,
Essayer les hasards des cartes et des dés,

Et jouer mes pardons, si bien achalandés !
Mais des faveurs du ciel l'abondance est tarie.
Habile homme, aide-moi de ta haute industrie :
Pierre te confia la clé du firmament ;
Tu pressentis le jour du dernier jugement,
Tu nous réalisas les archanges célèbres,
L'empire des clartés, l'abyme des ténèbres ;
Toi donc, qui des enfers imprimas la terreur,
Des superstitions renouvelle l'horreur :
Épouvante nos yeux des maux du purgatoire.

MICHEL-ANGE.

Ce lieu, dont on se forme une image si noire,
Ce passage de l'ame aux cieux pour elle ouverts,
Apprends que c'est la vie et ce triste univers.

Fixe ton regard louche, et que ton œil s'épure ;
Emprunte mes rayons, contemple la nature,
Et perce, en nouveau lynx, aidé de mes clartés,
Les enceintes, les murs de toutes les cités.

Aperçois-tu dans l'ombre un homme qui se traîne,
Sans fers, comme accablé de la plus lourde chaîne,
Croupissant dans la fange, et d'insectes rongé ?

L'HYPOCRISIE.

Quel est-il !

MICHEL-ANGE.

Un oisif, de soi-même chargé ;
Et qui jamais vers Dieu ne levera sa face,
Que son ame n'échappe à sa terrestre masse.
Innocent envers tous, mais coupable envers lui,
Sa peine est la misère, et la honte, et l'ennui.

L'HYPOCRISIE.

Dans mes cloîtres ainsi s'engourdit plus d'un moine,
Propre à manger du gland en compagnon d'Antoine.

MICHEL-ANGE.

Cet homme aux larges reins, au ventre monstrueux,
Son col paraît gonflé d'un sang impétueux;
Sa face luit de pourpre, et son souffle est un râle :
Juge de sa souffrance aux soupirs qu'il exhale.

L'HYPOCRISIE.

Ainsi de leurs festins sortent les gros prélats.

MICHEL-ANGE.

Eh oui! c'est un gourmand qui subit ses repas :
Il n'aura de long-temps le corps ni l'esprit libre,
Si la sobriété ne lui rend l'équilibre.

Suis à l'écart les pas de ce jeune effréné;
Son front, avant les ans de rides sillonné,
Porte des longs chagrins l'empreinte manifeste;
Son œil farouche luit sous un sourcil funeste;
Et la fièvre, inégale en sa lente fureur,
A creusé de ses traits la livide maigreur.

L'HYPOCRISIE.

Jamais l'orgueil dévot, sous un humble cilice,
N'a, par tant de pâleur, fait plaindre son supplice.

MICHEL-ANGE.

C'est un amant, épris d'un fantôme charnel,
Et que dévore un feu qu'il croit être éternel :
Sa maîtresse, éloignée, à d'autres feux en proie,
Rebut de son rival, dans les larmes se noie;
Leurs maux à l'un et l'autre apprendront quelque jour
Que Dieu peut seul payer un immortel amour.

Lis au sein inquiet de ce flatteur docile
Qui circule à la cour en venimeux reptile :
Sous son maître qui tombe il gémit écrasé,
Comme un lierre ployant sous un chêne brisé :
Son supplice est, hélas! pour un intérêt mince
De suspendre son ame aux lèvres de son prince.

L'HYPOCRISIE.

Je connais ce tourment, que fait subir l'orgueil.

MICHEL-ANGE.

Voici, parmi la foule, et le bruit, et le deuil,
Un insensé, qu'emporte une ardeur vagabonde
Sur les deux continents, sur les gouffres de l'onde.
Son cœur, en ses replis vainement enfermé,
Laisse éclater l'effroi sur son front tout armé :
Son souris, démentant l'ennui qui le dévore,
Rend ce damné hideux à la cour qui l'adore.

L'HYPOCRISIE.

Ah! je le reconnais, c'est un ambitieux,
Avanturier que j'aide à s'égaler aux dieux.

MICHEL-ANGE.

Regarde ce railleur ; la joie immodérée
Agite de ses traits la malice abhorrée ;
L'interminable accès d'un rire douloureux
A l'émail de ses dents prête un éclat affreux :
Son délire t'apprend que son ame est punie
Par l'aiguillon cruel de l'ardente ironie :
Ce fiel le brûlera, tant que la charité
Ne le purgera point de sa malignité.

L'HYPOCRISIE.

Oui, telle est la fureur des bouffons satiriques,

Dont j'évite par-tout les grimaces comiques.

MICHEL-ANGE.

Ce cadavre vivant, sur des livres penché,
Est le corps d'un mortel à l'étude attaché;
Pâle et froid, de son sang la course est arrêtée :
Son ame dans les cieux a suivi Prométhée;
Et riche de larcins, rapporte à son retour
Un feu, qui de son foie est l'éternel vautour,
Le feu de la science, ardeur qui le consume,
Et que pour son tourment en lui l'orgueil allume,
Jusqu'à ce qu'un rayon de la divinité
Confonde pour jamais sa curiosité.

L'HYPOCRISIE.

L'amour de la doctrine est en lui plus sincère
Qu'en ce pédant, à qui j'inspire un ton sévère,
Et qui doit à sa barbe, à ses graves rabats,
Le renom si coûteux d'un savoir qu'il n'a pas.

MICHEL-ANGE.

Plains l'avare usurier, sous de triples murailles
Couvant son or au fond des terrestres entrailles,
Jusqu'à l'heure où la Mort, qui nous fait tout quitter,
Vient, loin de son dépôt, lui-même l'emporter.

Les folles vanités, et les coquetteries,
Du sexe le plus doux sont les pâles Furies,
Et fanent sa beauté qu'avertit un miroir
Des outrages du temps qui détruit son pouvoir.

Ce malade, blessé des serpents de l'Envie,
Cède au plus grand des maux de notre courte vie :
L'humeur de la vipère a remplacé son sang,
Et glace son visage et son corps jaunissant :

Ses yeux tout offusqués, et clignant leurs paupières,
Craignent le luxe heureux et les hautes lumières :
Erostrate et Zoïle éprouvaient ses tourments :
Vois de ses dents de fer les tristes grincements.
Mes marbres immortels ont bravé ses morsures;
Sa rage a vainement cru ternir mes peintures;
Son sort est de rougir par la gloire irrité.
　Voilà les châtiments de ce monde agité :
Ces maux, où des humains s'éprouve le courage,
Pour arriver au ciel sont leur commun passage :
Leur spectacle, toujours présent à mon regard,
Féconda seul en moi tous les fruits de mon art.
De même qu'un goût pur et les couleurs du style
Distinguent faiblement l'art d'un poëte habile,
Si son génie, instruit du jeu des passions,
Ne comble la hauteur de ses inventions;
De même les beautés d'un dessin qu'on admire
Ont de ma renommée étendu moins l'empire,
Que mon docte examen de tous les sentiments
Qui du vaste univers règlent les mouvements.
Telle est la vérité. J'ai trop peint de mensonges :
N'attends donc plus de moi l'image de vains songes :
J'ai pu complaire aux grands pour me rendre fameux;
Je m'appartiens enfin, devenu plus grand qu'eux.
Au Vatican déja rejetant mon salaire,
Je travaille en artiste, et non en mercenaire.

L'HYPOCRISIE.

Parle moins fièrement, ou je t'en punirai.

MICHEL-ANGE.

J'ai des pinceaux vengeurs; tremble! je te peindrai.

Elle fuit à ces mots, craignant que le génie
N'éternisât les trais de son ignominie.

Cependant tout se meut; un nouveau changement
Présente de Luther le sombre appartement,
Séjour, où de la Saxe un électeur-monarque
Fit une citadelle à cet hérésiarque :
L'ardent moine y médite, en son schisme affermi,
Près de testaments grecs entendus à demi,
D'un crucifix d'ivoire, et d'une bible ouverte
Que des commentateurs noircit la plume experte.
Les paisibles rideaux ombrageant son réduit
Laissent douter d'abord s'il y fait jour ou nuit.
L'eau, le pain, et le sel, sa seule nourriture,
Changent son corps pesant en substance plus pure;
Mais de son ventre à jeun, comme celui des saints,
Montent à son cerveau des vertiges mal sains,
Qui, troublant de vapeurs son esprit variable,
Le poussent dans le vague où l'attaque le Diable:

LUTHER ET LE DIABLE.

LUTHER.

Quoi donc? malin Satan, que j'avais cru chasser,
D'arguments éternels me reviens-tu presser?

LE DIABLE.

Pauvre moine, tu crois, voyageant dans les limbes,
Régner avec les saints couronnés de leurs nimbes;
Mais du troisième ciel redescends ici-bas,

Et prépare ton ame à de nouveaux combats.
Confesse-moi d'abord qu'à l'Église rebelle
La vanité t'inspire et non pas un vrai zèle :
Ainsi tu m'appartiens, et, dans les feux jeté,
Tu seras sur mon gril durant l'éternité.

LUTHER.

Non, subtil ennemi de la droiture sainte;
Tu veux de l'Évangile effacer toute empreinte,
Et, secondant le pape à corrompre la foi,
Dans la cité de Dieu le proclamer en roi;
Et moi, renouvellant la première doctrine,
Je veux, de sa hauteur recherchant l'origine,
Éclairer les enfants de la communion
Sur l'Invination, et l'Impanation,
Et par mon *In-sub-cum* montrer que le Messie
Est, pour en parler clair, avec et sous l'hostie.

LE DIABLE.

Eh! que t'importerait que le crucifié
Fut joint à la substance, ou transubstancié,
Si la foi pure, et non la dispute insensée,
Pour la raison divine allumait ta pensée :
Mais follement épris de tous ces graves riens
Qu'à soufflés mon école aux Théologiens,
Fier de rendre piquant l'esprit fin dont tu brilles,
De ta métaphysique affilant les aiguilles,
Tu te montres jaloux d'un triomphe érudit,
Plus que de terrasser le mensonge en crédit;
Et des textes nombreux la lecture funeste
Devint de ton orgueil l'aliment indigeste.

LUTHER.

Il faut dans son langage à son siècle parler :
On m'entendrait moins bien si je parlais plus clair ;
Et des rhéteurs chrétiens la ferveur scholastique
Se plaît à mon jargon théo-métaphysique.
Par là j'ouvris la lice, et je pris les devants
Sur Léon écrasé de mes dogmes savants.
Si j'avais, en ami de la vérité nue,
Déclaré que de Dieu la grandeur inconnue,
Remplissant le passé, le présent, l'avenir,
Se fait sentir aux cœurs, et non pas définir ;
L'Église, loin des yeux de la foule éblouie,
M'eût rejeté dans l'ombre en philosophe impie :
Mais, saisi du flambeau des prophètes sacrés,
J'embrase les esprits à mon schisme attirés.
Mes sermons ont déja, dans toutes les provinces,
Plus détruit de couvents que les armes des princes ;
Et, de Rome ennemi, je ne puis qu'ébranler
Son trône qu'après moi d'autres feront crouler.

LE DIABLE.

Tu mens ; et ce projet si beau, si magnanime,
De ton stérile sein n'est pas le fruit sublime :
Frère des Augustins, si l'on t'avait chargé
De vendre à leur profit les graces du clergé,
Tu déclamerais peu contre les indulgences
Dont les Dominicains vendent les assurances.
Les papes qu'aujourd'hui tu nommes en courroux
Papelins, papelards, papes-sots, papes-foux,
Souverains-Ante-Christ, prêtres Satanissimes,
Furent traités par toi de révérentissimes.

Tu les craignais alors et les as respectés :
Mais dès qu'à tés abois les peuples ameutés
Des moines enrichis pillèrent les cellules,
On brûla tes sermons, et tu brûlas les bulles ;
Et les seigneurs, jaloux des trésors des reclus,
T'ont mieux servi depuis que tes cris superflus.
C'est pourquoi ton cerveau, rêvant la renommée,
Creusé par un long jeûne, ivre de sa fumée,
Repaît ta vanité de l'espoir si flatteur
D'être de l'avenir le grand réformateur.

LUTHER.

Du Démon envieux c'est bien là le génie !
A qui produit le bon toujours il le lui nie;
Et ne souffre jamais que, de la gloire épris,
Son véritable auteur en reçoive le prix.
N'ai-je donc pas, du zèle apôtre téméraire,
Fait tonner ma vertu des hauteurs de la chaire?
N'ai-je pas, d'un courage au martyre aguerri,
Défié les bûchers où Jean-Hus a péri?
Et devant l'empereur, les guerriers, et les prêtres,
Opposé mon front calme aux fureurs de mes maîtres?
N'ai-je pas su prouver que, du ciel inspiré,
Je m'assure en Dieu seul qui m'a seul éclairé,
Que la paisible étude et la retraite obscure
N'ont point intimidé ma fidèle droiture,
Et que d'un humble habit la modeste pudeur
Des somptueux prélats efface la splendeur ?
Pour l'exemple de tous que pouvais-je mieux faire?

LE DIABLE.

Moins livrer le pontife au rire du vulgaire,

En sarcasmes grossiers moins verser ton venin,
Fangeuse obscénité qui souille ton latin.

LUTHER.

Eh! feins-tu d'ignorer, père de la malice,
Que le ris populaire est un vengeur propice,
Et qu'un fol enjouement, aux vieux respects fatal,
Ne naît que des gros mots d'un style trivial,
Par qui dans tous les rangs la lumière circule
Mieux qu'en de purs écrits dictés par le scrupule?

LE DIABLE.

Tu crois légitimer par ces raisonnements
Les erreurs du caprice et tes emportements :
Je connais mieux que toi la chaleur de ta bile :
En soulever l'aigreur ne m'est pas difficile;
Et je me plais moi-même, afin de te damner,
A voir tes sens fougueux si mal se gouverner.
Ainsi j'en attisai l'ardente convoitise
Qui d'un bizarre hymen t'inspira la sottise
Et j'ai ri des motifs dont j'appuyais *ad hoc*
Ton acte marital consommé sous le froc.

LUTHER.

O Diable, de ton nom le plus digne peut-être!
En quarante ans entiers te rendis-tu mon maître?
Et lorsque de la chair les mordants aiguillons
De mon sang jeune et vif excitaient les bouillons,
Si, quand mon feu croissait par trop de continence,
Une chaste ferveur maintint mon abstinence,
Et me fit d'Augustin garder l'étroite loi,
Près des filles de Dieu, qui brûlaient comme moi,
Le monde croira-t-il que je n'épousai Bore

Qu'afin de soulager l'ardeur qui me dévore,
Et que pour obtenir les baisers familiers
Qui de tout Wittemberg charmaient les écoliers?
Non, esprit tentateur : mais, en beaucoup d'épreuves,
De la faiblesse humaine ayant acquis les preuves,
J'ai voulu des cloîtrés, las d'un joug rigoureux,
Rompre en me mariant les ridicules vœux,
Par qui tous mes pareils, abondants en mérites,
Sont de tant de bâtards les pères hypocrites.

LE DIABLE.

Courage! applaudis-toi, loin de te repentir :
De tous les mauvais pas un dévot peut sortir.
Je veux que l'intérêt de ta réforme sage
Te force d'approuver jusqu'au concubinage.
Les hommes, non sans rire, entendront tes docteurs,
Ménageant un Landgrave entre leurs protecteurs,
Se demander en corps si par la bigamie
Il a droit de calmer sa luxure ennemie.

LUTHER.

Tu prétends.....

LE DIABLE.

        Son salut rend ses motifs puissants :
Sa table est succulente et soulève ses sens :
Sa compagne n'est pas comme sa forteresse
Redoutant peu le choc du bélier qui la blesse :
Le lit d'une autre femme au moins l'adoucira :
Agar, sous Abraham, a secondé Sara :
Bel exemple à citer! l'écriture à ton aide
Contre Asmodée ainsi fournit plus d'un remède.

LUTHER.

Monstre ! qu'oses-tu dire ?.. Ah ! c'est trop m'attaquer..
De colère, d'horreur je me sens suffoquer !
Va-t'en ! crains les clartés que l'Esprit-Saint m'envoie..
N'attends pas que jamais ta torche me fourvoie...
Aux yeux de l'univers que j'illuminerai,
Comme l'ange Michel, je te terrasserai.
Fuis, Dragon, fuis les traits de ma vive lumière...
Méditation, jeûne, exercice, prière,
De mes ravissements soutenez la hauteur,
Joignez la créature à son suprême auteur !.....
Oui, l'auréole enfin couronnera ma tête !
Oui, j'instruirai le monde, et me voilà Prophète !

Il retombe, à ces mots, rêveur en son fauteuil.
Bore, qui de sa porte avait heurté le seuil,
Et qui depuis trois jours ne put le voir une heure,
Faisant sauter les gonds, pénètre en sa demeure ;
Cette compagne sainte embrasse son héros,
Absorbé comme Jean dans l'île de Pathmos.

BORE ET LUTHER.

LUTHER.

Viens-tu, pour me troubler, te joindre au mauvais ange ?

BORE.

Tout saint homme qu'on soit, il faut pourtant qu'on mange.
C'est trop faire carême à l'ombre de ce trou :

Je crains que mon Luther n'en meure, on n'en soit fou.

LUTHER.

L'esprit, sanctifié par le jeûne et les veilles,
De Dieu plus nettement aperçoit les merveilles :
Il croit sentir qu'aux cieux le vol des séraphins
Ravit tous ses pensers plus légers et plus fins,
Et comme dégagé du limon qui le souille,
Il oublie ici-bas sa mortelle dépouille.

BORE.

Lèvres d'un Augustin, laisse-moi donc puiser
Une éloquente ardeur en un tendre baiser.

LUTHER.

Chère épouse, goûtons de plus chastes délices :
Mes sens, mortifiés par de longs sacrifices,
N'ont plus rien de terrestre, et l'œuvre de la chair
Par ses grossiers plaisirs ne saurait les toucher :
En un état si pur, que reste-t-il de l'homme?

BORE.

Eve a séduit Adam par l'offre d'une pomme;
Et moi, de ce soupé qu'ont disposé mes soins,
Sur le cœur d'un époux je n'espère pas moins.
Allons, ranime-toi : ta pâleur m'épouvante :
Rêve à table en mangeant; je serai ta servante.

LUTHER.

Faible nature humaine! hélas! notre appétit
De notre infirmité trop tôt nous avertit.

BORE.

D'un cœur humble et docile il faut donc s'y soumettre.
Tu parais défaillant.... bois donc pour te remettre.....
Prends de cet agneau tendre, arrosé de son jus...

En ton sépulcre obscur trois jours entiers reclus,
Ressuscite, et fais Pâque.... il me semble un fantôme!
Les ermites de Thèbe, et l'abstinent Jérôme,
N'offrirent pas des traits si blêmes, si flétris.....
Un coup de ce vin vieux! une de ces perdrix!...
Il ne me répond rien, tant la faim le tourmente!...
Quelle ardeur! plus tu bois, et plus ta soif augmente!..
Les murs de ce pâté recèlent un jambon....

LUTHER.

Un Juif en aurait peur; mais un fidèle, non.
Les enfants de l'Église écoutent de sots rêves
Lorsque, nous prescrivant les herbes et les fèves,
Leur superstition n'ose à table souffrir
La chair des animaux, créés pour les nourrir.
La chair soutient la chair; Dieu même ainsi l'ordonne.
Ce n'est point un péché d'user de ce qu'il donne.
« O mon Dieu! fournis-moi, cent ans, à mes repas,
« Moutons, bœufs, et gibier, poulets, et cochons gras;
« Gloire éternelle! *amen!* » tu sais que ma syntaxe,
Dicta cette prière, et qu'elle court la Saxe,
Égayant les docteurs des universités,
Qu'elle affranchit du joug des prélats dépités.

BORE.

L'enjouement te revient; ta force est rajeunie!

LUTHER

O liqueur de Noé, sois à jamais bénie!
C'est toi de qui les flots raniment notre cœur,
Quand le diable l'abat et le jette en langueur.
Jamais, depuis l'instant que j'attaquai la messe,
Il n'a de plus d'assauts fatigué ma faiblesse.

Verse en ma large coupe, et que le feu du vin
Inspire à mon ivresse un cantique divin!
David chantait, dansait, festinait devant l'arche;
Imitons les transports de ce roi patriarche.

BORE.

Enfin, mon bon Martin, ton front s'est éclairci.

LUTHER.

De mes combats pieux j'écarte le souci...
O toi, que je sauvai du joug de Babylone!
O fille de Sion! ma bienheureuse nonne!
Ma Bore! un saint amour embrase ton époux!

BORE.

Eh bien!... holà... sitôt!... la porte est sans verroux...

LUTHER.

Le Créateur veut-il qu'une étroite clôture
En d'inutiles feux sèche sa créature?
Il forma notre chair, et nous dit de jouir
De la fleur de nos sens, prête à s'évanouir.

BORE.

Que fais-tu?...

LUTHER.

J'obéis à sa loi fécondante...
L'amour est un effet de sa grace abondante.
Aimer est la leçon qu'Augustin nous prescrit...

BORE.

Quel feu matériel pour un divin esprit!

LUTHER.

Dieu même s'incarna dans le sein d'une femme.

BORE.

D'une vierge : et le suis-je?

LUTHER.

Eh! suis-je un Dieu, madame?
Non, bonne Catherine; à mon humanité
Il suffit des douceurs de ta maternité.
Viens donc, ma Sulamite!... oh! comme tu m'embrases!
Adorable union! ravissantes extases!

Il dit : et de la sorte était née autrefois
La bruyante Hérésie, organe de leurs lois;
Et qui, des vœux rompus par sa mère et son père,
Alla multiplier l'exemple si prospère.
La voici qui revient d'un pas tout triomphant.

LUTHER, BORE, ET L'HÉRÉSIE.

LUTHER.

O mon heureuse fille!

BORE.

O notre chère enfant!

LUTHER.

Ma fille, as-tu déja fait le tour de l'Europe.

L'HÉRÉSIE.

Oui; ma taille, en marchant, croît et se développe.
Dans un âge si tendre, on s'étonne de voir
Mes progrès merveilleux surpasser votre espoir.

BORE.

De la faveur du ciel n'est-ce pas un miracle?

L'HÉRÉSIE.

Mon doux instituteur, Mélancton, votre oracle,
M'annonce, me présente à chaque souverain;

Et des rives de l'Elbe à tous les bords du Rhin,
Les peuples m'ont reçue, enchantés de m'entendre.
Pour maîtresse déja les rois m'ont voulu prendre :
Nous triomphons, mon père... Ah! qu'il m'est glorieux
D'ouïr au loin porter votre nom jusqu'aux cieux !
Devenu des humains le modèle sévère,
Votre règle par-tout est la loi qu'on révère :
Vos travaux assidus, vos mœurs, votre maintien,
Sont du monde attentif l'éternel entretien :
De vos moindres secrets la nouvelle semée
Passe aux rois curieux de votre renommée ;
On va jusqu'à chercher de quel pain se nourrit
Ce Prophète, homme étrange et de corps et d'esprit.
Interdits devant moi, vos ennemis vous craignent :
Le sacerdoce tremble, et ses foudres s'éteignent :
En tous lieux on redit que, terrassant l'erreur,
Debout, dans un conseil, bravant un empereur,
Vous avez confondu l'imposture idolâtre.
Des brebis d'Israël on vous nomme le pâtre.
Mais quel jeu du destin! les rois, mal assurés,
Attaquant vos écrits, les ont même illustrés :
L'Anglais, qui condamna votre sainte entreprise,
Pour épouser Boulen, divorce avec l'église ;
Ce caprice, changeant les dogmes d'Albion,
Ote au pape un soutien de sa communion :
De la foi des humains, ô pitoyable cause !
La Suède, plaignant tout le sang qui l'arrose,
Lasse du joug béni des prélats, ses tyrans,
Électeurs achetés par ses rois différents,
Liés aux Christierns, qui la rendaient esclave,

M'assied sous les drapeaux du valeureux Gustave.
Le métal des clochers, de la paix ennemis,
Coule en monnaie utile, et m'acquiert des amis :
La Hollande en grossit les trésors du commerce ;
Avec la liberté notre influence y perce :
Et tout présage enfin l'entier soulèvement
De la haute Helvétie, et des flots du Léman.
En céleste fléau des chefs du Capitole,
Un pasteur, conformant sa vie à sa parole,
Zélé, rigide et pur, votre émule Calvin,
Purge aussi les troupeaux et le bercail divin :
Que dis-je, en ce moment Charles-Quint nous seconde.
Quel spectacle nos jours vont-ils donner au monde!
Le pontife Clément, son infidèle appui,
Marchant de ruse en ruse entre François et lui,
Désormais sans secours, entouré d'adversaires,
Voit marcher contre lui les Germains mes sectaires,
Que le cruel Bourbon n'ayant pu soudoyer,
Du pillage de Rome a promis de payer.
C'en est fait, tout nous cède ; et de l'église avare
Les peuples à leurs pieds fouleront la tiare.

LUTHER.

Ma fille, l'univers sent donc ce que tu vaux :
Sa liberté sera le prix de mes travaux.

BORE.

Qu'elle débite bien son nouveau catéchisme!

LUTHER.

Lisons l'écrit d'Érasme, intimidé d'un schisme :
Avant de m'endormir, il me faut rétorquer
Les arguments cornus dont il veut me piquer.

BORE, *seule.*

BORE.

Épouse de Luther, jadis religieuse,
Voilà que de la nuit l'heure silencieuse
Te commande d'entrer dans le lit conjugal :
Rester vierge était triste; être femme, est-ce un mal ?
Je ne me repens pas d'avoir quitté le voile :
On m'en blâme; et pourquoi ? chacun suit son étoile.
Faisant de ma jeunesse une longue douleur,
La discipline austère en desséchait la fleur ;
Mes sens, par-fois tentés des délices du monde,
Emportaient loin de Dieu mon ame vagabonde :
J'aurais failli plus tard; ainsi que font toujours
Les Lucrèces du siècle écartant les amours,
Et qui, de leur orgueil déshonorant l'ouvrage,
En leur maturité prennent un cœur volage,
Et que le vif regret d'avoir perdu leur temps
Précipite sans frein au déclin des beaux ans.
Mais peut-être pour moi la règle moins cruelle
Eût enfin à son joug soumis mon cœur fidèle....
O cloche ! dont le son frappe les airs lointains,
Tu rappelles mon ame à ses premiers destins !
Ta voix, pendant la nuit, signal de la prière,
Sous les voûtes du cloître où j'étais prisonnière,
Me tirait de ma couche, et traînait ma langueur
Devant l'autel d'un Dieu, seul époux de mon cœur !
Ce devoir partagé de mes chastes rivales,
Ces cierges qui perçaient des ombres sépulcrales,
Ces élans d'un amour né de vagues desirs,

Hélas ! je m'en souviens, me donnaient des plaisirs.
Mon esprit s'échauffait d'une plus pure flamme ;
Mon corps, libre de soins, vivait moins que mon ame :
Vers un ciel consolant je la sentais errer,
Quand mes jalouses sœurs me faisaient soupirer.
Mais dans la vie active où le monde m'entraîne,
De soucis en soucis chaque moment s'enchaîne ;
On mange sur la terre un pain trempé de fiel,
On y porte sa croix sans espérer le ciel ;
Et l'on quitte le jour, au bout de sa carrière,
Sans avoir pu goûter et bénir sa lumière.

Elle dit : au parterre où l'on aime le bruit,
On regarde en pitié quel regret la poursuit :
Car les Diables, brûlés par une humeur caustique,
N'ont, dans leur esprit sec, rien de mélancolique.
 Mais un spectacle affreux, plus doux à leurs regards,
C'est Rome, dont le sac promis à des soudards
Attire sur les pas de Bourbon qui l'assiège,
Tant de luthériens, ennemis du saint-siége.
 Vêtu de la blancheur d'un corset argenté,
Le hardi connétable, avec célérité,
D'un mur déja croulant surmonte les ruines :
Tel que brille au matin, levé sur des collines,
Entre les flancs noircis d'un nuage orageux,
Lucifer, non voilé, serein et lumineux,
Qui regarde sous lui le désastre et la guerre
Fondre au loin dans les cieux ébranlés du tonnerre.
Tel, devançant le jour, Bourbon impatient

Préside la tempête, et l'éclaire en riant.
Par-tout la Conscience, ardente, vengeresse,
Jura de le poursuivre, et lui tient sa promesse.

BOURBON, LA CONSCIENCE, ET LA MORT.

LA CONSCIENCE.

Ici, triomphe ou meurs, ô connétable altier !
Trahi de Charles-Quint, traître à François-Premier,
Bientôt, sans autre nom que celui de transfuge,
Un trône sur la terre est ton dernier refuge :
Échappe, en y montant, aux coups de l'avenir,
Et fais-toi redouter de qui veut te punir.
Le joug d'un premier crime est le dur esclavage
Qui t'enchaîne au succès d'un criminel ouvrage ;
Et d'avance en ton cœur j'ai corrompu le fruit
Des glorieux travaux que ton remords produit.
Je te condamne à fuir de conquête en conquête
Le juste châtiment qui menace ta tête :
D'un degré qui t'assure atteins donc la hauteur ;
Traître, pour te sauver, deviens usurpateur.

C'est moi qui, te traînant au pied de ces murailles,
Te fis à tes soldats, avides de batailles,
Par les chants, les bons mots, en riant fantassin,
Déguiser le poison qui fermente en ton sein :
Leur versant à longs traits ta belliqueuse ivresse,
En buvant avec eux, ton orgueil les caresse :
Mets leur zèle à profit pour décider le sort,
Parle, et cours dans leurs rangs, pousse-les à la mort...
Mais on quitte la brèche, on t'abandonne... ah ! tremble...

Voilà tes défenseurs qui reculent ensemble...
Ils te déchireront, si tu n'es pas vainqueur.

BOURBON.

Mes frères! mes amis! allons, ferme, du cœur!
Héros à qui jamais la victoire n'échappe,
Céderez-vous la palme aux vils soldats du pape?
Aurons-nous donc sans fruit, en dépit des hivers,
Franchi les Apennins, de neige tout couverts,
Traversé l'Italie, épuisés d'indigence,
Fait frémir, en passant, et Bologne, et Florence?
Rome est là sous nos yeux, pleine d'argent et d'or,
Rome, de l'univers le plus riche trésor!
Eh quoi! lâcherons-nous une proie aussi belle?
Non, périssons plutôt... A moi donc cette échelle!
A moi, mes compagnons! j'y monte le premier.

LA MORT.

Où s'élance cet homme, intrépide guerrier?
Tous ses traits sont émus par des chaleurs soudaines;
La vertu de son sang bouillonne dans ses veines...
Quelque intérêt durable allume ses fureurs....
Quels efforts! quel courage!... Un plomb siffle...

BOURBON.

          Ah! je meurs.

LA MORT.

Il tombe, abandonné du souffle de la vie;
Ainsi que tout-à-coup s'affaisse et se replie,
Lasse d'avoir gonflé son sein tout irrité,
La voile d'un vaisseau que le vent a quitté.

BOURBON.

Dérobez aux soldats ma dépouille fumante...

LA CONSCIENCE.

Laisse, laisse, orgueilleux, le soin qui te tourmente!
Vois le terme commun des petites grandeurs...
De l'éternel oubli sonde les profondeurs,
Et descends dans le gouffre où dorment terrassées
L'espérance lointaine, et les hautes pensées.

LA MORT.

Pourquoi sur son cadavre étendre ce manteau ?...
Soldats, qui de Bourbon suivîtes le drapeau,
Votre chef est tombé : publiez votre perte!
Vengez-la!... que par-tout Rome, de sang couverte,
Apprenne qu'en poussant votre guide au trépas,
J'enflammai votre rage, et ne l'arrêtai pas!
Et toi, fière cité! frémis, hurle... tes portes
S'ouvrent avec fracas au torrent des cohortes.

ROME.

O Dieu, Dieu protecteur! les Germains, les Gaulois,
Vont me fouler aux pieds pour la dernière fois!
O ville si long-temps souveraine du monde,
Bientôt, anéantie en ta chûte profonde,
Il ne restera plus de Rome que son nom.
As-tu des dieux, des lois, des vengeurs? Hélas non!
Mars de ton Capitole a quitté la colline;
Thémis, Vesta, n'ont plus leur puissance divine;
Tu n'as plus de Camille et de prompt Décius
Arrachant la victoire à tes vainqueurs déçus!
Quel secours implorer contre tant d'adversaires ?
Où seront les Narsès, les vaillants Bélisaires,
Qui te déroberont aux sacrilèges mains

Des Vandales, des Goths, tes bourreaux inhumains?
Du Dieu de tes martyrs le vicaire timide
T'abandonne aux couteaux d'une horde homicide :
Son infaillible voix n'ose rien prononcer;
Il n'a plus maintenant de foudres à lancer.
Pontife, cardinaux, augustes sacriléges,
Fuyez ! l'autel menteur n'a plus de priviléges.
Vous qui ne croyez point, que vous sert de prier ?
Un rempart est le Dieu qui peut vous appuyer.
Saint-Ange assied ses murs au sommet d'une roche;
Que du ciel invoqué ce château vous rapproche :
Hypocrites, fuyez! abandonnez aux coups
Les peuples de la terre, hélas! punis pour vous.
Quel tumulte! quels cris!... Oh! quels flots de barbares!..
Oh! quel débordement de meurtriers avares!...
Venez, dépouillez-moi, vous êtes triomphants :
Mais pourquoi sur le marbre écraser ces enfants ?
Leur jeune âge si pur est innocent de crimes...
Ah! du moins épargnez de si tendres victimes...
Ciel! où fuir, où marcher sur ces pavés sanglants?...
Mères, filles, sortez de mes palais brûlants :
Échappez aux fureurs du rapide incendie...
Ah! plutôt reculez... cette troupe hardie
Qu'enflamme votre aspect d'une insolente ardeur,
Accourt, l'épée en main; vaincre votre pudeur...
Frémissez! leurs plaisirs sont suivis du carnage.
O mes fils, rachetez vos foyers du pillage !
Prodiguez vos trésors à ces fiers ravisseurs;
Dérobez à leurs yeux vos femmes et vos sœurs...
Vos pères vers le ciel tendent leurs mains sans armes,

Sauvez-les... entendez les menaces, les larmes,
Et les chevaux hennir dans mes temples fumants,
Et les profanateurs briser mes monuments.
O désastre ! ô regrets ! vous êtes abattues,
Idoles de mes yeux, admirables statues,
Que, pour m'environner de respects plus constants,
Mon amour préserva de l'outrage des temps !
Et de qui les beautés, défendant mes rivages,
Ont vaincu tant de fois les conquérants sauvages,
Attestant en effet que la main des beaux-arts
Protège les cités non moins que les remparts !

Ainsi se lamentait Rome tout éplorée,
Par le fer des soldats, par le feu dévorée ;
Et l'effrayant tableau de mille embrasements
Présentait à l'Enfer l'aspect de ses tourments.

LA PANHYPOCRISIADE.

CHANT NEUVIÈME.

SOMMAIRE DU NEUVIÈME CHANT.

Dialogue entre *saint Pierre*, *l'Eglise*, et *l'Esprit des Conciles*. Cet entretien présente le développement de la politique ecclésiastique depuis son origine jusqu'à nos temps. Continuation du sac de *Rome*. Aventure de *Candor* et de *Pulcrine* : mort de cette italienne et de son enfant, qu'elle noie dans le Tibre avec elle.

LA PANHYPOCRISIADE.

CHANT NEUVIEME.

Sur la colline où dort l'empereur Adrien,
Espace où descendit un ange aërien
Qui, rendant au fourreau sa menaçante épée,
Sauva Rome qu'un jour la peste avait frappée,
Le pontife Grégoire a fait dresser des tours :
Cet asyle à Clément offre un dernier recours.
Plus effrayé pour soi que pour le saint collége,
Il parle aux cardinaux, restes de son cortége,
Vieux princes du conclave, apôtres décorés,
Qui tous, par la terreur alors défigurés,
Penchant leurs fronts usés à méditer des crimes,
De leur espoir en Dieu démentaient les maximes.
Sous leur calotte rouge et leurs sacrés chapeaux,
Mille desseins roulaient en leurs larges cerveaux,
Magasin d'artifice et de noirs stratagêmes,
Et de poisons empreints sur leurs visages blêmes.
L'effroi plombait le teint de ces menteurs bénis,
De l'or du Vatican fabricateurs jaunis.
   Mais tandis qu'ils tremblaient pour la reine des villes,

Pierre, et la sainte Église, et l'Esprit des Conciles,
Planaient au-dessus d'eux; ainsi qu'au mont Thabor,
Jésus transfiguré, dans son divin essor,
Loin des yeux des humains gémissants sur la terre,
Entretint ses élus de son céleste Père :
Tableau dont la grandeur visible à Raphaël
Devint de ses pinceaux le miracle éternel!

SAINT PIERRE, L'ÉGLISE, L'ESPRIT DES CONCILES.

L'ÉGLISE.

O toi dont l'Homme-Dieu, ton maître et ton modèle,
A du nom de Céphas payé le cœur fidèle,
Titre saint de ta foi, solide fondement,
Sur qui j'ai du Seigneur bâti le monument;
Toi, le premier élu, de qui la main pieuse
Jadis reçut du ciel la clef mystérieuse,
Plains l'opprobre où languit l'un de tes successeurs;
Plains un pontife aux mains de cruels oppresseurs;
Plains mon temple qu'on souille, et ma croix qu'on méprise,
Et mêle ta prière aux clameurs de l'Église.
Ma suprême grandeur, penchant vers son déclin,
Soumise au cours des ans touche-t-elle à sa fin?
De l'empire éternel où tu me fis prétendre,
Dans l'ombre de la mort vais-je sitôt descendre?
Et par l'âge emportée en souvenirs confus,
Ne laisser qu'un néant de tout ce que je fus?
Comme dans l'univers sont passés les royaumes,
Grossirai-je en tombant le nombre des fantômes,

Moi qui, riche en effet des biens les plus constants,
Devais nourrir mes fils par-delà tous les temps?
Leur sang fume en tous lieux... qu'un autre Jérémie
Pleure Sion en proie à la flamme ennemie,
Et la haine écrasant les orphelins épars
Sous les pieds des chevaux, et sous l'airain des chars!
Aux portes de mon temple entends crier la foule...
On renverse nos murs, et notre autel s'écroule...
Hélas! contre le choc du désordre effréné,
Que peut en ses remparts Clément emprisonné?
Nulle foudre en ce jour ne suit son anathême :
L'ange exterminateur l'abandonne à lui-même;
Et la voix du démon, qu'à soulevé Luther,
Insulte, en le raillant, nous, les cieux et l'enfer.
Pourquoi m'as-tu promis que le Dieu des armées
Protégerait toujours mes enceintes fermées;
Et que des loups cruels, et des lions grondants,
Toujours en mon bercail je briserais les dents?
Trompais-tu mon espoir, ou m'as-tu délaissée?
O Céphas! ton Église expire terrassée.
Prends pitié des tourments qu'on lui fait éprouver,
Et que ta main encor l'aide à se relever.

SAINT PIERRE.

Que me demandes-tu, malheureuse infidèle!
Qui courus en aveugle à ta chûte cruelle,
Et que le Dieu sauveur pousse contre un écueil,
Afin qu'en te heurtant il brise ton orgueil?
Depuis quand, du Seigneur oubliant la promesse,
Te laisses-tu donc vaincre au danger qui te presse?
Depuis qu'avec la foi l'espérance a quitté

Mon temple, où s'éteignit l'ardente charité.
Depuis que, t'abaissant aux délices charnelles,
Ton ame abandonna les graces éternelles,
Et, contestant des biens qu'il fallait dédaigner,
Descendit des hauteurs où je te fis régner.
Que nous dit de Jésus l'autorité suprême ?
« Qui veut s'unir à moi, qu'il renonce à soi-même. »
Et lorsqu'aux bords du fleuve il appela ma foi :
« Laisse-là tes filets, pêcheur, viens, et suis-moi ! »
J'obéis, j'épousai sa pauvreté sévère,
Et pour les dons du ciel quittai ceux de la terre.

Ce fut dans l'indigence, et dans l'humilité,
Que j'assis de ta loi l'auguste majesté :
Je tirai ta splendeur du milieu des ténèbres ;
La croix, en éclairant les bords les plus célèbres,
Montra, même aux Césars, les martyrs fiers et doux,
Plus rois que les tyrans dont le siècle est jaloux.
Dieu n'orne point les chefs de l'empire céleste
D'un or ni d'un argent corrupteur et funeste ;
Il ne les revêt point de superbes dehors :
Mais, sous leur nudité riche de ses trésors,
Il fait, pour éclipser toute mortelle idole,
Reluire dans leur cœur sa vivante parole :
Il veut qu'aux yeux du monde, où le juste est proscrit,
Les épines, les maux, couronnent leur esprit.
Voilà comment d'abord mon zèle secourable
Accrut ta nation maintenant innombrable.
Apôtres sans éclat, tous les premiers pasteurs
Furent du peuple en deuil les saints consolateurs.
Tu ne ravissais pas leur diadême aux princes,

Ni leur faste aux cités, ni leurs droits aux provinces;
Mais, sans terrestres biens, reine des malheureux,
Ta main ne recueillait les moissons que pour eux.
 Que fais-tu dans ces jours? ta vue est éblouie
D'une richesse vaine ici-bas enfouie:
De la clarté des cieux ton cœur s'est détourné,
Et ta basse avarice aux enfers l'a donné.
De ton législateur qu'ont produit les merveilles?
Mes yeux l'ont vu: sa voix instruisit mes oreilles.
Seul, pauvre, désarmé, patient dans les maux,
Nourri comme le sont les innocents oiseaux,
Il vainquit le besoin, dormit dans les tempêtes,
Et marcha confiant à ses hautes conquêtes.
Ah! que dans ses travaux n'as-tu su l'imiter!
Ah! du temple divin qu'il voulut cimenter
Les vertus de tes saints d'un pur zèle enflammées
Devaient être à jamais les pierres animées,
Et de son sanctuaire inaccessible à tous,
Ta lumière eût frappé tes ennemis jaloux :
Mais non; quittant le ciel, magnifique espérance,
Tu disputes aux grands leur étroite puissance:
Pour des honneurs mondains tu trahis les autels :
Pour de vils intérêts tu combats les mortels;
Ne t'étonne donc plus, avide usurpatrice,
De succomber sans gloire en cette infâme lice.
Cesse de m'invoquer contre d'affreux soldats
Sur tes parvis sanglants assiégeant tes prélats.
Toute chair doit périr; elle est telle que l'herbe:
Sa gloire est une fleur qui, brillante et superbe,
Se lève le matin, et tombe avant la nuit.

Ta fureur prit le fer, et le fer te détruit.
  Bénis donc les rigueurs d'une foule guerrière
Qui pour seule arme enfin te laisse la prière,
Te rappelle à Jésus qui vint, entre les morts,
Sur les âmes régner, et non pas sur les corps;
Et qui force un pontife, en martyr pacifique,
A recourir aux cieux, ton héritage unique.
  Dans l'univers entier qui te fit prévaloir?
Qui te sanctifia? la souffrance, et l'espoir.
De tes ambitions que l'erreur se dissipe;
Et pour durer sans fin remonte à ton principe.

L'ÉGLISE.

Tu t'abuses, Céphas: né des faibles ruisseaux,
Un fleuve accroît son lit en recueillant leurs eaux;
Et de son urne enfin l'abondance s'arrête
S'il ne peut sur la terre étendre sa conquête :
La source de ma vie, humble en mes premiers jours,
Dut s'augmenter d'abord pour prolonger son cours.
  Si les hommes grossiers, pour seul prix de mes peines,
N'eussent vu que mes cloux, mes cilices, mes chaînes,
En mes labeurs obscurs leur courage abattu
De fol emportement eût traité ma vertu.
Notre gloire éternelle, invisible salaire,
N'eût point à ses appâts amorcé le vulgaire,
Et le peu de zélés sortis d'un rang abject
Ne m'aurait pu des grands conquérir le respect.
Il fallut, pour leur faire honorer mes supplices,
Joindre à l'espoir futur les présentes délices:
Il fallut que les arts et les purs orateurs
Charmassent dans les cours mes fiers persécuteurs:

Pour fléchir mes bourreaux, m'acheter des ministres,
M'asservir des tyrans les conseillers sinistres,
L'or me devint utile; et, fondant mon trésor,
Il me fallut du fer pour conserver mon or.

Ainsi, m'environnant d'une pompe mondaine,
Alliant à ma foi la politique humaine,
Dans les états nombreux où je portai ma croix,
Je me fis des sujets nourris par tous les rois,
Et courbai sous mon joug les têtes couronnées
Par ma tiare auguste en tous lieux dominées.
Dès-lors, mes citoyens, les élus de Sion,
Défendirent leurs droits sous ma protection :
Des peuples et des chefs mon oreille maîtresse
Par de secrets aveux me rassura sans cesse :
Ma voix emplit la chaire; et, sous mon appareil,
La gloire de mon temple effaça le soleil.

L'ESPRIT DES CONCILES.

Tu ne dois qu'à moi seul, république sacrée,
La liberté des lois dont tu fus illustrée :
Tant que de tes prélats le saint gouvernement
De leur égalité garda le sentiment,
Tant que de tes degrés la juste hiérarchie
Régla ton ministère, et non ta monarchie,
Et que l'esprit zélé des conciles nombreux
En ton sein maternel unit tes fils entre eux,
L'unanime intérêt, d'un hémisphère à l'autre,
Nommait le digne élu, successeur de l'apôtre :
Alors la même voix, parlant de tous côtés,
Soulevait ton grand corps dans toutes les cités :
Le mérite éprouvé, la foi qui le rehausse,

Désignaient sans combats l'appui du sacerdoce ;
Et, formant tes conseils, un immense concours
Te faisait révérer des peuples et des cours.
Qu'un tyran apostat conjurât ta ruine,
Qu'un schisme ténébreux obscurcît ta doctrine,
Qu'un poison infectât tes membres languissants,
J'opposais à tes maux des remèdes puissants ;
Et réveillant ta force en quelque heureuse lutte,
Quand tes pieds chancelaient, je prévenais ta chûte.
Mais depuis que le chef, assis au Vatican,
Se proclame Infaillible, et gouverne en tyran ;
Que des princes du siècle il imite l'exemple,
Qu'il consacre à sa cour tout le luxe du temple,
S'immole tes brebis qu'il promet de nourrir,
Et boit jusqu'à ton sang tout près de se tarir ;
Depuis qu'un titre, un nom, des richesses, des brigues,
Ont usurpé ton siége, et le vendent aux ligues,
Et qu'un conclave impur choisit dans le saint lieu
L'homme des potentats, et non l'homme de Dieu ;
Tes avares enfants respectent ce seul maître,
Et de l'autel souillé n'encensent que le prêtre.
Sion, dépouille-toi ! rends, devant l'Éternel,
L'égalité première au troupeau fraternel.

L'ÉGLISE.

O fanatique esprit des turbulents conciles !
Que souhaitent de moi tes chagrins indociles ?
Qu'en populaire état changeant ma royauté,
J'abaisse à ton niveau la fière papauté !
A mes libres statuts est-elle si contraire ?
Le sceptre qu'elle tient n'est point héréditaire :

Son choix renouvelé, sans nul égard au sang,
Du dernier rang élève un chef au premier rang,
Et l'âge du mortel que je prends soin d'élire
Lui laisse peu le temps de troubler mon empire.
Au pouvoir après lui ses sujets prétendant
Pour les droits de son titre ont un respect prudent;
Et, toujours occupé, mon trône, sans régence,
Est le centre puissant de ma vaste influence.
Ce sceptre qui courba l'univers asservi,
Est-ce pour le briser que je te l'ai ravi?
Non, je te l'arrachai, par tant d'art et de peines,
Pour imposer silence à tes querelles vaines.
Fol esprit des chrétiens assemblés par la loi,
Que prétends-tu? souvent le schisme est né de toi.
Tantôt l'orgueil naissant d'une bouche éloquente
Fait frémir l'orthodoxe aux erreurs qu'elle enfante:
Tantôt le nom des grands, le poids de leurs trésors,
Balancent tes avis, rompent mes vieux ressorts;
Et les partis, armés par la haine et les doutes,
Joignent mille fléaux à ceux que tu redoutes.
Tel est, tel est le sort trop commun aux états
Où la foule est livrée à d'orageux débats!
L'empire de l'Église a des lois plus certaines;
C'est pour le mieux guider qu'un homme en tient les rênes,
Et seul, pour mes enfants gardant mes biens entiers,
Il a des successeurs, et n'a point d'héritiers:
Libre des nœuds du sang, ma famille est la sienne:
Le salut, l'intérêt de la cité chrétienne,
Sur tous mes ennemis tiennent ses yeux ouverts.
Quel autre eût au croissant disputé l'univers?

L'Europe encenserait un prophète barbare,
Si je n'eusse au turban opposé la tiare,
Et fait, en roi des rois, marcher les potentats,
Qui sont les humbles chefs de mes pieux soldats.
Les aveugles Païens, les farouches Vandales,
Les Musulmans, zélés pour des erreurs fatales,
Tout a fléchi devant le souverain sacré
Qui de mon arbre antique est le tronc adoré.
Va, ne t'ombrage plus de sa hauteur suprême.
Ah! loin de dégrader mon triple diadême,
Suscitons en tous lieux pour ses grands intérêts
Le peuple des cloîtrés, mes défenseurs secrets.

L'ESPRIT DES CONCILES.

Quoi! ces lourds favoris couchés dans la mollesse,
Dont ta grace féconde a béni la paresse!
Église aveugle, au sein des périls que tu cours,
As-tu lieu d'en attendre un effort, un secours?
Hélas! leur privilége excite trop d'envie;
Et c'est pour les punir qu'on menace ta vie.

L'ÉGLISE.

Connais ma sainte armée : apprends que leurs langueurs
Sont les plus forts liens qui m'attachent les cœurs.
Le charme des loisirs et des joyeuses tables
Les rend de qui me hait ennemis implacables;
Et leurs esprits flatteurs, doctement exercés,
Gagnent à mon parti les héros insensés.
C'est peu: de tous les cœurs observant les caprices,
J'ai su multiplier mes pieuses milices.
  Les uns, poussés au loin par de tristes penchants,
Sur les rocs et les mers me font plaindre en leurs chants :

Les autres, du remords étalant les misères,
Font de ma pénitence adorer les mystères:
Des vierges, embrassant mes chastes voluptés,
Goûtent la solitude au milieu des cités:
Hameaux, villes, déserts, et profonds hermitages,
Des sons de mon airain frapperont tous les âges:
Et tandis que ceux-là, dans l'étude plongés,
De la poudre arrachant mes faux titres rongés,
Disent en leurs écrits que ma loi consacrée,
Produite avec le monde, en aura la durée ;
Ceux-ci, de mon pouvoir ministres agissants,
Organes de la foi, dans l'Espagne naissants,
Dirigent à mon gré la jeunesse ignorante;
Et si, dans l'univers leur mission errante,
Aux deux mondes conquis étendait ses travaux,
Mon glaive planerait sur les rois mes rivaux ;
Et l'Inquisition, mon alliée ardente,
Vaincrait des nations la révolte imprudente.

L'ESPRIT DES CONCILES.

Tremble !... d'horreur émus, les peuples et les rois
Pour t'écraser un jour s'uniront à-la-fois.

L'ÉGLISE.

Non, je reviens du coup qui m'a d'abord surprise :
Forte ou faible ici-bas, je suis toujours l'Église.
Ma prière en tous temps armera les mortels ;
Sur leurs inimitiés j'ai fondé mes autels :
Qu'un peuple les abjure, un roi prend leur défense;
Un état veut ma perte, un autre ma vengeance;
Leurs discordes pour moi sont d'éternels secours;
Et dans leurs mouvements, immuable toujours,

Mon pouvoir, épanchant leur sang pour mes querelles,
Semble un miracle antique aux regards des fidèles,
Qui raniment sans cesse, en relevant ma croix,
La vie impérissable accordée à mes lois.

SAINT PIERRE.

O cieux! t'affermis-tu, dans tes liens durables,
Par la désunion des états déplorables,
Toi, que créa ton Dieu pour inspirer la paix,
Et qui dois de lui seul attendre tes succès!
Ah! crois-en le martyr de l'évangile auguste,
Tu quittes les sentiers que te traça le Juste,
Qui prêchait aux humains, en paroles de miel,
L'amour entre leurs fils, nés égaux sous le ciel,
Qui, vainqueur des tourments, plein d'une foi profonde,
A rompu par sa mort l'esclavage du monde,
Et que l'homme innocent, qui craint plus Dieu qu'un roi,
Sent au fond de son cœur, et connaît mieux que toi;
Toi, qui deviens terrestre et qui n'es plus divine,
Tu te corromps : ta fin dément ton origine.

Il dit : et monte aux cieux en plaignant les humains.

Cependant Rome cède à de profanes mains
Les biens de ses autels, l'honneur de ses vestales;
Et la flamme répand mille horreurs infernales.
   Mais du prompt incendie un palais respecté
Par de jeunes époux est encore habité.
Ici, nouveaux objets ; le théâtre mobile
De leur appartement offre l'aspect tranquille.

Auprès de leur enfant leur vieux père est assis,
Et ses pleurs échappés mouillent son petit-fils.
Là, Pulcrine et Candor, inconnus de l'histoire,
Et trop sages toujours pour briguer nulle gloire,
Amants, époux heureux jusqu'à ce jour d'horreur,
En leur dernier réduit s'exprimaient leur terreur.

CANDOR, PULCRINE, L'ENFANT, ET LE VIEILLARD.

PULCRINE.

Abaisse les rideaux devant cette croisée
Que rougit la lueur de la ville embrasée :
Ces sanglantes clartés, qui tremblent devant moi,
Consternent mes regards, les remplissent d'effroi.

CANDOR.

Que de ton sein troublé la frayeur se tempère,
Et n'épouvante pas mon fils et ton vieux père.

L'ENFANT.

Les cris qui s'éloignaient se rapprochent de nous...
O mon Dieu! ces méchants nous égorgeront tous.

CANDOR.

Mon fils, dans les périls s'exerce le courage :
Tu seras homme, un jour... soutiens donc cet orage;
Et, sans frémir ainsi, tâche de rassurer
Ta mère qui s'effraie, et que tu fais pleurer.

LE VIEILLARD.

Ah! de ce tendre enfant ne retiens point les larmes...
Faible contre un tel choc, frappé de tant d'alarmes,
Si jeune, je le plains d'approcher du trépas...

Moi, qui vers le tombeau n'ai plus qu'à faire un pas,
Si ma tête blanchie est soudain abattue,
Ce coup m'importe peu... qu'on entre, et qu'on me tue.

CANDOR.

Mon père, à votre gendre épargnez ce discours.
Mes jours paîront plutôt le dernier de vos jours
Que de souffrir, vivant, qu'un barbare assassine
L'aïeul de mon cher fils, le père de Pulcrine.

PULCRINE.

Hélas ! que produirait ton impuissant effort ?

CANDOR.

J'ai des armes, je t'aime, et je suis jeune et fort.

PULCRINE.

Ces armes, en tes mains pures du sang des hommes,
Nous préserveraient mal du danger où nous sommes.
Elles ne t'ont servi qu'à chasser dans les bois
Les lièvres fugitifs et les cerfs aux abois.
Pour vaincre il faut du meurtre un dur apprentissage.
Ta force, ta jeunesse est un faux avantage
Contre d'affreux soldats, à l'homicide instruits,
Enivrés par la rage, et par la mort conduits.
Tu passais mollement tes heureuses journées,
Par les jeux, la musique, et l'amour enchaînées,
A cultiver les lois, les muses et les arts :
Tu n'as point de la guerre éprouvé les hasards.

CANDOR.

Combattre est-il l'effet d'une rare industrie ?
C'est l'art qu'aux animaux inspire leur furie :
J'en fis trop peu de cas pour m'enrégimenter...
Mais contre des brigands s'il faut ici lutter,

Tu verras, sur le seuil de notre doux asyle,
Se changer en lion un citoyen tranquille ;
Et je ne céderai ma maison au vainqueur
Que si, vaincu du nombre, on me perce le cœur.
Cher enfant ! tendre épouse ! et toi, vertueux père !
Quels intérêts pour moi plus sacrés sur la terre
Auraient droit de m'armer, hélas ! tant que mes yeux
Demeureront ouverts à la clarté des cieux ?
C'est à vous, doux objets, mon unique richesse,
Que j'attachai mes soins, mon amour, ma tendresse ;
Et ta pudeur sincère, unie à mille appas,
Est le premier des biens que défendrait mon bras.
O ma Pulcrine ! ô toi, mes délices, ma vie !...
Qu'entends-je ?...

PULCRINE.

Vers la porte une troupe s'écrie...

LE VIEILLARD.

Quels coups heurtent le seuil !...

L'ENFANT.

O mon père, arme-toi !...

PULCRINE, *à Candor.*

Ciel ! devant ces bourreaux vas-tu t'offrir sans moi ?

CANDOR.

Tous trois, à ce foyer ; restez dans le silence.

PULCRINE.

Ah ! comme des clameurs s'accroît la violence !

L'ENFANT.

Quel bruit !...

CANDOR.

Nos serviteurs appellent mes secours...

PULCRINE.

Je ne te quitte pas...

LE VIEILLARD.

C'en est fait de nos jours !

PULCRINE.

La force m'abandonne... Ah, Candor !... il me laisse.

(Candor disparaît.)

LE VIEILLARD.

Contre tant d'assassins que pourra ma vieillesse ?
Mes enfants... à genoux ! prions; prions les cieux !
Rendons-nous l'Éternel miséricordieux !

L'ENFANT.

O ciel ! pour mes parents exauce ma prière !

LE VIEILLARD.

Dieu ! ne prive que moi de la douce lumière.
L'âge a rendu mes jours ténébreux, incertains ;
Et mes enfants ont droit à de plus longs destins.

PULCRINE.

Quel tumulte !... on se bat... force-t-on les passages ?
Va, mon fils, va jeter les yeux sur ces vitrages...
Peut-être mon époux, dans la lutte engagé...

L'ENFANT.

Voici de notre seuil le portier égorgé ;
Des hommes demi-nus, d'autres sous la cuirasse,
Ma nourrice à leurs pieds, qui leur demande grace.

PULCRINE.

Viens, mon fils...

LE VIEILLARD.

O ma fille ! où cours-tu sans appui ?...

PULCRINE.

Je vais sauver Candor, ou mourir avec lui.

LE VIEILLARD.

M'abandonneras-tu? ma chère fille!... arrête!
Hélas! n'expose encor ni ton fils, ni ta tête...
On accourt... c'est mon gendre!

(Candor reparaît.)

PULCRINE.

Il n'est point immolé!

L'ENFANT.

Comme il revient ici, terrible, échevelé!...

CANDOR.

Tout est fini pour nous, si Dieu ne nous seconde.
De tous ces meurtriers la horde vagabonde
S'avance, et fait sauter gonds, portes, et verroux.
J'ai, leur offrant mon or, cru vaincre leur courroux :
Leurs coups m'ont répondu : regardez cette épée...
Au sang de deux brigands je l'ai déja trempée ;
Mais poussant devant moi chaises, tables, débris,
J'ai, pour voler à vous, fui leur rage et leurs cris.
Barricadons la porte, et si l'on nous assiége...
Il n'est plus temps.

PULCRINE.

Grand Dieu! que ta main nous protége.

LES MÊMES, ET DES SOLDATS ARMÉS.

LES SOLDATS.

Point de pitié! massacre! et vengeance à Bourbon!

LE VIEILLARD.

Ah, par mes cheveux blancs!...

LES SOLDATS.
               Hors de là, vieux barbon!
        LE VIEILLARD.
Non, je reste à vos pieds... n'avez-vous pas un père?
Ah! d'un vainqueur peut-être arrêtant la colère,
Un jour il lui tendra de suppliantes mains,
Méritez qu'on l'épargne, et devenez humains.
        UN SOLDAT.
Mon père est enterré : va le joindre, bon homme.
        PULCRINE.
Bourreaux! tigres! comment faut-il que je vous nomme?...
Immolez-nous ensemble.
        LES SOLDATS.
                Armes bas, ou la mort!
        CANDOR, *à sa famille.*
Attachez-vous à moi... Dieu! rends mon bras plus fort.
    (Aux soldats.)
Non, non, n'espérez pas que l'effroi nous sépare...
Voilà ton lot, brigand! voici le tien, barbare!
Mords la poussière, infâme! expire ici, bourreau!
        PULCRINE.
O cher époux! ton sang jaillit sous leur couteau...
        LES SOLDATS.
Courage! bâillonnons son insolente bouche,
Amis, et qu'en trophée on le lie à sa couche;
Et qu'il raconte aux morts les consolations
Que va goûter sa veuve en ses afflictions.
Nous, soupons à ses frais! buvons à nos prouesses!
Et vivent les Tarquins de toutes les Lucrèces!

Un voile alors cacha le courroux allumé
De la pudeur luttant contre un Mars enfumé ;
Scène dont les humains raillent l'horreur extrême,
Et dont l'aspect hideux révolta l'enfer même.

La féroce Ironie, en des plaisirs affreux,
Mêlait le sang au vin, les cruautés aux jeux,
Et Rome, en tous ses murs ouverts à la rapine,
Étalait les horreurs des foyers de Pulcrine.

Déja par-tout le feu, qui court de seuil en seuil,
Vole au sein de la nuit, teint de pourpre son deuil :
Et de la triste Rome illuminant les rues,
Éclairant des vainqueurs les légions accrues,
Sa lueur sur le Tibre ondoie avec les flots.

Une femme accourait, poussant mille sanglots ;
Sa main guide un enfant : elle a fui sa demeure,
Et sur l'arc d'un vieux pont, marche, s'arrête, et pleure.
C'est Pulcrine et son fils, d'un pas épouvanté
Traversant les débris de la vaste cité ;
Pulcrine, qui fuyant et bourreaux et victimes,
Lève ses yeux, frappés de l'image des crimes,
Et sous l'affreux éclat répandu dans les airs,
Paraît une ombre pâle, échappant aux enfers.

PULCRINE ET SON ENFANT.

L'ENFANT.

Ma mère, où nous sauver ? la ville est toute en flamme...
D'où vient que tu souris ?

PULCRINE.

Quel trouble émeut ton ame ?

Le seuil de nos foyers, qui rassurait nos cœurs,
Ne fut pas un abri respectable aux vainqueurs :
N'en ont-ils pas rompu la barrière sacrée ?
A quels dangers plus grands serais-je ici livrée ?
Où verrai-je mon père, où verras-tu le tien ?
Tous deux percés de coups... tous deux mourants... Eh bien !
Au milieu du carnage on épargna nos têtes...
Ne redoute que moi... mes mains sont toutes prêtes
A te ravir encor ta mère, ton appui...
Dieu ! qu'osé-je penser ?... O cruelle !... Va, fui !
Évite une insensée, et fuis mes violences,
Cher petit enfant !

L'ENFANT.

Dieu ! quels regards tu me lances !...
Tes yeux toujours si doux, si caressants, hélas !
M'ont plus épouvanté que les yeux des soldats.

PULCRINE.

Ne pleure pas... tes pleurs importunent ta mère...
Va, va te consoler dans les bras de ton père :
Il t'aime, il nous sourit ; son aimable bonté
Jamais pour tes erreurs n'eut de sévérité :
C'est pour nous rendre heureux qu'il agit, qu'il respire ;
Et quand nous soupirons sa tendresse en soupire...
N'est-il pas vrai, Candor, modèle de vertu ?
Cher époux, réponds-moi...

L'ENFANT.

Ma mère, où le vois-tu ?

PULCRINE.

Oui, Candor, hâtons-nous de sortir de la ville :
Ta fidèle équité cherche un séjour tranquille...

La guerre menaçante approche de ces murs ;
Nous trouverons aux champs des asyles plus sûrs :
Des mœurs de l'âge d'or nous reverrons la trace.
Tu te plais à Tibur, où se plaisait Horace :
L'amour, la poésie, et le doux soin des fleurs,
Sous d'agrestes abris enchanteront nos cœurs.
Viens... faisons à mon père approuver ce voyage ;
Les vieillards à leur toit sont attachés par l'âge.

L'ENFANT.

A qui parles-tu donc ?

PULCRINE.

A ton père...

L'ENFANT.

Il est mort.

PULCRINE.

Mort! qui?... perds-tu l'esprit?... Non, mon enfant, il dort.
Regarde... pour jamais il dort sur la poussière...
Son corps est tout sanglant, et ses yeux sans lumière,
Ses yeux, hélas! témoins de mon horrible affront...
Misérable! où cacher l'opprobre de mon front?...
Candor, en expirant tu reçus ma promesse...
Je ne trahirai point ma gloire et ta tendresse.
L'outrage qui me souille est ignoré de tous ;
Et victime après toi de ton amour jaloux,
Dans l'éternel oubli dérobant notre injure...
Vois ces ondes... entends le Tibre qui murmure...
La Mort, qui sous ce pont roule au milieu des flots,
M'ouvre leur vaste lit... C'est là qu'est le repos.

L'ENFANT.

Ah! pourquoi coupes-tu ta belle chevelure,

Ma mère?

PULCRINE.

O longs cheveux! inutile parure!
La main de mon époux se plut à vous tresser;
C'est autour de mon fils qu'il faut vous enlacer...
Liez d'un nœud fatal et l'enfant et la mère...
Pourquoi vivrions-nous? pour traîner sur la terre
Les hideux souvenirs d'un père assassiné,
D'un époux expirant, et d'un lit profané;
Pour craindre de nos nuits la solitude sombre,
Pour détester nos jours plus que l'horreur de l'ombre...
Que suis-je? que serai-je? et mon fils malheureux,
Pourquoi vit-il?... Tout fut, tout sera sans nous deux.
O fleuve, dans ton cours emporte notre vie!

L'ENFANT.

Vas-tu donc te jeter?... ciel! en as-tu l'envie?...
Sur le bord de ce pont ne t'incline donc pas...
Tu m'entraînes... je tremble...

PULCRINE.

Ah! reste entre mes bras,
Reste, mon pauvre enfant! qu'est-ce qui t'épouvante?

L'ENFANT.

Ce pont, cette eau profonde, et ta voix gémissante.

PULCRINE.

Ce bord te fait frémir... viens, viens t'asseoir ici...
Tu recules!...

L'ENFANT.

Mon Dieu! ne souris pas ainsi.

PULCRINE.

Moi, sourire! Eh pourquoi? quand l'horreur m'environne.

Vois cet embrasement qui sur les eaux rayonne...
Il dévore nos biens, nos temples, nos palais...
O mon mari! mon père! ô douleurs! ô forfaits!
Pardonne, cher Candor! mais je ne peux te suivre :
L'amour de notre enfant me force encore à vivre...
Mais non, je te rejoins, j'obéis à ta voix!
Le sein de l'Éternel nous recevra tous trois.

L'ENFANT.

Arrête!... oh! par pitié!...

PULCRINE.

Ton père nous appelle.

Elle dit, prend sa course, et, mère trop cruelle,
Dans le fleuve avec lui tout-à-coup s'élançant,
Pousse un cri vers les cieux, et tombe en l'embrassant.
On vit long-temps sa robe, en flottant sur les ondes,
Les soutenir luttant sur les vagues profondes,
Leurs mains battre les flots rougis des feux lointains,
Disparaître; et le Tibre engloutit leurs destins.

LA PANHYPOCRISIADE.

CHANT DIXIÈME.

SOMMAIRE DU DIXIÈME CHANT.

Entretiens des chefs de l'armée Luthérienne dans les environs du château Saint-Ange. Mort d'une vieille femme, que pousse sa dévotion à porter des aliments au Pape, qu'elle croit affamé dans le fort gardé par les soldats de *Bourbon*. Soulèvement du parterre infernal: apparition de *Xiphorane*, envoyé aux démons spectateurs par *Théose*, suprême ordonnateur du monde. Dialogue entre le sage *Agathémi* et *André Doria*, sur les côtes de *Gênes*. Liberté rendue à cette ville par le héros qui en fut nommé prince.

LA PANHYPOCRISIADE.

CHANT DIXIÈME.

Cependant le temps vole; et la scène qui change
Présente un double aspect au pied du fort Saint-Ange :
Au sein d'un pavillon, qui s'ouvre d'un côté,
D'un festin militaire éclate la gaîté :
L'autre part du théâtre offre une large place
Dont les travaux d'un camp cernent au loin l'espace :
Cette publique enceinte est le marché mouvant,
Où la troupe et le peuple à toute heure arrivant,
Au gré de leurs besoins achetent les denrées.
Un long pieu qui suspend des toiles déchirées
Est l'abri d'une vieille, humble et simple d'esprit,
Mais qui des maux du temps porte un cœur tout contrit.
Assise dans un coin, sous des palais superbes,
Pour substanter sa vie elle vend quelques herbes :
Fille d'un artisan, qu'a nourri son métier,
Cette veuve eut deux fils d'un époux ouvrier ;
L'un, pour quelques liards, est mort dans les batailles ;
L'autre, en un hôpital, périt sans funérailles :
Seule, âgée, en des murs dévastés par la mort,
Sa tranquille vertu confie à Dieu son sort :

Ainsi brille un feu pur dans l'argile grossière.

  Un manuel des saints, recueil de la prière,
D'un latin non compris fit ses plaisirs pieux;
Mais depuis qu'un long âge a fatigué ses yeux,
Sa mémoire retrace à ses pensers fidèles
Les psaumes qu'elle chante et l'éclat des chapelles.
L'accent qu'adresse aux cieux sa tremblotante voix
N'y monte pas moins haut que l'*oremus* des rois;
Et dans son rang abject, des hommes oubliée,
Aux anges du Seigneur elle se sent liée.

  Non loin de cet objet triste et religieux,
Sous leur tente dressée, en leur banquet joyeux,
Des chevaliers buveurs, fêtant leur table ronde,
Se vantaient leurs exploits, sources des pleurs du monde.
Alarçon est entre eux, scélérat sans terreur,
N'adorant d'autre Dieu que l'or et l'empereur,
Et qui, geolier cruel des captifs de son maître,
De Rome, en sa prison, tient aujourd'hui le prêtre:
Lui seul, dur instrument, mérita qu'autrefois
Charles-Quint lui remît la garde de François:
Tel, veillant sur la proie aux chasseurs assurée,
Un chien féroce attend sa part de la curée.

ALARÇON, OFFICIERS ALLEMANDS ET ITALIENS, UNE VIEILLE FEMME.

PREMIER OFFICIER.
Que fait dans son château le bon pape Clément?

ALARÇON.
Ce vicaire infaillible est un homme qui ment.

DEUXIÈME OFFICIER.

Tu parles sur ce ton du prince de l'église!

ALARÇON.

Clément est un vrai saint, si la peur canonise:
Car jamais nul chrétien, devant les empereurs,
Ne fut mortifié par autant de terreurs.
Ses cardinaux et lui font les dignes apôtres:
Mais le dieu de Madrid, sourd à leurs patenôtres,
Charle, est pour eux le diable, et j'en suis le suppôt.

TROISIÈME OFFICIER.

Vous vous trompez: au fond Charles-Quint est dévot;
Et, contrit des malheurs du pape qu'on assiége,
Fait des processions pour que Dieu le protège,
Et que l'aide des cieux délivre ses élus
Des fers....

ALARÇON.

Qu'un mot de lui soudain aurait rompus.
Notre empereur auguste est rusé politique:
Il veut punir Clément de sa démarche oblique,
Et retirer sur-tout du prix de sa rançon
De quoi payer nos gens qui l'ont mis en prison:
Ainsi tout le trésor des dîmes, des croisades,
Va solder à ses frais nous et nos camarades.

QUATRIÈME OFFICIER.

Les voyez-vous là-bas, montés sur des tréteaux,
Se réjouir, couverts d'habits sacerdotaux?
Les uns portant l'aumusse, et les autres l'étole,
Des acteurs de la messe entre eux jouer le rôle,
Et répandre à grands flots des bénédictions
Sur un peuple qui rit de leurs immersions?

ALARÇON.

Ces hommes-là, du moins, se font prêtres pour rire:
J'aime leur bonne foi.

CINQUIÈME OFFICIER.

Pour Clément quel martyre
S'il voit, la crosse en main, de chapes habillés,
Les soldats travestis devant les saints raillés.

ALARÇON.

Ce n'est pas d'aujourd'hui que la mitre, et le casque,
Sont sur les mêmes fronts : chaque temps, chaque masque.

SIXIÈME OFFICIER.

Quel objet enchâssé montre-t-on en passant
Aux femmes que je vois sourire en rougissant?
De quelque anachorète est-ce un cordon qui brille?
Cette mère qui fuit en écarte sa fille ;
Et les moins chastes sœurs n'osent le regarder :
Qu'a donc cet attribut pour les intimider?

SEPTIÈME OFFICIER.

L'Eglise étale ainsi des reliques secrètes
A la crédulité qui grossit ses recettes.

ALARÇON.

Elle a, par-dieu, raison! Clément nous paîra mieux.
La disette le presse, et, grace à mes bons yeux,
Il n'échappera pas à notre surveillance
Qu'il n'ait de notre armée acquitté la dépense.

Ils disaient, et riaient: près du réduit guerrier,
Pour son pape martyr la vieille est à prier:
Sur la foi des récits elle croit qu'on l'affame,
Et prend tout à la lettre, étant du peuple, et femme.

LA VIEILLE FEMME, LE PAPE CLÉMENT, ALARÇON, ET DES SOLDATS.

LA VIEILLE.

Si mon cœur charitable, en mon abaissement,
Aux regards du Très-Haut a su plaire un moment,
Daigne, ô vierge éternelle! ô toi, que Dieu fit mère,
Et toi, leur doux Jésus, délivrer le saint-père !
Qu'il était noble et beau, quand, debout aux autels,
Il célébrait vos noms en des jours solennels !
Dans les fers maintenant la famine le tue.
Mettons en ce panier des fruits, une laitue;
Et s'il vient nous bénir du haut de ses remparts,
Rodons, et par un signe attirons ses regards....
Si la garde me prend, voici ma dernière heure....
Mais, en servant le ciel, qu'importe que je meure !
Mon Dieu! dans les périls que j'ose ici tenter,
Dirige ma faiblesse et daigne m'assister !
On court... ah! la frayeur me trouble les entrailles....
C'est le pape!.... à l'écart glissons sous les murailles.

CLÉMENT, *sur les remparts.*

Mes doigts bénis n'ont plus d'effet sur les soldats.
Ah! que vois-je? quelqu'un nous fait signe d'en-bas...
C'est une pauvre vieille.... on use de son zèle
Pour m'adresser peut-être une heureuse nouvelle....
Jetez-lui quelque fil vers ce mur écarté....
Bon! tirez son panier.... Ciel! on l'avait guetté,
On le saisit.

UN SOLDAT, *en bas, à la vieille.*

Coquine!

LA VIELLE.

Ah, Dieu!... miséricorde!

LE SOLDAT.

Vieille bigote, viens! ce fil sera ta corde.

ALARÇON, *dans sa tente.*

Quelle clameur entends-je?... et qui peut dans ces lieux
Faire entrer ces soldats armés et furieux?

LE SOLDAT.

Commandant, cette femme a bravé la consigne.
Sous les murs assiégés elle a passé la ligne,
Pour offrir saintement à votre prisonnier
Le légume et les fruits saisis dans ce panier.

ALARÇON.

Ah! maraude, reçois le prix de ton offrande.

LA VIEILLE

Grace, grace, seigneur! mon âge....

ALARÇON

Qu'on la pende.

Et n'interrompez plus notre joyeux repas.

LA VIEILLE

O Dieu, mort sur la croix, ne m'abandonne pas!

CLÉMENT, *du haut du fort Saint-Ange.*

On sort du pavillon.... C'est elle qu'on ramène...
Je vois, je reconnais le soldat qui la traîne....
Cette pauvre dévote est dupe de sa foi,
Et pour monter au ciel se fait pendre pour moi.
Mais peut-être il nous faut cette victime à Rome,

Pour qu'au rang des martyrs la légende la nomme:
Parfois un tel exemple, en exaltant les cœurs,
A soulevé lui seul mille poignards vainqueurs.

Par ces mots inhumains la voix pontificale
Tout à coup suscita la rumeur infernale:
On n'écouta plus rien; et la colère aigrit
Les Démons, inventeurs du catholique esprit:
Ils craignirent qu'un trait du tableau satirique
Ne fît trop mépriser l'ouvrage œcuménique;
Et contre les acteurs le bruit recommençant
Fit du cirque un chaos par-tout retentissant.
 Le noir gouvernement des princes de l'abyme
Déchaîna ses vengeurs : « O blasphêmes ! ô crime !
« Quoi ! s'écria l'un d'eux, c'est peu que d'endurer
« Un style âpre et méchant, propre à nous torturer,
« Le sacrilége auteur de la pièce nouvelle
« De nos productions raille ici la plus belle,
« La papauté ! Veut-on, qu'irrité de ce jeu,
« Dieu redouble aux enfers les supplices du feu ?
« Nous ne croyons à rien, mais nous voulons qu'on croie.
 « De l'Inquisition que le gril se déploie ;
« Et brûlons Mimopeste, écrivain inspiré
« Pour avilir le pape et le culte sacré.
« Oui, même à l'Éternel son drame fait injure...
« Comment put-il tromper l'inquiète Censure,
« Dont, pour le bien de tous, les rigoureux ciseaux
« Devaient d'un acte infâme ôter tant de morceaux ?
« Quel excès de licence épouvantable, impie !

« Et jusques à ce jour ici même inouie !
« Craignons que cent carreaux ne tombent à-la-fois ;
« Démons, prosternons-nous, signons-nous d'une croix ! »
Les seigneurs infernaux, monstres d'hypocrisie,
Les diablesses sur-tout, tombant en frénésie,
Et qui, faibles d'esprit, mais robustes de corps,
Aiment tant à passer des péchés aux remords,
Dévotes par vapeurs, chrétiennes par vengeance,
Tous de l'auteur alors demandaient la sentence.
Mais, ô cris ! le théâtre, aussitôt agité,
Ouvre à grand bruit au jour sa vaste sommité ;
Et blanchissant le gouffre, une vive lumière
Décolora le cirque et l'assemblée entière.
Tel qu'on voit se ternir et se défigurer,
(Si le petit au grand se laisse comparer)
Un concours de Phrynés, que la nuit et la danse
Rassemblent aux flambeaux, brillantes d'élégance ;
Quand l'aurore se lève, accourt, et fait glisser
Un rayon du matin, prompt à les éclipser,
Tous les apprêts fleuris des trompeuses bergères
Tombent ; l'aube fanant leurs roses mensongères,
Sur leurs fronts abattus de lascives fureurs
De leur fard qui s'écoule efface les couleurs :
Tel cet éclat, perçant les voûtes de la salle,
Rendant son or plus triste, et son lustre plus pâle,
Et des lampions morts effaçant la splendeur,
Des princesses d'enfer mit à nu la laideur.

Par Théose envoyé, cependant Xiphorane,
Ministre ailé, descend ; et son front diaphane

Rayonne couronné d'un azur lumineux ;
De la nacre et de l'or ses ailes ont les feux :
C'est lui qui, des mortels tranchant les destinées,
Frappe de coups subits les ames étonnées.
« O noirs Démons, dit-il, en votre nuit plongés,
« Des querelles de Dieu qui vous a donc chargés ?
« Son règne est au-dessus des traits de la satire.
« En vos dépits amers il permet qu'un vain rire
« Console follement votre malignité
« Du pouvoir éternel de sa divinité.
« Eh ! que sont devant lui les dogmes de la terre ?
« Des voiles mensongers, où sa splendeur s'altère.
« Le Sacerdoce aveugle et son zèle imposteur
« Le cache à la Raison, qui le révèle au cœur.
« Aux plus grossiers humains la Nature l'atteste
« Mieux que la chaire antique aux peuples si funeste ;
« Et l'image formée au gré de vains discours
« Ne figura jamais CELUI QUI FUT TOUJOURS.
« Raillez vos cultes faux ; le pape est votre ouvrage.
« Vos jeux au Créateur ne font aucun ombrage :
« Il les voit de trop haut ; et vous ne pourriez pas,
« Vils esprits de l'enfer, l'atteindre de si bas. »

 Il dit : et le parterre, à ces hautes paroles,
Sentit avec chagrin que ses drames frivoles
Ne sauraient alarmer le suprême pouvoir
Du grand dominateur qu'on ne peut émouvoir.
 L'esprit qui suscitait la Censure invoquée
Vit sa fausse rigueur honteusement moquée :
Et Xiphorane alors, remontant vers le jour,

Referma le sommet du nocturne séjour.
Mais, blessés du rayon qui perça leurs ténèbres,
Les Démons quelque temps, sous leurs voûtes funèbres,
Restèrent sans oreille, et sans yeux, et sans voix :
Le grand Théose, auteur du monde et de ses lois,
Qui, dans l'espace immense, anime et pulvérise,
Rappela l'épouvante en leur ame surprise.
 Ainsi, quand tout-à-coup l'atteinte d'un fléau
Nous glace, et tourne enfin notre œil vers le tombeau,
Si de l'éternité la lumière soudaine
Éclaire le néant de notre vie humaine,
Nous frémissons d'abord ; mais tant d'objets pressants
Nous rendent aux erreurs dont nous flattent nos sens,
Qu'à nous-mêmes ravis, nous nous livrons encore
Au plaisir d'oublier que le temps nous dévore :
Ainsi de leur effroi la morne impression
Arrêta peu le cours de leur illusion,
Puissance qui charma l'assemblée idolâtre
Par les nouveaux effets des ressorts du théâtre.

 Où sont-ils transportés ? au pied des Apennins ;
Lieux où coulent en paix les vertueux destins
Du libre Agathémi, dont la sagesse extrême
Pour empire a l'espace, et pour dais le ciel même.
 Sa grotte est sur des bords que vient de traverser
Un héros voyageur, accourant l'embrasser :
C'était André Dorie, homme de qui ce sage
Prévit un jour la gloire en voyant son visage ;
Intrépide guerrier, habile sur les mers
A dompter du destin les orages divers ;

Et selon qu'il servit ou l'Espagne, ou la France,
De leur sort à son gré décidant la balance :
Génois indépendant, qui, fier en ses discours,
Fut trop républicain pour être aimé des cours;
Mais qui, par son génie errant toujours sur l'onde,
Conquit sa liberté, bien si rare en ce monde!

ANDRÉ DORIE, AGATHÉMI.

ANDRÉ DORIE.

Heureux Agathémi, tranquille sur ces monts,
Exempt des soins nombreux où nous nous consumons,
Des hauteurs de la cime où le ciel vous éclaire,
Vous regardez en paix les fureurs du vulgaire,
Et n'êtes plus ému des troubles des cités.

AGATHÉMI.

Ah! trop sensible encore à leurs adversités,
Je ne suis point un sage; et les malheurs de Rome
M'ont tristement prouvé que je ne suis qu'un homme.
Zélé, compatissant, je crus les prévenir;
Inutile pitié, dont on m'a su punir!

ANDRÉ DORIE.

Expliquez-vous.

AGATHÉMI.

      Hélas! un peu d'expérience
Des maux de l'avenir m'a donné la science;
Clarté de la raison, et qui me rend devin,
Sans miracle, et sans être un prophète divin.
  Mes yeux contemplaient Rome, et prévirent l'orage.
Eh! qui, sans apporter nul obstacle au ravage,

Verrait d'un feu subit l'étincelle partir
Sur des murs, à ses yeux, prêts à s'anéantir ?
J'ai couru, j'ai crié, présagé les désastres :
On m'a cru le jouet du délire et des astres,
Et, jeté dans les fers, l'ombre d'une prison
A soudain étouffé la voix de ma raison.
Mais trop tôt les vainqueurs détrompèrent la ville !
D'Orange, me tirant de mon obscur asyle,
Me présenta de l'or, qui ne put me toucher,
Me demanda mon nom, que je voulus cacher ;
Heureux qu'on m'ignorât, fier de ne pas me vendre.
Hélas ! à mes rochers je revins donc me rendre,
Pour jamais convaincu par mes oracles vains
Que sans fruit la sagesse avertit les humains.

ANDRÉ DORIE.

C'est ainsi que, dit-on, le front couvert de cendre,
On voyait d'Israël les inspirés descendre,
Prédisant à Sion l'ange exterminateur ;
Et l'organe de Dieu semblait toujours menteur.
Sans doute votre foi, dans ces monts retirée,
N'a pu voir sans horreur fouler l'arche sacrée,
Et son prêtre investi par des soldats cruels?

AGATHÉMI.

Non, je n'ai pas frémi pour de trompeurs autels :
Le pape n'est qu'un prince, et n'est plus un apôtre ;
Grand du monde, il s'expose aux revers comme un autre.
Je n'ai craint que pour Rome et pour tous ses enfants,
Près d'être encore en proie à des Goths triomphants.

ANDRÉ DORIE.

Je vous croyais un saint, caché dans ce refuge.

AGATHÉMI.

Sachez quelle est ma foi ; je vous en rends le juge.
    Souvent je méditai, dans le calme des nuits,
Le Dieu qui créa tout, et qui fait que je suis.
Ce vrai Dieu, quel est-il, disais-je, et quel mystère
L'offre sous tant de noms aux peuples de la terre?
Soudain, un feu rapide enlevant mes esprits,
Me porta dans les cieux de l'antique Osiris :
Surpris de sa grandeur, j'adorais sa statue;
Mais j'en touchai la base, elle fut abattue;
Et sur les bords du Nil volant de tous côtés,
Je renversai d'un choc trente divinités :
Ce n'est qu'erreur, me dis-je, en fuyant ces images.
    Sous le ciel de l'Asie, emporté par deux mages,
Je révérai le feu, crus Bélus immortel ;
Lorsque je vis crouler sa table et son autel.
Je revolai plus loin : toujours mêmes exemples.
Lama, le grand Lama périt même en ses temples.
Mais, toujours parcourant l'empire de l'Éther,
Dans l'Olympe des Grecs j'aperçus Jupiter :
J'approche, et sur l'Ida vois se réduire en poudre
L'amant de Ganymède, et son aigle, et sa foudre.
    Fatigué, je m'abats sur de noires forêts ;
J'y trouve un dieu guerrier, le puissant Theutatès :
Ma main ose sonder ce colosse homicide;
Il se brise, et son chêne écrase le druide.
Fausse idole! me dis-je, en échappant des bois.
Montons à ce Calvaire, où rayonne une croix;
Mon esprit s'éclaira ; je vis, à sa lumière,
Se pourrir des débris qui tombaient en poussière,

Et, frappé d'une voix, dans les airs j'entendis :
« Nul mortel n'a reçu la clef du paradis. »
Éperdu dans ma course, et l'ame épouvantée,
Je revins à ma fange, et rampais en athée :
La raison me cria : « Les superstitions
« Cachent un Dieu, présent dans ses créations.
« Les sphères, les soleils, ouvrages périssables,
« L'homme, les animaux, divinités des fables,
« N'ont aucun de ses traits inconnus en tout lieu.
« Tu ne peux te connaître; et veux connaître Dieu!
« Ah! pour le mesurer que peut ton court génie,
« Imperceptible anneau de la chaîne infinie? »
Le savoir et le vrai m'ont prêté leur appui :
Sans comprendre mon Dieu, je comprends jusqu'à lui;
Et, mon esprit planant au-dessus des idoles
Que nous peint le mensonge en de vaines paroles,
Devant le Créateur, plein d'amour et d'effroi,
J'abaisse mon orgueil, je me tais, et je croi.

ANDRÉ DORIE.

Ah! cultivez long-temps, sans qu'aucun soin vous presse,
Ces augustes pensers, doux prix de la sagesse :
Vous ferez envier votre noble repos
Aux hommes tels que moi, qu'on appelle héros;
Et qui, s'embarrassant de respects misérables,
Ne servent pour seuls dieux que des rois leurs semblables;
Et de leur inclémence éprouvant le danger,
De culte chaque jour sont contraints à changer.

AGATHÉMI.

J'ai su que des jaloux, vous nommant un rebelle,
Privent François-Premier du fruit de votre zèle,

Et qu'à son ennemi vous portez vos secours.
Le mérite est en butte aux intrigues des cours.

ANDRÉ DORIE.

Ma vengeance s'apprête; et ma voix souveraine
Contre le joug français demain soulève Gêne :
Au nom de Charles-Quint, en prince fortuné,
Je ferai refleurir les murs où je suis né.

AGATHÉMI.

De votre noble cœur ce dessein est bien digne ;
Mais faites plus; rendez votre nom plus insigne :
Foulez aux pieds les rangs; et dans votre cité
Rappelez en ces jours l'antique Liberté ;
Et que, de l'Italie étonnant les provinces,
Un tel bienfait vous place au-dessus des grands princes.

ANDRÉ DORIE.

Une ville si faible, entre tant d'ennemis,
Défendrait peu les droits qui lui seraient remis.

AGATHÉMI.

Au sein d'un vaste état, votre effroi chimérique
Aurait d'autres motifs contre la république :
Et des cœurs les plus droits les principes douteux
Ainsi chassent toujours la Liberté loin d'eux.

La nuit descend des monts : couchez dans ma demeure ;
Et lorsque du matin luira la première heure,
Vous partirez, ému d'un espoir bien plus grand,
Que celui dont s'enivre un prince, un conquérant.
Vous les surpasserez; croyez-en mon présage :
Mon œil juge du cœur sur l'aspect du visage.

Tels que d'un voyageur mille aspects variés
Ravissent chaque jour les regards égayés ;
Tel de l'acte qui court le rapide passage
Sans cesse au spectateur produit une autre image.
Il admire à cette heure un des beaux monuments,
De la superbe Gêne antiques ornements,
Un port, où se miraient des galères rangées,
Fières de cent lauriers dont elles sont chargées.
 Le généreux Dorie, assemblant les soldats,
Les nobles, et le peuple, et les vieux magistrats,
Maintenant souverain des murs qui l'ont vu naître,
En chassa les Français, et seul y parle en maître.
Parmi les habitants dont il reçoit l'accueil,
Vrai héros, son maintien n'affecte aucun orgueil.
Déja les courtisans, dont il est l'espérance,
Le caressent des yeux, se courbent par avance :
D'autres lui souriant, plus timides flatteurs,
Des mouvements de tous ne sont qu'imitateurs ;
Quelques-uns, désertant leurs partis avec peine,
Le vantent d'autant plus qu'ils couvent plus de haine;
Et le peuple, en tous temps jouet des factieux,
De ses destins futurs alarmé, curieux,
Applaudit en espoir aux décrets que vient rendre
Le vainqueur, dont enfin la voix se fait entendre.

ANDRÉ DORIE.

O citoyens ! Dorie est issu parmi vous :
A l'enfant de vos murs vos hommages sont doux.
Je ne veux point, ingrat à mes destins propices,
Par mon ambition avilir mes services,
Et, pour un titre altier vous vendant mes exploits,

Fonder l'orgueil d'un trône, et non l'honneur des lois.
La douce liberté, seule loi naturelle,
De tous les cœurs humains est la pente éternelle :
L'erreur même en est chère, et j'en ai pour garants
Tant d'autels érigés aux fléaux des tyrans.
La voix des temps passés répète à notre oreille :
« L'homme est toujours divers, Thémis toujours pareille. »
Qu'à l'homme donc jamais vos droits ne soient remis ;
Et qu'ils restent fixés dans la main de Thémis.
Hardis navigateurs, craignez-vous les naufrages ?
Dans une république il est beaucoup d'orages :
On y craint les partis dont la haine et l'amour
De tous leurs chocs bruyants ont pour témoin le jour.
Mais, sous les fers d'un seul, comptez, comptez le nombre
Des victimes d'état qu'on étouffe dans l'ombre.
Opposez donc toujours, sous vos fiers étendards,
Aux ennemis le glaive, aux tyrans les poignards.
Soyez libres, Génois ! et préférez pour l'être
La pauvreté, la mort, au joug honteux d'un maître ;
Et j'aurai de ma tombe, heureux libérateur,
Fait un sinistre écueil à tout usurpateur.

Dans Gênes, à ces mots, la voix de la patrie
Frappa les cieux, les mers, du grand nom de Dorie :
Et sur un vieil amas de cent chaînes de fer,
S'assit la Vertu libre. Elle étonna l'enfer.

LA PANHYPOCRISIADE.

CHANT ONZIEME.

SOMMAIRE DU ONZIÈME CHANT.

Tableau de l'intérieur des mers. Entretiens de la *Méditerranée* et d'un *Phoque*. Dialogue d'un *Requin* et d'un *Esquinéis*, qui le conduit sur les bords Algériens, où se livre une bataille navale. Repas des monstres marins, qui se nourrissent de la chair des soldats de *Charles-Quint* et de *Barberousse*. La scène change de face, et le festin des poissons devient la cause du triomphe de l'empereur : ce spectacle remplit l'intermède, à la suite d'un dialogue entre la *Méditerranée* et la *Métempsycose*. Scène satirique de *Pasquin* et de *Marphorius* à ce sujet. Rome disparaît. Les côteaux de Meudon présentent aux spectateurs la demeure de *Rabelais*, qui, visité par la *Raison*, lui offre, dans ses miroirs magiques, l'image des extravagances du siècle.

LA PANHYPOCRISIADE.

CHANT ONZIÈME.

Souvent l'illusion produite en nos théâtres,
En promenant nos yeux sur les ondes bleuâtres,
Les amuse à l'aspect des écueils menaçants,
De la vague qui roule en bouillons blanchissants,
Et de l'humide plaine, empire des orages,
Où les vaisseaux guerriers conjurent leurs naufrages ;
Jusqu'ici nul tableau de l'abyme des mers
N'a plongé nos regards au sein des flots amers,
Et dans leur nuit-verdâtre, à demi-transparente,
Montré le fond du gouffre et son eau dévorante
Rongeant avec lenteur ces rochers écumants,
Du grand corps de la terre antiques ossements,
Appuis long-temps creusés par des masses liquides,
Où flottent en suspens ses entrailles avides,
Et qui, brisés, fondus, en ses flancs sulfureux
Entraînent des cités et des états nombreux.
 C'est donc là, c'est au fond du maritime empire,
Qu'un nouvel intérêt agit, marche, et respire.
 Là Méditerranée, en un palais d'azur,

Tapissé de rubis, et de nacre, et d'or pur,
Fille de l'Océan, épouse du Bosphore,
Dont l'hymen l'enrichit des tributs de l'aurore,
Inquiète, voit fuir tout son peuple nageant.

Ses poissons, revêtus d'émeraude et d'argent,
Soufflent de leurs nazeaux l'onde élevée en gerbes :
Les uns, en déployant leurs avirons superbes,
Imbus des feux du jour qui frappe leur émail,
Éclairaient les berceaux de l'algue et du corail;
Les autres serpentaient sous des torrents de fange
Dont cent fleuves troublés versent l'affreux mélange,
Et de leur lit obscur sondant la profondeur,
D'une croupe luisante éteignaient la splendeur :
Mille autres se plongeaient dans les plus noires urnes
Que recèlent des mers les cavernes nocturnes.

Poursuivi d'un requin, un phoque monstrueux,
Lui-même épouvanté, portait l'horreur entre eux.

LA MÉDITERRANÉE, LE PHOQUE, LE REQUIN ET L'ESQUINÉIS.

LA MÉDITERRANÉE.
Pourquoi viens-tu troubler les peuples de mon onde,
Phoque étranger? où tend ta course vagabonde?
Nul enfant de ta race, aussi grand que tu l'es,
N'avait encor touché le seuil de mes palais.

LE PHOQUE.
Je suis né sous le pôle, où d'éternelles glaces
Couvrent des mers du nord les immobiles faces :
Mais la guerre, la faim, les harpons des pêcheurs,

De ma froide patrie ont accru les rigueurs :
J'ai fui, j'ai traversé la région humide,
De l'onde hyperborée à l'onde où l'Atlantide,
Terre qui nourrissait des animaux humains,
Sur ses écroulements nous fraya des chemins.
Je ne te dirai pas, secourable déesse,
Quels périls en nageant m'ont attaqué sans cesse,
De quels dragons hideux l'essaim vint m'assiéger,
Comment de gouffre en gouffre il m'a fallu plonger,
Et traversant des eaux l'abyme sans mesure,
Fuir la dent ennemie, ou chercher ma pâture.
Allais-je, quand les vents brisaient les flots moins clairs
Jouir sur quelque bord de l'aspect des éclairs,
M'échauffer au soleil qui dorait un rivage ;
Bientôt l'homme, accourant, me chassait de la plage.
Tu sais de leur compagne, et de leurs jeunes fils,
Combien tous mes pareils sont tendrement épris :
La mienne me suivait : un tourbillon avide
Tous deux nous saisissant d'une force rapide,
L'a jettée au plus bas de ces lits souterrains
Où grondent les volcans sous les gouffres marins,
Où des monstres, rampant sous la vague profonde,
Dorment appesantis au sein caché du monde.
Moi, dans les grands déserts de l'humide séjour,
Seul, errant, je tentais mille écueils chaque jour.
J'abordai ces grands rocs, jadis impénétrables,
Que rompit l'Océan de ses pieds redoutables,
Lorsque de ton royaume il ouvrit les sentiers,
Et divisa d'un choc les continents entiers,
Portes de l'occident, ton antique passage :

Là, heurté d'un requin, affamé, plein de rage,
J'ai vu se présenter la mort entre ses dents....
Il me suit.... le voilà qui fend les flots grondants!
Déesse! sauve-moi dans tes grottes obscures.
L'ESQUINÉIS.
Ce phoque aura trouvé quelques retraites sûres;
Croyez en votre guide: allons, seigneur Requin,
Chercher quelque autre proie, et nous repaître enfin.
LE REQUIN.
O chétif animal! ta fausse clairvoyance
A par trop de détours lassé ma patience,
Et la proie échappée à nos empressements
De mon ample estomac irrite les tourments.
L'immensité des mers est-elle dépeuplée?
Toi-même crains ma gueule à six rangs dentelée.
L'ESQUINÉIS.
Près de votre grandeur sous qui tremblent les eaux,
Seigneur Requin, je suis au rang des vermisseaux:
Mais j'éclaire pour vous les routes de l'abyme:
Si votre abord les trouble, est-ce donc là mon crime?
Quand de son grand œil creux ce phoque vous a vu,
Il a fui le trépas qu'il a soudain prévu:
Ses rames et ses pieds ont triplé de vîtesse.
La force est votre lot; le mien est la souplesse;
Et vous vous perdriez, mon puissant protecteur,
En arrachant la vie à votre conducteur.
Aux aveugles transports de vos besoins voraces
Je sers d'avant-coureur dans ces vastes espaces,
Où brillent devant vous, en fanal radieux,
Mon dos rayé d'azur, et l'iris de mes yeux.

LE REQUIN.

Tais-toi, flatteur; et plonge. On ne voit que reptiles
S'unir aux grands poissons, et se prétendre utiles.
Fille de l'Océan, j'implore tes secours !
Mes entrailles à jeûn grondent depuis deux jours.

LA MÉDITERRANÉE.

Colosse dévorant, si tes larges nageoires,
Si le vaste museau recouvrant tes mâchoires,
Si ta masse pesante, en flottant avec bruit,
N'annonçaient pas la mort à tout ce qui te fuit,
Insatiable au fond des eaux que tu traverses,
Tu détruirais des mers les familles diverses.
Mais cours où tes pareils sont déja réunis,
Tourne tes yeux ardents vers Alger et Tunis;
Des bipèdes guerriers, rois, empereurs, corsaires,
Terrestres animaux, l'un de l'autre adversaires,
En foule sous mes eaux se jettent demi-morts.

LE REQUIN.

Allons boire leur sang ! Allons manger leurs corps !

LA MÉDITERRANÉE.

Tiens ! reconnais la route à ces sanglantes marques....
Revois déja ton phoque alentour de ces barques :
Nourris-toi : laisse-lui sa part à ces festins.
L'homme combat là-haut; paix à vos intestins.

En achevant ces mots, la sombre Mer le pousse
Aux bords où les rameurs du fameux Barberousse,
Opposés aux rameurs du puissant Charles-Quint,
Préparaient un repas au grand peuple requin.

LE REQUIN, L'ESQUINEIS, et le PHOQUE.

L'ESQUINÉÏS.

Ici, par-là, Seigneur!... fondez sur ce navire
Qui, plein d'hommes vivants, sur les écueils chavire.
Avalez ces gens-ci qui, déployant leurs bras,
Droit en votre gosier nagent la tête en bas.

LE REQUIN.

Mes frères, les Requins! souffrez, ne vous déplaise,
Que j'assiste au banquet, et les gobe à mon aise.
Ceux qui sont chauds et nus sont plus appétissants;
Les autres, vrais poissons écailleux en tous sens,
Sous leurs lames d'airain, d'acier qui s'entrechoque,
Résistent en passant à la dent qui les croque.

LE PHOQUE.

Oh! quel amas de chair! je me sens étouffer.

LE REQUIN.

Descendez en nos flancs: nous digérons le fer.

Cependant, au milieu des débris du carnage,
De morses, des dauphins la multitude nage:
Ces monstres comme nous se déchirent enfin,
Voyant d'un œil jaloux la part de leur voisin.
Mais tandis que la proie en leurs gueules arrive,
La Mer, la triste Mer, pousse une voix plaintive;
Hélas! sur tous ses bords, jusqu'au dernier des jours,
Un lamentable ennui l'agitera toujours;
Et des destructions se demandant la cause,
Elle gémit; et parle à la Métempsycose.

LA MÉTEMPSYCOSE et LA MÉDITERRANÉE.

LA MÉDITERRANÉE.

D'où vient que dans mes eaux à jamais abymés,
Se dévorent ainsi tant d'êtres animés,
Que mon lit est sans cesse enrichi de naufrages,
Et que mes flots rongeurs, creusant tous les rivages,
Vers l'occident poussés d'un éternel penchant,
Menacent pas à pas tout le globe en marchant?
La vie est fugitive en tout ce qui respire,
Comme le cours de l'onde en mon sein qui soupire,
Où chaque vague, enflée au gré de mes reflux,
Semble dire, je suis! tombe, et déja n'est plus.
Quoi? des créations, si tout est périssable,
Le néant fut-il donc le but inévitable?

LA MÉTEMPSYCOSE.

Contemple l'univers dont le double ressort,
Principe de durée, est la vie et la mort,
Il n'est point de néant; rien ne périt; tout change.
Tous les êtres, dans l'ordre où leur chaîne les range,
Objets des mêmes soins en leurs instants divers,
Aux yeux de la Nature également sont chers.
Elle fait circuler le feu dont elle est pleine
Du ver à l'éléphant, de l'huître à la baleine;
Et l'animal, nourri des sucs du végétal,
A la plante à son tour rend l'aliment vital.
Ainsi se variant, l'ame, ni la matière,
Ne consument jamais leur essence première.
Du fond de l'Océan au centre du soleil,
L'une, au gré d'un pouvoir à sa masse pareil,

S'attire, se transforme et ne peut se détruire :
L'autre, enflammant les corps prompts à se reproduire,
Prodigue sa vertu, dans les airs, sous les eaux,
Du dernier des poissons au premier des oiseaux,
De l'humble insecte à l'homme ; et ce constant miracle
D'un cercle sans repos présente le spectacle.
Comme en tous temps les nuits succéderont aux jours,
Sur le globe amenés par les mêmes retours ;
Comme on voit les saisons, qui s'entraînent sans cesse,
A la terre enlever et rendre sa jeunesse,
Et le même flambeau, qui mesure le temps,
Distribuer l'ardeur de ses rayons constants ;
On voit la même flamme, abondante, infinie,
Source d'intelligence à la matière unie,
Passer aux animaux, qui passent à jamais,
Images de leur race immortelle en ses traits,
Et prêter la chaleur aux organes sensibles
Des êtres expirés moules indestructibles.
 Ces immuables lois des atômes mouvants
Font naître de la mort tous les germes vivants :
Voilà comment toujours, et semblable, et nouvelle,
Ne s'épuisant jamais, la Nature éternelle,
Dévorante à toute heure, et féconde en tout lieu,
Attestera sans fin la puissance d'un Dieu !
 Le plus sublime esprit qu'ait vu le monde encore,
Qui le croirait ? un homme ; oui, jadis Pythagore,
Réfléchit, révéla ces pures vérités :
Mais les fables, les temps ont voilé ses clartés ;
Et la transmission de l'ame universelle
Ne parut qu'un vain rêve au préjugé rebelle.

CHANT ONZIÈME. 279

Sans doute qu'arrêtant les regards indiscrets,
Le divin Créateur veut cacher ses secrets,
Et soulève l'erreur contre la créature
Dont l'œil hardi se plonge au sein de la Nature.

Ce discours élevé, peu fait pour nos esprits,
Des démons, nés savants, fut clairement compris;
Et l'applaudissement couvrant la scène entière
De ce brillant systême accueillit la lumière.
Cependant le théâtre, image de nos jours,
En spectacles changeants si varié toujours,
Reproduit aux regards Rome jadis sanglante,
Où du grand Charles-Quint la pompe triomphante
Fournit un intermède au drame suspendu
Dont au gré des démons le fil est détendu.

Au bruit de la trompette et de la mousquetade,
Paraît de Charles-Quint la noble cavalcade.
Des temples jour et nuit passant dans les palais,
Des bords siciliens porté de dais en dais,
Il revient, orgueilleux du nombre de victimes
Dont sa flotte engraissa les monstres des abymes,
Faire admirer à tous sa magnanimité
En héros de la paix et de l'humanité.
La foule à rangs épais s'étend sur son passage,
Où des arcs triomphaux l'immense échafaudage
Élève jusqu'aux cieux mille emblèmes flatteurs
Arrachés aux cerveaux des Apollons menteurs.
Les géants terrassés par le dieu des tempêtes,

Les Alcides, les Mars, les aigles à deux têtes,
Thémis assise encor sur le trône des lois,
L'Afrique dans les fers pleurant sur son carquois,
Proserpine et Cérès apportant leurs offrandes,
L'abondance et les ris couronnés de guirlandes,
Et les distiques vains par les muses tracés,
Sont les lâches tributs des arts intéressés.
Eux, chargeant de festons des planches et des toiles,
Y peignirent l'olympe, et mille et mille étoiles,
Qui ne trompaient pas mieux que les inscriptions
Où l'empereur se dit l'amour des nations,
L'honneur du monde entier, son soleil, et sa gloire,
Et le premier des dieux consacrés par l'histoire;
Épuisant tous les noms que pourront obtenir
Tous les héros futurs des flatteurs à venir,
Et condamnant ainsi la foule adulatrice
A n'être en les louant que basse imitatrice.

 En ordre se suivaient les troupeaux de guerriers,
Blêmes, et las du faix de leurs poudreux lauriers;
Les traits secs et bronzés de leur mâle visage
Attestaient les travaux subis par leur courage;
Et ces tigres, ces ours, nés pour tout ravager,
S'avançaient en moutons soumis à leur berger.

 Les chefs, sur des coursiers les plus beaux de la troupe,
Argentés au poitrail, argentés à la croupe,
Caracolaient entre eux, s'admirant plus que tous,
Et fiers de leurs plumets comme les paons jaloux.
Chacun, se rappelant quelques hameaux en cendre,
Croyait sur Bucéphale être un autre Alexandre;
Et de loin leur orgueil saluait d'un souris

Les balcons où venaient s'offrir leurs Thalestris.

Des nombreux fantassins les phalanges plus lentes
Portaient de vingt pays les enseignes sanglantes :
Leurs pas se mesuraient au bruit de leurs tambours.

De la cérémonie augmentant le concours,
Les captifs africains, sous leurs habits mauresques,
Relevaient ces aspects rendus plus pittoresques.

Derrière eux, cheminaient les esclaves chrétiens,
Dont avec trop d'éclat on brisa les liens :
Des veuves saintement portant des croix, des cierges,
Et des filles de Dieu, que l'homme croyait vierges,
Bénissant le vainqueur, s'unissaient pour chanter
Ses modestes vertus qui se laissaient vanter.

Sur des chars qui traînaient d'élégantes altesses,
Squillace, la plus belle au milieu des princesses,
Montrait les lys d'un sein de joie épanoui,
Trésor dont l'empereur avait, dit-on, joui.

Un brillant équipage attirait après elle
L'aimable Bisignan, trahie, et non moins belle ;
Épouse d'un vieux prince, elle sut galamment
De son jeune empereur faire un heureux amant :
Mais de lui négligée, et refusant d'y croire,
Du rang de sa rivale elle affecte la gloire,
Et, sur ses diamants, dans ses amples velours,
Semble éclater le prix de ses libres amours.

Un cortége empressé qui suit la favorite
Précède avec splendeur celui de Marguerite,
Fille de Charles-Quint, fruit des baisers secrets
Qui d'une mère pauvre ont souillé les attraits;
L'orpheline Vangest, belle et dans l'indigence,

Chez un comte flamand cachait son innocence :
Son bienfaiteur pervers, courtisan assidu,
Se voulut enrichir aux frais de sa vertu :
Charles-Quint sur ses pas la vit dans une fête,
Et charmé, la voulut revoir en tête-à-tête :
Marguerite naquit de leur lit clandestin,
Et l'illustre empereur illustra son destin :
Mille bouches aussi répétaient à la ronde ;
« Hommage à la vertu de ce maître du monde ! »
Alarcon et Dugast, de leurs crimes honteux,
Révélaient le salaire en leur luxe pompeux.
Le prince Bisignan, plein d'orgueil en son ame,
Marchait, levant un front rehaussé par sa femme ;
Et son génie actif n'attribuait qu'à soi
Tant de gouvernements qu'il obtint de son roi.
Les grands, les chanceliers, les chambellans dociles,
Portaient le globe d'or, le pain, les clés des villes.
Apôtres du seigneur, confessez qu'en ce lieu
Vous rendiez à César ce qu'on ne doit qu'à Dieu :
Marchiez-vous sous le lin, humbles de contenance ?
Non, sous des chapes d'or, fiers de votre opulence ;
Crossés et mitrés d'or, vous guidiez pesamment
Votre grave empereur comme un Saint-Sacrement.
Les princes de l'état, vos rivaux hypocrites,
Étalaient sous les yeux deux couronnes bénites ;
L'une de fer, jadis l'orgueil des rois lombards ;
L'autre d'argent, non moins respectable aux regards,
Bandeau que d'âge en âge un vieux glaive accompagne,
Et qu'autrefois, dans Aix, consacra Charlemagne.
Une couronne d'or les suit ; mais sa splendeur

Du front de Charles-Quint décore la grandeur.

Sous le damas et l'or d'un haut dais magnifique,
Charles, sur un coursier, fils bouillant de l'Afrique,
Dont le col, et le frein, et les pieds brillants d'or,
Relèvent une housse où l'or éclate encor,
Tenant un sceptre, enflé de pourpre impériale,
Affectait dans son port la clémence royale.
Il marchait entouré de nobles chevaliers
Que de la toison d'or surchargeaient les colliers,
Et qui, du riche dais soutenant l'étalage,
Formaient sous le harnois son superbe attelage.

Quatre seigneurs tenaient la bride et l'étrier :
Le sot peuple en chacun voit un palefrenier :
Trop vil, des nobles rangs sait-il quelle est la marque,
Que plus les grands sont bas, plus grand est le monarque,
Et que ces nobles, fiers de leur servilité,
Pour s'arracher la bride avaient deux mois lutté?

Le vulgaire, ébloui du train des équipages,
Confondait en passant les valets et les pages,
Adonis galonnés, que les dames de cour
Pour le même service épuisaient tour-à-tour.

Vingt prêtres sur leur mule, ô quel pieux exemple!
Conduisent Charles-Quint jusqu'aux parvis du temple:
Il entre; et mille feux, jaillissant en éclats,
Sur les arcs triomphaux croulants avec fracas,
Se consument dans l'air en astres phosphoriques,
Et ne laissent, au lieu de ces marbres antiques,
Fondement des palais érigés autrefois,
Que des amas poudreux de cartons et de bois,
Reste décoloré de ces vains artifices

Pour qui sont des Titus tombés les édifices.

Un voile, se roulant devant les spectateurs,
Du sanctuaire enfin découvre les acteurs.

Au son des instruments déja les voix unies
Remplissent tout le chœur de saintes harmonies :
Et lorsque l'empereur, courbé sur un coussin,
Du pape couronné sur un trône voisin
Eut, en baisant son pied, scellé les impostures,
On vit, en s'embrassant, rire ces grands augures.

PASQUIN ET MARPHORIUS.

PASQUIN.

Entends ce *Te Deum*; conviens, Marphorius,
Qu'il vaudrait mieux chanter *Diabolum laudamus* !

MARPHORIUS.

Pasquin, es-tu surpris que l'église de Rome
Brûle un encens divin au plus infernal homme,
Et qu'un servile amour pour ce tyran fêté,
Fasse braire son peuple, âne qu'il a bâté?

PASQUIN.

Non, je sais trop qu'aux yeux de la foule éblouie
La splendeur des pétards efface un incendie;
Et que sur nos pavés la poussière des chars
Couvre bientôt le sang versé par nos Césars :
C'est pourquoi je voudrais que l'Église équitable
Ne rendît pas à Dieu l'honneur qu'on doit au diable.

MARPHORIUS.

C'est l'œuvre du démon le plus docte en ce lieu
De consacrer toujours le mal au nom de Dieu.

PASQUIN.
Afin qu'au temps futur la véridique histoire
Offre les imposteurs en modèles de gloire.
MARPHORIUS.
A quoi bon te fâcher de ce que les humains
Vendent aux conquérants leurs langues et leurs mains?
Pourquoi, leur enviant des suffrages, qu'ils paient,
Et les soumissions des villes, qu'ils effraient,
Verser, comme un pédant, ton humeur en grands mots
Sur l'appareil plâtré qui masque les héros?
PASQUIN.
Non, rions-en plutôt : et que mes pasquinades
Soient l'éternel effroi de ces charlequinades.

En achevant ces mots, déja sont disparus
Les masques de Pasquin et de Marphorius :
Et, poursuivant son fil, l'intérêt de la scène
Passe des bords du Tibre aux rives de la Seine,
Entre ces verds coteaux dont les antiques bois
Du hameau de Meudon couvraient les premiers toits;
Lieux reculés, charmants, asyle solitaire
D'un grand magicien, hôte d'un presbytère,
D'où ses yeux dominaient sur les vallons fleuris
Qui s'étendaient au loin jusqu'aux murs de Paris.
Cet enchanteur fameux n'a point l'ame noircie
Des apparitions de la nécromancie;
Mais, pour frapper gaîment tous les cerveaux émus,
Le rire lui prêta la verge de Momus.
    Un bonnet doctoral ombrage sa tonsure;

Habile en tous métiers, il en sait l'imposture :
Père de l'enjouement, Rabelais est son nom.
Chez lui, sous des grelots, apparaît la Raison.

RABELAIS, ET LA RAISON.

RABELAIS.

Oh! oh! que te voilà plaisamment habillée,
Ma vieille amie! Oh! oh! qui t'a donc dépouillée
De la toge à longs plis, des lourds manteaux flottants
Qui te paraient aux yeux des sages du vieux temps?

LA RAISON.

Moi-même : lasse enfin que mon grave étalage
Ne m'attirât par-tout qu'affronts et persifflage,
Voyant que la Folie, un bandeau sur les yeux,
A guider les humains réussissait bien mieux,
Au moment qu'elle entrait chez Érasme, que j'aime,
Et qui raille les fous par son éloge même,
Pour animer ici tes joyeux entretiens,
J'empruntai ses dehors en lui prêtant les miens,
Et lui laissant ma robe et mon ton pédantesque,
Me voici, Rabelais, sous son habit grotesque.

RABELAIS.

Ma naïve compagne! égayons-nous céans;
Arrive qui pourra de nos petits géants!
Foin des papes, des rois, et de qui les conseille!
Faisons mousser la verve!... Haut le cul, la bouteille!
Trousse ta jupe immense, incommode attirail!
Trémousse cette queue ouverte en éventail!
Redresse ta couronne en crête enorgueillie!

Sonnez grelots, clinquant, huppes de la Folie !
Sautez, sceptres ! craquez, rubans et parchemins !
Raison, amusons-nous à ces drelin, din, dins !
Ah ! ah ! ah ! quoi l'orgueil s'enflamme, s'évertue,
Pour ces colifichets dont tu t'es revêtue !
Oh ! oh ! oh ! j'en ris tant que je me sens peter
La cervelle... Oui, voilà de quoi me dérater.

LA RAISON.

De grace, en tes propos un peu plus de réserve...

RABELAIS.

Ouais ! ferais-tu la prude ? allons, gai, ma Minerve !
Le peuple est attristé des refrains du Missel,
Mais savoure à plaisir les bons mots à gros sel :
Et mes joyeux rébus, que tout bas on répète,
Poussent même à la cour le bons sens en cachette.

LA RAISON.

Certes, le plus grand mal est par tout l'univers,
De voir les faits honteux de décence couverts ;
Et des fausses grandeurs on détruirait les causes,
Si tout franc par leurs noms on appelait les choses.
Çà, dis-moi, qu'as-tu fait dans tes libres instants ?

RABELAIS.

De magiques miroirs aux princes de nos temps :
Là, se verra mon siècle ; et gaîment, après boire,
Pour les rieurs futurs j'en écrirai l'histoire.
Vois-tu ces ogres-là s'ébattre et festoyer ?

LA RAISON.

Oui.

RABELAIS.

C'est Gargantua, sorti de Grand-Gousier ;

Race en gloutonnerie opérant des merveilles :
Leurs larges avaloirs, leurs dents jusqu'aux oreilles,
Mangeant hommes vivants, bœufs, et porcs, et moutons,
Dépeuplant l'air d'oiseaux et la mer de poissons ;
Leur généalogie, aux yeux d'un docte juge,
Où remonte si haut, au mépris du déluge,
Un aïeul, enjambé sur l'arche de Noé ;
Beau titre, qu'un Cyrus n'eût pas désavoué ;
Les arpents de velours, de soie, et d'aiguillettes,
Étoffant, galonnant leur chausse et leurs braguettes ;
Leurs flancs entripaillés, leurs chefs dodelinants,
Et leurs vents intestins toujours barytonnants,
Doivent, en ces miroirs, te faire reconnaître
D'insatiables rois que l'on ne peut repaître.

LA RAISON.

Quelle haute jument monte Gargantua ?

RABELAIS.

C'est la dame d'Heilly : vois quel amble elle va ;
Et que sur son chemin elle a, de lieue en lieue,
Jeté bois et maisons sous les coups de sa queue.

LA RAISON.

C'est bien frayer sa route en maîtresse de rois,
Que d'abattre en passant les forêts et les toits.
Mais tourne ce miroir par-devant la justice.

RABELAIS.

Grippeminaud s'y peint, monstre nourri d'épice ;
Et ses gros chats, fourrés de diverse toison,
Miaulant près de lui, flairent la venaison :
Leurs griffes et leur gueule, instruments de leurs crimes,
Sur leur table de marbre écorchent leurs victimes.

LA RAISON.

Je reconnais sans peine, à ces vils animaux,
Juges, clercs, et greffiers, pères de tous les maux.

RABELAIS.

Vois-tu ces Chicanoux? vois-tu ce vieux Bride-oie,
Magistrat ingénu, qui vit en paix, en joie,
Et qui, ses dés en mains, au bout des longs procès,
Tire pour jugement le sort de ses cornets?

LA RAISON.

Quel est ce long corps sec qui se géantifie?

RABELAIS.

C'est Carême-prenant, que l'orgueil mortifie :
Son peuple, ichtyophage, efflanqué, vaporeux,
A l'oreille qui tinte et l'esprit rêve-creux.
Envisage non loin ces zélés Papimanes,
Qui, sur l'amour divin, sont plus forts que des ânes,
Et qui, béats fervents, engraissés de tous biens,
Rôtissent mainte andouille et maints luthériens.
Ris de la nation des moines gastrolâtres :
Aperçois-tu le dieu dont ils sont idolâtres?
Ce colosse arrondi, grondant, sourd, et sans yeux,
Premier auteur des arts cultivés sous les cieux,
Seul roi des volontés, tyran des consciences,
Et maître ingénieux de toutes les sciences,
C'est le ventre! le ventre! Oui, messire gaster
Des hommes de tout temps fut le grand magister,
Et toujours se vautra la canaille insensée
Pour ce dieu, dont le trône est la selle percée.
J'en pleure et ris ensemble; et tour-à-tour je croi
Retrouver Héraclite et Démocrite en moi.

Hu! hu! dis-je en pleurant, quoi? ce dieu qui digère;
Quoi! tant d'effets si beaux, le ventre les opère!
Hu! hu! lamentons-nous! hu! quels honteux destins,
De nous tant agiter pour nos seuls intestins!
Hu! hu! hu! de l'esprit quel pitoyable centre!
L'homme en tous ses travaux a donc pour but le ventre!
Mais tel que Grand-Gousier pleurant sur Badebec,
Se tournant vers son fils sent ses larmes à sec;
Hi! hi! dis-je en riant, hi! hi! hi! quel prodige!
Qu'ainsi depuis Adam le ventre nous oblige
A labourer, semer, moissonner, vendanger,
Bâtir, chasser, pêcher, combattre, naviger,
Peindre, chanter, danser, forger, filer et coudre,
Alambiquer, peser les riens, l'air et la poudre,
Etre prédicateurs, poëtes, avocats,
Titrer, mitrer, bénir, couronner des Midas,
Nous lier à leur cour comme à l'unique centre,
Hi! hi! tout cela, tout, hi! hi! hi! pour le ventre!

LA RAISON.

Il est d'autres objets où tend l'humanité.

RABELAIS.

Qui peut nous en instruire, hélas!

LA RAISON.

                                   La vérité.

RABELAIS.

Mon Panurge, qui court en lui tendant l'oreille,
La cherche sous la terre au fond d'une bouteille;
La bouteille divine, oracle du caveau,
Épanouit les sens, dilate le cerveau,
Purge le cœur de fiel, désopile la rate,

Aiguillonne les flancs, émeut, chatouille, gratte,
Redresse... quoi? l'esprit. C'est assez : buvons frais,
Et, s'il se peut, allons en riant, *ad patres !*

 Du parterre aussitôt la malice avisée
Fit à ces mots bouffons éclater sa risée.
De menus farfadets en blâmaient l'impudeur :
Mais les diables ardents, goûtant peu la fadeur,
Sentaient que pour le peuple, accroupi sous les trônes,
Les propos du curé valaient la fleur des prônes,
Et que ses quolibets, par leur obscénité,
Salissaient mieux des rangs la fausse dignité.

 Tandis que l'enchanteur tient son joyeux langage,
S'efface tout-à-coup son vineux hermitage.

LA PANHYPOCRISIADE.

CHANT DOUZIÈME.

SOMMAIRE DU DOUZIÈME CHANT.

Rincon et *Frégose*, envoyés de *François-Premier*, l'un à Venise et l'autre à Constantinople, sont tués en naviguant sur le Pô. Des brigands instruits de ce meurtre craignent d'en être accusés. La justice fait des perquisitions, et ces voleurs de grands chemins sont arrêtés. Au moment où leur procès commence, et où ils jurent qu'ils sont innocents du meurtre des deux ambassadeurs, un émissaire secret de *Charles-Quint* interrompt la poursuite de l'information, et renvoie ces assassins chez *Dugast*, les prenant pour ceux que l'empereur avait chargés du coup dont on les soupçonne. Ceux-ci, délivrés par cette méprise, en profitent pour s'échapper, et leur chef réfléchit que son métier de brigand le met en parallèle avec celui de potentat, puisque ses crimes et ceux de *Charles-Quint* sont les mêmes.

LA PANHYPOCRISIADE.

CHANT DOUZIÈME.

On apperçoit des bords, ceints d'ombrages touffus,
Où pleurèrent jadis Lampétie et Cygnus.
　L'Éridan souriait à de promptes nacelles
Que portaient vers la mer ses ondes éternelles ;
Et calme, et rafraîchi par l'haleine du soir,
Montrait aux voyageurs l'éclat de son miroir.

L'ÉRIDAN, FRÉGOSE et RINCON.

L'ÉRIDAN.

Passagers, de votre âme écartez les nuages ;
Suspendez vos soucis ; admirez mes rivages ;
Prêtez l'oreille aux flots ; voguez en paix : vos jours
S'écoulent emportés aussi prompts que mon cours.

FRÉGOSE.

Rincon !

RINCON.

Frégose !

FRÉGOSE.

Eh bien ! le sort nous favorise :
Le prince de Bysance, et le chef de Venise,

Nous verront sans péril, adroits ambassadeurs,
Au nom de notre cour saluer leurs grandeurs.
Charles-Quint ne pourra, malgré sa vigilance,
Soustraire à Soliman les lettres de la France ;
Et l'Orient, ligué par mon roi plus prudent,
D'un perfide empereur défendra l'Occident.

RINCON.

Au puissant roi des lys veuille le ciel encore
Me faire signaler un zèle qui m'honore ;
Et que je puisse enfin, sans trouble et sans rivaux,
Riche d'heureux loisirs, fruits d'assidus travaux,
Content, libre, achever d'arrondir plus à l'aise
Mon embonpoint précoce à qui l'intrigue pèse,
Et courtiser gaîment, en un château sans bruit,
Quelques muses le jour, quelques nymphes la nuit !
C'est pour cet avenir, espoir de ma vieillesse,
Que je cours les hasards et dompte ma paresse.

FRÉGOSE.

Oh ! je déclare, moi, que je veux à la cour
Blanchir en m'illustrant jusqu'à mon dernier jour.
Des intrigues d'état le zèle ardent me mine.
Émule de Joinville, et rival de Comine,
Confident de mes rois, je veux des temps passés
Transmettre à nos neveux des portraits bien tracés ;
Et de tant de complots je toucherai la trame,
A tant de grands ressorts j'appliquerai mon ame,
Que, comblé de crédit, monté par tous les rangs,
Je serai la lumière et l'oracle des grands.

L'ÉRIDAN.

Ils traversent, hélas ! sans vue et sans oreilles

Le crystal de mes eaux, le jour, et ses merveilles!
Un cercle d'intérêts qui remplit leurs cerveaux
Leur voile l'univers sous mille épais rideaux :
Et si leurs yeux distraits s'ouvrent sur la nature,
Ils goûtent faiblement sa splendeur la plus pure.
Que vois-je!... Quels combats se livrent sur mes flots!...
Des rochers de mes bords j'entends les longs échos
Se renvoyer des cris de douleur et de rage....
Une barque assaillie est tout près du naufrage.

RINCON.

Ah! sauve, si tu peux, les lettres de ton roi,
Frégose....je me meurs!

FRÉGOSE.

Rincon!.., j'expire, moi!

L'ÉRIDAN.

Roulez, mes tristes flots, ces victimes humaines.
Mortels pleins d'espérance ou de terreurs lointaines,
Émissaires des cours, vous ne prévoyiez pas
Que vous ramiez tous deux si voisins du trépas!
Ah! plus heureux que vous l'habitant de ma rive
Qui, nourri de la pêche, ou des fruits qu'il cultive,
Suit comme moi sa pente, erre libre en tous lieux,
Et réfléchit en soi la nature et les cieux!

Il dit; tout disparaît. D'un feu livide et terne
Une lampe rayonne au sein d'une caverne,
Noir palais souterrain, assis sur des piliers,
Taillés des mains du temps en des marbres grossiers :
C'est là qu'au fond d'un bois règne un brigand terrible :

Long-temps il a rendu son antre inaccessible ;
Héros des grands chemins, le pillage est sa loi ;
Et ses fiers compagnons l'ont proclamé leur roi.
Vingt femmes, dont sans prêtre il célébra la noce,
Composent le serrail de ce sultan féroce :
De l'ivresse à la crainte il passe tour-à-tour :
Maintenant il frémit, et tout tremble à sa cour.

FORBANTE, SCÉLESTINE, ESCORTE DE BRIGANDS.

FORBANTE.

Tu te flattes en vain, ma chère Scélestine,
De fléchir ma justice, et notre discipline.
N'avais-je pas prescrit à leur soumission
D'épargner au passage et Frégose, et Rincon ?
Messagers d'un grand roi, leur mort nous est contraire ;
Et rien aux magistrats ne pourra nous soustraire.
On cherche par quels coups purent être immolés
Ces deux ambassadeurs, en tout lieu signalés :
Des troupes qu'on rassemble investissent les routes,
Et de notre demeure on percera les voûtes.
N'était-ce pas assez d'attaquer sur ces bords
Les voyageurs sans nom, chargés de leurs trésors,
De fouiller les ballots, de détrousser la femme
Des marchands étrangers qu'à peine l'on réclame,
Sans toucher aux mortels dont les distinctions
Commandent le respect dû droit des nations ?
Violer ce droit saint est le dernier des crimes !
Et je dois en venger les règles légitimes.

SCÉLESTINE.

Cher Forbante! je crains qu'un excès de rigueur
De tes amis blessés ne révolte le cœur.

FORBANTE.

De tant d'esprits mutins crains plutôt la licence,
Si j'enhardis un peu leur désobéissance,
Et si je ne punis d'un soudain châtiment
Le coup qu'ils ont porté sans mon commandement.
Déja même, fraudant le traité du partage,
Dérobant au trésor le gain de leur pillage,
Ils m'ont osé nier leur meurtre injurieux!
En vain, par un supplice effroyable à leurs yeux,
J'ai voulu, confondant toutes les impostures,
En tirer des aveux qu'arrachent les tortures :
Tout se tait, me résiste; et leur complicité
Affronte ma vengeance et mon autorité.

SCÉLESTINE.

Quels aveux obtiendraient tes rigueurs impuissantes,
Si des meurtres commis leurs mains sont innocentes?

FORBANTE.

Eh! quels autres voleurs, quels autres assassins,
Habitent ce rivage et les pays voisins?
Ma troupe est sur ces bords si nombreuse et si forte
Que nous y portons seuls tous les coups qu'on y porte.
De vulgaires filoux, de novices bandits
N'eussent commis jamais des meurtres si hardis :
Des deux ambassadeurs l'égorgement funeste
Ne part que de mes gens : la chose est manifeste.
Mais voici nos amis.,.. Eh bien! ont-ils parlé?

UN DES BRIGANDS.

A force de tourments ils ont tout révélé.
Leur bouche s'est d'abord obstinée au silence :
Mais ils n'ont pu du gril souffrir la violence,
Et ceux que des charbons approchaient les ardeurs
Ont confessé la mort des deux ambassadeurs.

FORBANTE.

Dressez les chevalets ; consommez leurs supplices.

SCÉLESTINE.

Grace, grace au plus jeune !

FORBANTE.

     Il suivra ses complices :
Je commande, et je dois même justice à tous.

SCÉLESTINE.

Il a le port si noble, et les regards si doux !
Sa femme qui l'adore....

FORBANTE.

    Oser frapper les têtes
De deux ambassadeurs !.... Non, en vain tu m'arrêtes....
L'aveu que de leur sein nous avons fait sortir
N'est dû qu'à la torture et non au repentir.
Si je pardonne à l'un, il faut tous les absoudre ;
Et dès-lors, plus de foi : nos nœuds vont se dissoudre :
Notre séjour bientôt n'aura plus de rempart :
Et du trésor public chacun prenant sa part,
Tuant à son profit, et volant pour son compte,
Ira sur l'échafaud porter enfin sa honte.
Non, il faut un exemple ; et ma sévérité
Doit veiller au salut de la société.

SCÉLESTINE.

Ah! cède à mes conseils! penche vers l'indulgence.
Déja grand par tes faits, sois grand par la clémence.
Vois ces femmes en pleurs.... Accourez! jetons-nous
Aux pieds de notre maître! embrassons ses genoux!
Hélas! des condamnés rends la vie à nos larmes....
Sois auguste et clément....

FORBANTE.

    Quel bruit entends-je?...

TOUS.

            Aux armes!
On nous a découverts : nos bois sont investis.

FORBANTE.

Les voilà ces dangers que j'avais pressentis!
Des deux agents titrés le meurtre plein d'audace
A de nos pas obscurs fait rechercher la trace....
Allons vaincre! Thémis nous destine aux bourreaux ;
Nous sommes des brigands; sauvons-nous en héros!

———

Ils sortent : des démons l'unanime suffrage
De tous ces scélérats applaudit le courage.
Tels on voit des cités les rois les plus pervers,
A d'horribles exploits forcés par des revers,
Couvrir mille forfaits d'un éclat de victoire,
Et, tout trempés de sang, briller de plus de gloire.
 Bientôt, hormis leur chef, ils reparaissent tous,
En de vastes prisons, sous de triples verroux;
L'un, serré d'une chaîne au pied d'une muraille,
Répond d'un ris sinistre au voisin qui le raille;

L'autre, vil et méchant, baigné de pleurs honteux,
Baisse vers son fumier un front blême et hideux :
Ceux-ci, fabricateurs d'impudents artifices,
Sur leur visage infâme où sont écrits leurs vices,
D'un repos innocent affectent les dehors ;
Ceux-là pour noirs bourreaux ont déjà les remords :
D'autres enfin, couverts de récentes blessures,
Sont livrés par avance à de justes tortures.

LA JUSTICE HUMAINE ET LES BRIGANDS.

PREMIER BRIGAND.

Eh ! pourquoi nous charger de ces fers inhumains?
Frégose, ni Rinçon n'ont péri sous nos mains.
J'ai cru qu'on nous payait de nos autres prouesses.

DEUXIÈME BRIGAND.

Au milieu des tourments, d'où vient que vos faiblesses
De ce meurtre à Forbante ont prononcé l'aveu?

PREMIER BRIGAND.

J'étais las d'endurer la tenaille et le feu :
Mes compagnons et moi nous cédions aux souffrances.

TROISIÈME BRIGAND.

J'ai de tous nos amis sondé les consciences :
Aucun n'a répandu le sang qu'on veut venger.
Qui donc?... chut! Thémis vient pour nous interroger.

LA JUSTICE HUMAINE.

La justice sévère, intègre, impartiale,
Traînant dans vos prisons sa robe magistrale,
Cherche la vérité sur vos assassinats
Plus faciles peut-être à déclarer tout bas :

Si les regards publics vous inspirent la crainte,
Confiez en mon sein tous vos secrets sans feinte.
La sincérité pure, en m'ouvrant votre cœur,
Peut seule de ma loi désarmer la rigueur.
   Les routes de Milan ne sont plus assurées
Depuis qu'on vous a vus infestant ces contrées.
Tantôt, on vous entend aux bois des environs,
La coignée à la main, siffler en bûcherons;
Et tantôt, en soldats, qui n'avez pour casernes
Que d'obscurs cabarets et de sombres cavernes,
Déguisés, et cachant vos exploits inhumains,
Vous buvez et mangez tout ce qu'ont pris vos mains.
Quelquefois, revêtus de frocs et de soutanes,
Attristant les hameaux de vos bandes profanes,
Vous emportez au loin, dans vos processions,
Des trésors arrachés par les confessions :
D'autres fois, sous le masque, en charlatans de place,
De vos magots bouffons charmant la populace,
Vos larcins dans les jeux soulèvent des rumeurs;
Et toujours travestis, changeant d'habits, de mœurs,
Par le meurtre en tous lieux signalant votre course,
Vous ôtez aux passants la vie avec la bourse.
Misérables ! quel sang crie enfin contre vous ?...
Les messagers d'un roi sont tombés sous vos coups!
Mais n'importe : un aveu peut réparer vos crimes :
Rendez-moi les écrits que portaient vos victimes;
L'intérêt de l'état veut qu'ils me soient remis.
Déclarez tout sans peur : vous fléchirez Thémis.

               LES BRIGANDS.

Nous sommes innocents.

LA JUSTICE HUMAINE.

      Vous, effrontés infâmes !
L'aiguillon des douleurs sondera mieux vos ames....
Frémissez ! mes bourreaux sauront vous arracher
Quelque aveu des forfaits que vous pensez cacher.

UN DES BRIGANDS.

Folle justice humaine! ah! tes clous et tes barres
Ne sont contre l'erreur que des recours barbares.
Tel qu'aura fait céder l'âpreté d'un tourment,
Innocent d'un forfait, s'en accuse, et te ment;
Et tel, dont la vigueur surmonte les supplices,
Peut de ses attentats nier jusqu'aux indices :
Et tu frappes ainsi par d'aveugles arrêts
La faiblesse toujours, et le crime jamais.
Cruelle! abjure donc ton horrible industrie.

LA JUSTICE HUMAINE.

Non, coupables! en vain l'humanité s'écrie;
Et les ambassadeurs lâchement égorgés
Pour le salut public doivent être vengés....
Mais Charles-Quint m'envoie un secret émissaire!

UN ENVOYÉ.

De ce procès, Thémis, étouffe le mystère.
Absous les accusés, et reçois ces présents :
Tends ta balance.

LA JUSTICE HUMAINE, *aux brigands.*

    Allez! sortez tous innocents.

L'ENVOYÉ, *aux mêmes.*

Gouverneur de Milan, Dugast, en sa demeure,
Pour vous récompenser vous attend d'heure en heure;

Hâtez vos pas, amis : on est content de vous.
Mais, de par l'empereur, silence sur vos coups.

Tout change; et l'on revoit Scélestine et Forbante
Poursuivre en des forêts leur carrière sanglante :
Échappés à Thémis, leurs compagnons affreux
Ont rejoint leur escorte et marchent derrière eux.

FORBANTE et SCÉLESTINE.

SCÉLESTINE.

Eh bien! à tes fureurs tu t'es livré sans cause :
Tes gens n'avaient frappé ni Rincon, ni Frégose;
Et le crime imprévu qui sème ici l'horreur,
Politique attentat, partait de l'empereur.
Devais-tu, sur la foi de vaines apparences,
Livrer sans examen tes amis aux souffrances?
Si Dugast, à leur aide envoyant des soutiens,
N'eût sauvé tes agents, les prenant pour les siens;
Si l'indiscrète erreur de son messager même
N'eût détrompé la tienne en ce désordre extrême,
Rien n'aurait éclairé tes injustes soupçons;
Tu chercherais encor un fil de trahisons :
Ah! crains, si désormais tu n'es plus équitable,
Que de tes défenseurs le courroux ne t'accable.

FORBANTE.

Abusé d'une erreur, si je les jugeai mal,
Thémis n'y voit pas mieux devant son tribunal.
En passant par ses mains gagneraient-ils au change?

Non, non, de ma rigueur ne crois pas qu'on se venge:
Pour fuir les échafauds par-tout les menaçant,
Tous ont de mon génie un besoin trop pressant.
Mon esprit les dirige en leur route effrayante;
Et je suis de leur corps la tête prévoyante.

SCÉLESTINE.

Ton orgueil est, vraiment, risible en ton métier!

FORBANTE.

Que ferais-je de plus, roi d'un empire entier?
Tu vois de Charles-Quint les serviteurs fidèles
Sur deux ambassadeurs porter leurs mains cruelles;
Et sur les grands chemins, pour de vils intérêts,
Les rois assassiner leurs envoyés secrets.
Les chefs du brigandage et les chefs des conquêtes
Ont des moyens égaux et de pareilles têtes.
Compare leurs desseins, leurs ressorts, et leur but.
Le conquérant, paré d'un superbe attribut,
Et dieu de la terreur dans les murs pleins d'alarmes,
Consternant les mortels au seul bruit de ses armes,
S'il était délaissé de ses héros nombreux,
Ne serait qu'un voleur, qu'un assassin heureux :
Le brigand, secondé de sa petite escorte,
Redevable à lui seul des succès qu'il remporte,
Sans peur bravant par-tout le glaive de la loi,
Entouré d'une cour, serait nommé grand roi.

Qu'admirent ces humains en leurs vainqueurs barbares?
Quel courage si ferme, et quels talents si rares,
Surpassent les vertus auxquelles nous tendons?
Leur peuple les défend; seuls, nous nous défendons :
L'univers les soutient, on adore leur trace;

On poursuit tous nos pas, l'univers nous menace :
Ils ont peu de repos; nous errons sans sommeil :
Ils courent tous les bords qu'éclaire le soleil ;
Et nous, nous promenons nos fureurs vagabondes
Sans armée et sans flotte aux rives des deux mondes.
Prêts à tout, dominant les préjugés humains,
Pirates, ou soldats, nous frayant des chemins,
De tous les tribunaux perçant les labyrintes,
Nous rions des périls et répandons les craintes :
Ainsi de l'héroïsme émules dans nos rangs,
Des brigands tels que nous valent des conquérants.

Il dit; et ces rapports tristement véritables
D'une maligne joie enivrèrent les Diables,
Charmés qu'un vagabond eût tous les sentiments
Des nobles Charles-Quints et des fiers Solimans :
Mais du Héros joué l'ame pleine de rage,
Au rang des spectateurs, siffla sa propre image.

LA PANHYPOCRISIADE.

CHANT TREIZIÈME.

SOMMAIRE DU TREIZIÈME CHANT.

L'époux de la belle *Ferronnière* veut l'emmener dans un asyle champêtre éloigné de la cour, où *François-Premier* l'a vue pendant une fête. Cette femme a fait avertir le roi, qui la surprend chez elle, et qui, ayant passé la nuit dans sa maison, change cette demeure en un riche hôtel, meublé magnifiquement, par un coup magique de son sceptre. L'époux désespéré va consoler ses chagrins chez des filles de joie, où l'entraîne l'*Ivresse*. Il revient au lit de son épouse adultère, et la fatale *Syphilite*, qui l'a suivi, prépare ses vengeances en la dévorant de son poison secret. Le roi, qui en est atteint ensuite, périt misérablement.

LA PANHYPOCRISIADE.

CHANT TREIZIÈME.

Aux démons spectateurs se découvre l'asyle
D'un couple heureux long-temps de son destin tranquille;
La belle Ferronnière est avec son époux,
Organe du barreau, dont l'esprit noble et doux
Crut par son éloquence attacher l'infidèle
Jusqu'à s'en faire aimer d'une amour immortelle :
Mais un roi l'aperçut; et ce hasard fatal
Au nouveau Cicéron donne un puissant rival.
  Du beau François-Premier la belle Ferronnière
Est en espoir déja la favorite altière ;
Et son miroir lui dit que trop d'obscurité
Dans le lit conjugal a voilé sa beauté.
  Un seul flambeau, qui luit près d'une alcove sombre,
Astre de ses foyers, éclaire au sein de l'ombre
Le lustre de son teint, et l'azur de ses yeux,
Et l'adorable éclat de son col gracieux.
A peine tous les lys qu'on prête à Cythérée
Égalent de son sein la blancheur épurée.
Son époux la gourmande, et, tout prêt à partir,
Veut l'enlever au roi qu'elle a fait avertir.

LA FERRONNIÈRE et SON ÉPOUX.

LA FERRONNIÈRE.

La nuit nous environne, attendez une autre heure.

L'ÉPOUX.

Non, non, si vous m'aimez, fuyons notre demeure.

LA FERRONNIÈRE.

Rejetez des soupçons cruels, envenimés :
Demeurez calme ici.

L'ÉPOUX.

Fuyons, si vous m'aimez.

LA FERRONNIÈRE.

Dérobez vos esprits à ce délire extrême....

L'ÉPOUX.

Si tu m'aimes, fuyons, te dis-je, un roi qui t'aime.

LA FERRONNIÈRE.

Hélas! ignorez-vous que le cœur d'un grand roi
A des soins plus pressants que de songer à moi,
Et que mon peu d'attraits n'aurait pas la puissance
De distraire un héros qu'idolâtre la France ?
Ma beauté peut suffire à votre obscur bonheur,
Mais ne mérite pas ce haut degré d'honneur.

L'ÉPOUX.

Comment? vous semble-t-il si glorieux, madame,
D'être élevée au rang d'une maîtresse infâme?....
Mais ô ciel! j'interprète avec trop de rigueur
Un mot dit au hasard et démenti du cœur.
Je sais qu'à tes appas la pudeur est unie :
Mais je crains que la ruse ou que la tyrannie
N'altère de nos jours l'aimable pureté.

Je crains mon propre cœur par ses feux emporté,
Qui, jaloux de toi seule, oserait te défendre
Contre tout ce qu'un roi pourrait même entreprendre,
Et qui, s'il m'outrageait, saurait lui rappeler
Qu'il doit suivre les lois, et non les violer,
Et laisser aux Tarquins, aux Nérons impudiques,
Le crime de souiller les vertus domestiques.

LA FERRONNIÈRE.

En quel transport vous jette un chimérique effroi ?
Déja comme un tyran vous traitez votre roi.
Sur quel pressentiment fondez-vous tant d'alarmes ?
Sur ce qu'en une fête il me vit quelques charmes,
Qu'il daigna m'aborder, me présenter des fleurs,
Simple bouquet lié d'un nœud de ses couleurs,
Et sur quelques récits qu'en rivales coquettes
Ont semés de la cour les femmes inquiètes,
Depuis que tour-à-tour les grands ont cru devoir
Flatter leur souverain en accourant me voir.

L'ÉPOUX.

Eh bien ! je reconnais qu'il faut que tu l'évites,
Aux soins des favoris, aux cris des favorites ;
L'œil de la flatterie et des rivalités
De l'amour soupçonneux a toutes les clartés.
Ah ! si trop idolâtre, et devenu farouche,
Je sens mon ame errer sur tes yeux, sur ta bouche,
Si de tous mes amis épiant les regards,
J'accuse en mes soupçons les plus simples égards,
Juge combien d'un roi, trop séduit par ta vue,
Me consterne pour nous la faveur imprévue,
Et ce concours des grands attachés sur tes pas,

De ses suprêmes vœux interprètes si bas !
Pardonne, ô ma compagne ! ô mon bien ! ô ma vie !
Existerais-je encor si tu m'étais ravie ?
Ton époux te préfère à la clarté du jour,
Et serait moins jaloux s'il avait moins d'amour.
Partons, éloignons-nous.

LA FERRONNIÈRE.

              Est-il quelque distance
Qui m'écartât du roi mieux que ma résistance,
S'il fallait repousser l'injure de ses feux ?

L'ÉPOUX.

Ta pudeur, je le crois, rejetterait ses vœux :
Mais quoi ? les souverains sont prompts à tout enfreindre;
S'ils ne se font aimer, ils se font bientôt craindre :
Je sais que la vertu, leur résistant d'abord,
Contre leurs vains desirs tente un rebelle effort;
Mais enfin leur discours revient à la pensée :
On rappelle chez soi la fortune chassée ;
D'un rang privé d'honneurs on est bientôt confus;
On se peint les dangers d'un scrupuleux refus,
Tous les biens, la splendeur, et la magnificence,
Qui d'un tendre retour suivraient la complaisance;
Et ces nobles rigueurs qu'inspirait la fierté
Ne paraissent qu'orgueil, ou puérilité.
Alors se renouvelle une offre séductrice ;
On cède; et pour jamais victime d'un caprice,
Aux regards du public on flétrit sa beauté
Qui du fidèle hymen parait la chasteté,
Et l'époux malheureux, que le chagrin surmonte,
En un luxe outrageant voit reluire sa honte.

Ah ! fuyons ! mon amour te le commande enfin.
LA FERRONNIÈRE.
La nuit m'effraye....Attends le retour du matin.
L'ÉPOUX.
Les astres de la nuit, autrefois nos complices,
Ont de nos premiers feux protégé les délices :
Nouvelle épouse encor, sans peur à mes côtés,
Tu traversais son ombre en des bois écartés.
Depuis quand la crains-tu ? depuis quand, si timide,
As-tu lieu de frémir alors que je te guide ?
LA FERRONNIÈRE.
Où voulez-vous aller ?
L'ÉPOUX.
En ces foyers charmants,
Domicile champêtre où nous fûmes amants,
Où nos cœurs s'adoraient, libres d'inquiétude.
LA FERRONNIÈRE.
Qui ? moi ! m'ensevelir dans cette solitude !
Quoi ? pour jouir encor de nœuds tendres et chers,
Est-il besoin de fuir au milieu des déserts ?
L'ÉPOUX.
Est-ce un désert qu'un lieu peuplé par ta famille,
Entouré de hameaux où l'innocence brille,
Dominant des vergers et de riants coteaux,
Où, tandis que ma main plantait mille arbrisseaux
Tu semblais avec moi prendre un plaisir extrême
A cultiver des fleurs moins belles que toi-même ?
De quels ravissements nos cœurs étaient saisis,
Lorsque sous un beau ciel, en une barque assis,
Nous embrassant tous deux, abandonnant les rames,

Nous cédions au penchant de l'onde et de nos ames,
Et que souvent la nuit, sans troubler nos transports,
Nous voyait jusqu'à l'aube errer aux mêmes bords !
Viens ! l'ombre dans les champs n'est pas si redoutable
Que d'un roi sans pudeur la flamme détestable.

LA FERRONNIÈRE.

Notre monarque est-il un monstre menaçant !

L'ÉPOUX.

A-t-il pour tes regards un attrait si puissant,
Que, ne respectant plus ma tendre jalousie....

LA FERRONNIÈRE.

Je n'ai point de respect pour une frénésie;
Et n'imiterai pas cette folle d'honneur
Qu'effraya tellement un accueil suborneur,
Quand sur les bords du Rhône un père trop peu sage
A notre roi galant l'offrit sur son passage,
Que, dès le lendemain, elle lui fit revoir
Ses traits, qu'avait brûlés son chaste désespoir.

L'ÉPOUX.

Plains, et ne raille pas ce vertueux modèle
Qui laissa de son ame une image plus belle
Que les plus beaux contours par notre œil admirés ;
Traits fugitifs, que l'âge aurait défigurés :
Elle sut, dépouillant sa forme peu durable,
Montrer de sa pudeur l'éclat inaltérable,
Et seule apprit aux grands, mieux que tous les censeurs,
A voir d'un œil glacé nos femmes et nos sœurs.

    Mais, viens : ne tardons plus : que demain l'on ignore
En quels lieux tes appas seront vus par l'aurore.
Obéis ; je le veux.

CHANT TREIZIÈME.

LA FERRONNIÈRE.
Moi, je veux appaiser
Tes sentiments jaloux.
L'ÉPOUX.
Comment?
LA FERRONNIÈRE.
Par ce baiser.

———

Elle dit, en riant; et ses lèvres trompeuses,
Calmant de son amour les craintes soupçonneuses,
L'enflamment d'un baiser, vain gage de sa foi ;
Lorsqu'une voix s'écrie : « Ouvrez, de par le Roi. »
La porte est à grands coups au même instant heurtée :
Il pâlit : la fureur de son ame agitée
Fait trois fois à son front remonter la couleur,
Et, trois fois le glaçant, en accroît la paleur.
Mais elle :
LA FERRONNIÈRE.
O mon ami! ne faites rien paraître :
Comptez sur moi : sachez ce que veut notre maître.

———

Il sort, muet de rage ; et tout l'enfer surpris
A l'acteur pathétique applaudit par des cris.
LA FERRONNIÈRE, *seule*.
Le roi n'a contre lui nul sujet de colère:
Qu'ai-je à craindre? il envoye un ordre salutaire
Suspendre de ces lieux mon triste enlèvement....
L'ordre a bientôt suivi mon avertissement!
Mais si de mon époux la violence extrême....

FRANÇOIS-PREMIER ET LA FERRONNIÈRE.

LA FERRONNIÈRE.

On entre... ô Dieu! que vois-je? ah! c'est le roi lui-même.
Me trompé-je? le roi! qui l'amène?...

FRANÇOIS-PREMIER.

L'amour.

LA FERRONNIÈRE.

Ah! sire....

FRANÇOIS-PREMIER.

Oui, pour vous voir il a quitté sa cour :
Vous vaincre est à ses yeux la gloire la plus chère.

LA FERRONNIÈRE.

Eh sire!... qui vous peut résister sur la terre?...

———

A ces mots, qu'en tremblant elle a balbutiés,
Le roi, que le respect prosternait à ses pieds,
Se relève ardemment, et vers l'alcove entraîne
La belle, entre ses mains se défendant à peine;
Toute émue, et roulant ses beaux yeux aveuglés,
Par l'orgueil, la surprise, et la frayeur troublés;
Palpitante aux assauts du héros téméraire :
Ainsi l'autour ravit la colombe en sa serre.
   Les Démons, égayés de son doux embarras,
Près du hardi vainqueur la pressant dans ses bras,
Admiraient les effets si prompts, si manifestes,
De quelques mots confus qu'éclaircissaient des gestes.
Sitôt! se disaient-ils; elle se rend! eh quoi?
Est-ce éblouissement, magie, amour, effroi?

Mais sur le couple heureux des rideaux se fermèrent :
La scène resta vide; et les ris éclatèrent.

   La foule s'attendait, les voyant s'éclipser,
Que de nouveaux acteurs viendraient les remplacer ;
Mais l'auteur, voilant tout en sa folle licence,
Pour comique ressort présenta leur absence.

   Les Diables, qui d'abord en rirent étonnés,
Regardèrent enfin les diablesses au nez :
Leur sexe plein d'ardeur se peint tout en images :
Tout le feu des enfers colora leurs visages.
Déja les vieux Démons, si zélés pour les mœurs,
Opposaient leur murmure à cent lutins rimeurs,
Beaux-esprits farfadets, dont la troupe idolâtre
Toujours chante Vénus, ses lys, et son albâtre,
Et que faisait pâmer le voile ingénieux
Qui laissait entrevoir ce qu'il cachait aux yeux.
C'est ainsi qu'un grand art montre ce qu'il dérobe :
Tel on sent mieux le nu sous les plis d'une robe :
Tel, disait-on encore, un habile pinceau
Traçant Agamemnon le voila d'un manteau,
Ne sachant pas quels pleurs prêterait le génie
A ce père, témoin du sort d'Iphigénie.

   Le silence animé ne se prolongea pas :
Les plaisirs des mortels sont rapides, hélas !
Nul monarque en amour n'a de pouvoir suprême :
La belle reparut, vermeille, et le roi, blême.

   Mais avant de quitter ces lieux, encore obscurs,
Le héros, de son sceptre, avait touché les murs :
O miracle soudain! la tendre Ferronnière
Vit son toit se changer en palais de lumière.

Les lambris, les plafonds, revêtus de cristaux,
Réfléchirent l'éclat des plus rares métaux;
De candélabres d'or ses foyers rayonnèrent;
De velours argentés ses fenêtres s'ornèrent;
De glands d'or soutenu, son lit, chargé d'un dais,
Devint un sanctuaire à ses divins attraits;
De riches diamants ses écrins se garnirent;
En ses vastes haras trente étalons hennirent;
Salaire des baisers que, d'un cœur délicat,
Le monarque ravit à l'époux avocat.

   La novice Phryné, trop facile conquête,
Sentit mille vapeurs gonfler sa jeune tête;
Son orgueil éventé s'entoura de valets,
Et monta sur un char, pour fuir les camouflets.

Cependant son époux, en proie au chagrin sombre,
Erra deux jours, deux nuits, grondant encor dans l'ombre;
Il traîne un corps maigri, faible, et sans aliments:
Son désordre éperdu signale ses tourments:
Immobile, debout, l'œil sans vue, il soupire,
Tel qu'un homme frappé d'un aveugle délire.

L'ÉPOUX DE LA FERRONNIÈRE.

O crime qui m'accable autant qu'il m'avilit!
Un autre est en ses bras! un autre est en mon lit!
Mon cœur, tout comprimé de rage et de colère,
Se gonfle de sanglots et soudain se resserre.
Je sens de mes chagrins l'orage s'amasser,
Et je n'ai point de pleurs que je puisse verser.

Ah ! pour moi nul espoir n'aurait autant de charmes,
Hélas ! que le plaisir de répandre des larmes.
Malheureux ! de ton sexe as-tu perdu l'orgueil ?
Quand tes cris de ta porte ont fatigué le seuil,
Ont-ils calmé tes maux ? non, et de la parjure
Mes propres lâchetés n'ont fait qu'aigrir l'injure :
Je me suis dit trop tôt qu'ivre de son amant
L'infidèle peut-être a ri de mon tourment.
Tu me connais bien mal, ô criminelle femme !
Si tu ris de la plaie ouverte dans mon ame.
Des vanités d'époux je sens peu l'aiguillon :
Que m'importe une ville, insensé tourbillon,
Où le bruit de ma honte a grossi les scandales
Emportés dans le cours des galantes annales !
Qu'importent des regards plus lâches que malins
Dans les cercles étroits de mes obscurs voisins !
C'est ma félicité cruellement ravie,
C'est l'erreur d'un amour, chimère de ma vie,
C'est un long avenir corrompu par l'ennui,
C'est mon bonheur perdu, que je plains aujourd'hui.
Je plains de ma candeur les douces imprudences
En un cœur mal jugé versant mes confidences.
Je regrette ces jours sereins et radieux,
Qui semblaient pour moi seul éclairés par ses yeux,
Quand ma timide épouse, en foulant les prairies,
Suivait de mon amour les tendres rêveries !
Je fondais sans orgueil l'espoir d'un sort heureux
Sur la paix, sur les biens d'un hymen vertueux !
Mon hymen, ma vertu, font mon ignominie.
Il n'est donc nul recours contre la tyrannie,

Puisque les rois, nommés les protecteurs des lois,
Pour usurper nos lits pénètrent sous nos toits;
Et rendent périlleux à la foi conjugale
D'éviter de leur or l'influence fatale!
A quoi, près d'eux, le cœur ose-t-il se lier?
Honneur, amour, il faut tout leur sacrifier.
Crédule, je pensais, dérobant ma fortune,
Parmi les rangs cachés de la foule commune,
Prouver, en cultivant une chaste union,
Qu'un mortel vit heureux, libre d'ambition:
Ah! que n'ai-je plutôt, distrait par milles intrigues,
Fait de ma lâche épouse un instrument de brigues!
Plus redouté peut-être, on m'aurait épargné:
Ou, renonçant moi-même à mon lit dédaigné,
Je n'eusse été jaloux que du regard des princes,
Et jouirais des biens volés sur les provinces.
Où m'a réduit l'amour et la loi du devoir?
A mourir seul au monde, en proie au désespoir.
Tyran, qui te complais en des bras infidèles,
Voilà, tyran, le fruit de tes leçons cruelles!
Et, si j'armais mon bras, tu me ferais jeter
Sur l'indigne échafaud où tu devrais monter,
Toi, qui pour un caprice insolemment profanes
Une épouse rangée au rang des courtisanes,
Et pour jamais détruis la paix d'un citoyen
Qui n'a que son amour et sa foi pour tout bien!
Seul, trahi, sur la terre ai-je même un asyle?
La parjure a souillé mon heureux domicile:
Oserais-je y rentrer? pourrai-je soutenir
L'aspect d'un lieu rempli du triste souvenir

De tant de voluptés et de jours d'alégresse,
Dont ma couche et nos murs me parleraient sans cesse?
Irai-je en ces hameaux, où près de moi souvent
Le soleil la voyait briller en se levant;
Où l'écho de la nuit se plaisait à répandre
Nos amoureux serments, qu'il ne doit plus entendre?
L'aube, le soir, les bois, les plaines, et les eaux,
En m'offrant sa présence irriteraient mes maux:
Tout, dans la ville, aux champs, la rend à ma pensée:
Où fuir? où me soustraire à ma rage insensée!
Où m'éviter moi même?... ô supplice!.... comment
Endurer de mon cœur l'affreux déchirement?...
Mais qu'entends-je? que vois-je?... une retraite impure
Où dansent follement l'ivresse et la luxure.
Ces amants insensés d'un aveugle plaisir
Ont-ils quelques chagrins qui les viennent saisir?
Non; écoutons leurs chants et leur joie effrénée....
Ici, point de pudeur : ici, point d'hyménée :
En ce sérail le vice achète les amours....
Eh bien! plus de vertu : suivons les mœurs des cours;
Et noyons dans le vin ma démence jalouse
Parmi de vils objets, moins vils que mon épouse:
En un brutal sommeil peut-être enseveli,
Mes cuisantes douleurs céderont à l'oubli.

Il entre en ce séjour plein de nymphes bachiques,
Où les aimables Grecs, cerveaux si poétiques,
Eussent cru voir Cypris, et le dieu des festins,
Et Priape, éclatant de la pourpre des vins :

Car du libertinage, et de l'ivrognerie,
Ils se créaient des dieux, grace à l'allégorie,
Froide pour les esprits nés sans inventions,
Mais seule animant tout au gré des fictions;
Et de noms adoucis, et de riantes faces,
Aux objets odieux prêtant même des graces:
Elle a peuplé l'olympe; et fait parler ici
L'Ivresse, aux yeux troublés, et libre de souci.

L'IVRESSE, L'ÉPOUX, ET DEUX COURTISANES.

L'IVRESSE.

Noie, époux affligé, tes chagrins dans ma coupe.
Les consolations sont mon aimable troupe!
Avec elles toujours parcourant l'univers,
J'allége des humains les ennuis et les fers.
De l'orgueil d'Alexandre, au milieu de l'Asie,
J'ai même soulagé la longue frénésie.
En mes philtres joyeux j'ai su par-fois, dit-on,
Tremper le cœur de fer du malheureux Caton.
C'est peu que des héros j'aie adouci les peines;
Je déride le peuple attristé de ses chaînes,
Et qui, de ses bourreaux se délivrant enfin,
S'abreuverait de sang s'il ne buvait du vin.
L'eau du Léthé se mêle au doux jus de la treille.
Vois, à travers mon prisme, Hébé fraîche et vermeille,
Qui, le verre à la main, riante à tes côtés,
Vers toi de son beau corps penche les nudités.
Bois, chante, ris, folâtre, obéis aux caprices
Qu'inspirent tour-à-tour ces folles mérétrices.

CHANT TREIZIÈME.

Tes yeux sont éblouis.... quitte la table.... eh-bien !
Le bandeau de l'amour vaut-il mieux que le mien !

PREMIÈRE COURTISANE.

Retire-toi, ma sœur; et laisse ta compagne
Faire avec lui mousser le nectar de Champagne.

DEUXIÈME COURTISANE.

Non, j'aime ce jeune homme et ses emportements :
Pourquoi l'enlève-t-elle à mes embrassements?

PREMIÈRE COURTISANE.

Son âge a peu besoin du secours de tes charmes :
Réserve à ton vieillard tes appas et tes armes !

DEUXIÈME COURTISANE.

Ses mains ont beaucoup d'or: mais ses riches présents
Font-ils aimer son front argenté par les ans ?
Ce barbon édenté, goutteux sexagénaire,
Vil objet de dégoûts, a-t-il de quoi me plaire ?
Son seul aspect suffit pour nous humilier
D'un sort qui du plaisir nous a fait un métier.

PREMIÈRE COURTISANE.

Ma sœur, j'ai vu le monde, et je suis ton aînée.
D'une dame autrefois compagne fortunée,
Un méchant séducteur m'enleva de son toit,
Et m'abandonna mère aux lieux où l'on nous voit.
Ce monde, il m'en souvient et j'en garde l'image,
De ton respect, crois-moi, mérite peu l'hommage.
Les avares parents, les intérêts jaloux,
A de jeunes beautés donnent de vieux époux;
Et par-fois, sans remords, un père de famille
A la plus riche dot vend la fleur de sa fille;
Fleur que souvent l'amour a fait épanouir,

Mais que rajeunit l'art pour qui veut en jouir.
DEUXIÈME COURTISANE.
Celles dont nul pouvoir n'a gêné les tendresses,
Épouses qu'on honore, au moins sont leurs maîtresses ;
Et libres de leur choix, ne font pas comme nous
Un infâme trafic des baisers les plus doux.
PREMIÈRE COURTISANE.
L'amour du jeu, ma sœur, l'orgueil d'un équipage,
Et les atours coquets, ruineux étalage,
Réduisent leur misère aux emprunts délicats
Qu'aux frais de leur pudeur acquittent leurs appas.
Les ministres, les grands, dispensateurs des places,
Leur cèdent la faveur que marchandent leurs graces ;
Et, pour les attirer, leur soin industrieux
Fait ce qu'en nos réduits nous ne faisons pas mieux.
DEUXIÈME COURTISANE.
L'amour, en occupant le loisir de leurs heures,
Vient brûler son encens dans leurs propres demeures,
Sans que la faim, rouvrant leur porte à tous moments,
Les appelle au dehors pour quêter des amants,
Et les force, en un jour trente fois rajustées,
A reprendre à l'envi leurs parures quittées,
Et feignant la jeunesse avec des traits usés,
A pétrir de leur teint les lys recomposés.
PREMIÈRE COURTISANE.
Détrompe-toi, ma sœur.... ah ! de leurs tristes rides
J'ai vu le fard discret souvent masquer les vides ;
Et, grace à beaucoup d'art, quarante ans rajeunis
Offrent une Vénus aux jeunes Adonis.
Leurs bains mystérieux, leurs toilettes rivales,

Du soir jusqu'à la nuit les montrent nos égales;
Et dans les lieux publics leurs jupes vont briller
Aux yeux de l'homme ardent à les en dépouiller.
Heureuses quand leur front, étincelant d'aigrettes,
D'un loyer de bijoux ne grossit pas leur dettes!
Car ces vaines beautés en leur cercle aujourd'hui
Se parent comme nous des diamants d'autrui.

DEUXIÈME COURTISANE.

Oh! n'assimile pas nos mœurs que l'on méprise
Aux mœurs sages d'un monde, où chaque femme éprise
Reçoit d'un homme seul mille soins assidus,
Sans profaner son lit et ses baisers vendus.

PREMIÈRE COURTISANE.

Innocente! eh, vraiment, tu penses en vestale!
Apprends que chaque épouse à l'ardeur maritale
Joint toujours en secret le feu de quelque amant,
Second mari lui-même, et trompé décemment;
Et par-fois un rival, en oiseau de passage,
Dérobe aux deux amis quelque tendre partage.

Moquons-nous donc, ma sœur, de ces femmes de bien :
Leur commerce est facile et ne nous cède en rien.
Nous, filles de plaisir, et sans hypocrisie,
Des hommes trompons-nous la foi, la jalousie?
Plus que nous ne valons nous ne nous prisons pas;
Et ce n'est point aux cœurs que nous tendons nos lacs.

Crois-moi donc; fuis, ma sœur, l'indigence importune:
Sans honte, et sans dégoûts, travaille à ta fortune.
L'or établit les rangs dans la société :
Si tu n'en acquiers point, la dure pauvreté,
Aux vents des carrefours exposant ta jeunesse,

Hâtera sur tes fleurs l'hiver de la vieillesse :
Mais si tu t'enrichis, long-temps fraîche aux regards,
Couchée en des palais, et roulée en des chars,
Nous te verrons passer en brillant météore ;
Et cet organe heureux du plaisir qu'on adore,
De tes prospérités instrument féminin,
Nous semblera, lui seul, comme un ressort divin,
Soutenir dans Paris tes splendeurs souveraines,
Et de tes prompts coursiers les élégantes rênes :
Et l'hymen te pourra transformer quelque jour
De catin à la ville en duchesse à la cour.

TROISIÈME COURTISANE, *accourant.*

Fuyons ! fuyons !

PREMIÈRE COURTISANE.

D'où naît la crainte ou tu te livres ?...
Quel bruit !....

TROISIÈME COURTISANE.

Entendez-vous ces capitaines ivres,
Brisant meubles, miroirs, criant, blasphémant Dieu ?...
Je fuis tremblante, et nue....

TOUTES.

Au vol ! au meurtre ! au feu !...

―――

A ces cris se relève, étonné du tumulte,
Le mari qui venait d'oublier son insulte.
La porte est enfoncée : on entre ; on se débat :
Mais la scène changeant dérobe le combat.

On voit la Ferronnière en sa chambre nouvelle :

Une riche splendeur ne la rend que plus belle;
Et ses yeux, non encor du faste détrompés,
Brillent de plus de feux par son éclat frappés.
Hélas! qui, devant elle, ose encor reparaître?
C'est son mari : vient-il se venger de son maître?

LA FERRONNIÈRE ET SON ÉPOUX.

L'ÉPOUX.

Madame, est-il au moins permis à votre époux
D'entrer en ce séjour et d'approcher de vous?
Et l'orgueil d'avoir pu soumettre un diadême
Vous fait-il oublier tout devoir et moi-même?
Non, non, il vous souvient, peut-être avec terreur,
Que je vous adorai jusques à la fureur:
C'est donc en furieux qu'ici je viens vous dire
Que sur moi la raison a perdu tout empire.
L'outrage le plus noir qui me doive toucher
De mon cœur malheureux n'a pu vous arracher.
Je ne me connais plus depuis votre inconstance,
Parjure! et contre vous, faible, sans résistance,
Au hasard en tous lieux je porte en soupirant
Mes cruels souvenirs, mon désespoir errant,
Et de vos traits encor l'image ineffaçable
Vous ramène ici même un époux implacable.
Mais je m'en punirai, mais je dois vous punir....
Eh, quoi donc? loin de vous ne me puis-je bannir?
L'espace où vous vivez n'est qu'un point sur la terre :
Il est d'autres climats que le soleil éclaire :
Il est par-tout des cieux, des jours, des nuits pour moi.
Mais est-il une femme aussi belle que toi?

Perfide ! où donc fuirâi-je ? où réparer ma perte ?
De mes regrets par-tout l'image m'est offerte.
Ma vie est attachée aux seuls lieux où tu vis.
Si mes pas dans la tombe étaient par toi suivis,
La mort te ravirait au tyran qui m'offense....
Oui, c'est mon dernier vœu : ce sera ma vengeance....
Vois ce couteau levé... tremble!...

LA FERRONNIÈRE.

O dieux ! quel courroux!...
Épargnez-moi.... je tombe en pleurs à vos genoux....

L'ÉPOUX.

Tu ne fléchiras point mon cœur inexorable.
Infidèle ! quel crime au tien est comparable ?
La pudeur colorait les roses de ton front;
Tu semblais chaste et pure, et m'as couvert d'affront.
Si tes yeux ont brillé d'une fausse innocence,
Si de tes traits charmants la trompeuse décence,
Si ta bouche, et ton sein que glace ma rigueur,
Respira l'imposture et mentit à mon cœur,
Quel homme goûtera l'aimable confiance,
Danger, dont mon amour fit trop d'expérience ?
L'effet le plus cruel des lâches trahisons
Est de remplir les cœurs de doute et de poisons,
Et, prêtant aux vertus l'apparence des crimes,
De livrer aux soupçons les plus pures victimes.
Subis donc sans murmure un juste châtiment.
Que notre sang se mêle aux yeux de ton amant,
Qu'il teigne ces habits, ton indigne parure....
Ornements fastueux, gages de mon injure,
Ah ! tombez en lambeaux par mes mains déchirés....

CHANT TREIZIÈME.

O ciel!... la mort se peint dans ses traits altérés....
La couleur à son front tout-à-coup est ravie....
Sa gorge palpitante.... ah! reviens à la vie!....
Modère tes sanglots! cesse de t'effrayer....
Non, ton mari n'est point un affreux meurtrier.
Sur ton corps demi-nu mes lèvres enflammées....
Renais à tant d'ardeurs en mes sens allumées....
Que fais-je?.... de son œil quels éclairs sont sortis!....
O transports que jamais je n'avais ressentis!
Du courroux au pardon incroyable passage!
Baisers trempés de pleurs, plaisirs mêlés de rage,
Achevez, embrasez un mortel éperdu!....

———

Il l'embrasse, il succombe, et n'est plus entendu :
Un court silence règne; et l'épouse pâmée,
Aux baisers d'un époux doucement ranimée,
Souriant au superbe en sa couche abattu,
Dit à voix basse:

LA FERRONNIÈRE.
Eh bien! m'assassineras-tu?

———

Mais lui, se relevant:

L'ÉPOUX.
Non, plus honteux encore,
Sans retour je te fuis! désormais je t'abhorre.
Adieu! non moins perfide à l'époux qu'à l'amant,
Je te laisse au mépris : c'est le plus long tourment.

———

Il dit, et sort : mais toi, toi, pâle Syphilite,
Monstre du nouveau monde, et fille d'Aphrodite,
De la volage en pleurs tu viens troubler le sang :
Tel un reptile impur sous les fleurs s'élançant,
Infecte de son dard la bergère amoureuse
Qui les osa cueillir d'une main malheureuse.
  Au sortir du sérail, asyle empoisonné,
Le monstre, qui suivit l'époux abandonné,
Toucha la Ferronnière, et pour le venger d'elle
Son aspect flétrissant consterna l'infidèle.

SYPHILITE.

Beauté, si fière encor de tes brillants attraits,
Sens-tu mes doigts de plomb s'imprimer sur tes traits?
Sens-tu se dépouiller l'or de ta chevelure?
Pleure de ton beau col la flottante parure!
Pleure tes lys tombés au printemps de tes jours!
Ton jeune âge se ride et fait fuir les amours.
Des plaisirs criminels fatale corruptrice,
Reconnais-moi : mon fiel en tes veines se glisse.
Tu n'oseras pourtant de ton sein attristé,
Confuse, repousser un amant redouté;
Et perdus l'un par l'autre, et punis de vos crimes,
Tous deux vous périrez mes illustres victimes.
Pleure! tu vas mourir; et lui, vers le tombeau
Courbant son corps, hélas! triste et honteux fardeau,
Long-temps plein de langueur, penchera sur son trône
Un front pesant et las du poids de sa couronne;
Et lui-même abhorrant l'opprobre de son sort,
Pour le salut de tous implorera sa mort.
  Qu'un tel exemple apprenne aux souverains du monde

CHANT TREIZIÈME.

A fuir les voluptés, de qui la source immonde
Épanche un noir venin dans tous leurs sens flétris,
Et même éteint le feu des plus nobles esprits !
Puisse enfin ton trépas effrayer les épouses
Qui se vendent au luxe, aux vanités jalouses !
Car l'amour ne fut pas ton séducteur fatal :
C'est le vil Chrysophis, c'est ce dieu de métal,
C'est l'or qui t'a charmée, et qui, souillant ta couche,
Mit un infâme prix aux baisers de ta bouche :
Nouvelle Eve, éblouie au serpent adoré,
Du Pérou, du Mexique, en Europe attiré,
Monstre, que, pour tout fruit de leur conquête avare,
Traînèrent à ma suite et Cortez et Pizarre.

Syphilite en ces mots parle de Chrysophis ;
Et leur victime en pleurs fuit, en poussant des cris.

LA PANHYPOCRISIADE.

CHANT QUATORZIÈME.

SOMMAIRE DU QUATORZIÈME CHANT.

Chrysophis, ou le dragon d'or, reproche à *Magnégine*, divinité de l'aimant, d'avoir conduit dans le nouveau-monde les Européens, qui, pour leur malheur, sont venus le retirer des mines, où sa colère leur adressa des menaces prophétiques. *Magnégine* s'excuse de l'abus que les hommes ont fait des secours qu'elle prêta au génie de *Christophe-Colomb*, dont elle lui raconte les travaux et les adversités. Une nouvelle décoration présente l'aspect de deux temples, où sont reçus séparément les héros de la Gloire et ceux de la Renommée. *Charles-Quint* est accueilli dans le second par la *Louange*, qui lui promet la monarchie universelle. La *Vérité* le retient au passage, et lui annonce que sa raison va s'égarer. Dialogue entre la *Vérité* et la *Louange*. Jugement de la *Thémis Séculaire* sur les vrais et les faux grands-hommes.

LA PANHYPOCRISIADE.

CHANT QUATORZIÈME.

Les murs sont disparus : le globe de la terre
Présente dans l'azur l'arc de notre hémisphère :
Le monstre Chrysophis le parcourt en rampant :
Tel on vit dans Eden un tortueux serpent,
D'abord en humble ver suivre une obscure trace,
Et du monde en ses plis envelopper la masse.
Tel en reptile abject, en hydre immense encor,
Se déroule à son gré le nouveau dragon d'or.
 Il parle en ce moment à l'amante du pôle,
De qui l'art des nochers emprunta la boussole,
La prompte Magnégine, épouse de Sider,
Puissantes déités de l'aimant et du fer.

CHRYSOPHIS ET MAGNÉGINE.

CHRYSOPHIS.

Contemple les malheurs dont tu devins la cause
En guidant l'avarice aux mines du Potose,
Subtile Magnégine! eh bien? quand sur les eaux

Le dieu fatal du fer arma quelques vaisseaux,
Présageais-tu qu'ici par mon pouvoir suprême,
Moi, brillant dieu de l'or, je le vaincrais moi-même,
Et qu'en tyran des cœurs je saurais gouverner
Les cités de l'Europe où tu me fis traîner?
Elle te confia ses flottes intrépides :
Tu dirigeas vers moi les Castillans cupides,
Que protégeait Sider, ton inflexible époux,
Le fer cruel, de l'or ennemi si jaloux,
Qui, pour me conquérir, vint par-delà les ondes
De la terre fouiller les entrailles profondes.

Un dieu qui me celait aux regards des humains
M'ordonna de punir ce crime de leurs mains :
Instruit par ses décrets de leurs futurs supplices,
En vain je menaçai Pizarre et ses complices :
Je m'en souviens encore.... il entra, tout armé,
Au séjour ténébreux où j'étais enfermé :
Les torches que portait sa troupe criminelle
Avaient jauni le sein de la nuit éternelle;
Lorsqu'à leur pâle éclat mon corps se déroulant,
« O monstre! quel es-tu? dit-il en reculant,
« Ton front d'or qui reluit dans l'ombre où je me plonge,
« Décèle un gouffre immense où ta croupe s'allonge.
« Réponds-nous : du Potose es-tu le riche dieu
« Que la terre jalouse enchaîna dans ce lieu? »

« — Fuis! m'écriais-je alors; fuis, étranger barbare,
« Ce monde que du tien la vaste mer sépare!
« Malheur aux conquérants qui doivent m'arracher
« Des prisons où le sort prit soin de me cacher!
« Laissez d'heureux Incas ignorant ma richesse

« Bénir en paix leurs jours pleins d'innocente ivresse :
« Quittez mon antre infect, inconnu de leurs fils.
« Sortez! redoutez-moi : mon nom est Chrysophis.
« — Ah! c'est toi, repart-il, qu'au sein de ces contrées
« Nous cherchions, en coupant les vagues azurées!
« Cède aux mains des soldats appuyés de Sider. »
Mes flancs à ce discours furent atteints du fer.
Un oracle, funeste à la Castille avare,
Me donnait à ce dieu qui secondait Pizarre :
Hélas! il me fallut céder au fer vainqueur :
Mais ces sinistres mots sortirent de mon cœur,
Au moment qu'arraché de ma caverne humide,
J'attirai l'œil du jour sur ma crête livide.

« Tremblez, vous que séduit mon trésor tentateur!
« Le fer, long-temps guerrier, long-temps agriculteur,
« Vous a soumis la terre, abondante nourrice :
« Mais depuis qu'en sa rage armant votre avarice,
« Il me force à quitter le lit où je dormais,
« Chrysophis et Sider combattront à jamais,
« Et l'un l'autre animés d'une envie éternelle
« Troubleront vos neveux de leur longue querelle.
« Suivis des trahisons et des assassinats,
« Jaloux de s'asservir par de sanglants combats,
« Ils baigneront l'Europe en des flots de carnage :
« Et si, du monde un jour méditant l'esclavage,
« Le fer s'unit à l'or, vous pleurerez vos droits,
« Vos vertus, vos hymens, et vos antiques lois.
« Nous flatterons l'orgueil de vos épouses vaines,
« Nous corromprons vos cœurs; nous forgerons vos chaînes;
« Nous appesantirons les trônes détestés,

« Et nous couronnerons les vices effrontés.
    « Ah ! prévenez vos maux et des forfaits sans nombre !
« Ah ! laissez-moi rentrer au sein profond de l'ombre,
« Où, si je ne fus pas trompé d'un bruit menteur,
« Vespuce, de ce monde avide explorateur,
« Aux doux Péruviens, aux enfants du Mexique,
« Fera payer le nom qu'il donne à l'Amérique !
« Gloire, que l'Éternel devait, en son courroux,
« Ravir au précurseur de brigands tels que vous. »

MAGNÉGINE.

Que dis-tu, Chrysophis, et quelle erreur t'abuse ?
Ce faux lustre, succès d'une perfide ruse,
De Vespuce à jamais est l'avilissement,
Et des faits de Colomb l'éternel monument.
Jamais nul des larcins qu'on put faire au génie
N'appauvrit le trésor de sa gloire infinie :
Les siècles, qui des prix sont les dispensateurs,
Trompent les vœux jaloux de ses imitateurs.
    Vespuce, qui suivit d'une ame intéressée
La route que Colomb avait déja tracée,
Aux bords qu'il atteignit ne recherchait que l'or :
Colomb, plus fier, briguait un plus noble trésor,
Le nom de demi-dieu, révélateur d'un monde :
Et sur l'aspect des temps, d'Uranie et de l'onde,
Prophète audacieux de son propre destin,
Il jura sa conquête, et l'accomplit enfin.
Que l'univers le sache : apprends sa gloire ; écoute,
Et crois en Magnégine ; elle éclaira sa route.
    Aux bords liguriens, parmi des matelots,
Il me vint en naissant consulter sur les flots :

CHANT QUATORZIÈME.

J'écartai des écueils sa jeunesse agitée :
Je remis dans ses mains mon aiguille aimantée,
Gage de mon hymen avec le dieu du fer :
Pour moi, sœur d'Électrone, invisible dans l'air,
Nul homme avant ces nœuds ne m'avait dévoilée.
Je lui dis qu'en secret au pôle rappelée,
Sous le joug de Sider le regardant toujours,
Je ne tends qu'à l'objet de mes premiers amours.
Instruit de mon penchant par cette confidence,
Son soin observateur m'attesta sa prudence.
Je lui voulus payer en bienfaits renommés
Les loisirs qu'à m'entendre il avait consumés.
Un jour que soupirait ce disciple d'Euclide
Tourné devant les mers qui couvrent l'Atlantide;
« Les mortels, me dit-il, moins courageux que moi,
« N'osent tenter la sphère et voguer sur ta foi:
« Mais ce ciel où ma vue a compté tant d'aurores,
« Ce colosse debout dans les îles Açores,
« Son bras levé qui semble aux bords occidentaux
« Me montrer un chemin vers des pays nouveaux,
« Ah! s'ils me promettaient les tributs du commerce
« Dont la source enrichit la Syrie et la Perse!
« Tentons plus que n'ont fait les héros les plus grands.
« La science aux yeux d'aigle a ses prompts conquérants,
« Qui de ceux de la guerre, environnés d'alarmes,
« Surpassent les exploits, sans tumulte, et sans armes.
« Ouvrons, ô Magnégine! ô ma divinité!
« Ces mers dont on n'osa fendre l'immensité. »
Il dit, et j'assurai mon aide à son audace.
Mais du rare génie ordinaire disgrace!

Le vulgaire, trop bas près de si hauts esprits,
N'atteint pas aux objets que leurs yeux ont surpris ;
Et huit ans de dédains, sans lasser son courage,
Ont de ses beaux succès démenti le présage.
Enfin, domptant la brigue et l'incrédulité,
Loin de tout bord terrestre il s'est précipité.
Oh ! comme ses nochers rappelaient le rivage,
Quand sur le vaste gouffre, empire de l'orage,
Chaque jour, allongeant leur liquide chemin,
Ne montrait plus qu'un ciel et qu'une mer sans fin !
Lui, calme, tint sur moi son regard immobile :
Mes seuls balancements glaçaient son cœur tranquille.
Combien je frémissais en mes doutes flottants !
En vain déguisait-il son trajet et le temps :
Ses amis, éperdus entre les vents et l'onde,
Jurent de l'engloutir sous la vague profonde ;
Quand, fixant à deux jours le terme de son sort,
Intrépide, il promet sa conquête, ou sa mort.
Et sur quoi cependant plane son espérance ?
Sur une mer déserte; abyme affreux, immense !
Mais le vol d'un oiseau, né sous de nouveaux cieux,
Augure favorable, étonne tous les yeux :
Mais une herbe, qui cède au torrent qui l'envoie,
Est reçue en signal de victoire et de joie.
Sur l'humide horizon les regards sont tendus.
Nuit dernière, par toi les aspects confondus
Laissent poindre en ton sein une clarté lointaine :
Les nochers attentifs sont sans voix, sans haleine :
Cependant Lampélie, aux traits d'un doux rayon,
Divinité du jour et fille d'Hélion,

CHANT QUATORZIÈME.

Du soleil immobile éternelle courrière,
Révèle un continent que frappe sa lumière :
« Gloire à Colomb ! dit-elle ; et, le bénissant tous,
« Terre ! voici la terre ! un monde vient à nous ! »
Tel est le cri perçant que, sur chaque navire,
Pousse la foule en pleurs vers Colomb qu'elle admire.

Rivages d'Haïti, vos hôtes innocents
Reçurent ces héros comme des dieux puissants ;
Et pour leur consacrer les trésors de la terre
Ils n'attendirent pas les coups de leur tonnerre !

Colomb victorieux, Colomb, fier cette fois
D'aller frapper l'Europe au bruit de ses exploits,
Jaloux qu'on reconnût ce rêveur en délire
Qu'insultait l'ignorance et le malin sourire,
Colomb rendit sa voile à des vents ennemis.
Un fortuné retour lui sera-t-il permis ?
Non, soulevés du choc des tempêtes cruelles,
Les flots, plus mutinés que ses soldats rebelles,
Rugissent de fureur et brisent ses vaisseaux.
« Eh quoi, les cieux, la foudre, et les vents, et les eaux,
« Veulent, s'écria-t-il, engloutir ma mémoire...!
« Eh bien ! grand Océan, hérite de ma gloire.
« Puisqu'à jamais privé de revoir mon foyer,
« Mes destins dans l'oubli sont prêts à se noyer,
« Reçois dans tes torrents, arrache à la tempête
« Le secret de ma route, admirable conquête,
« Et porte vers l'Europe, alors que je péris,
« L'espoir du nouveau monde, et mes travaux écrits. »
Il jette alors son titre, auguste caractère,
Au terrible Océan, son dernier légataire.

Mais du sein bouillonnant de son gouffre profond
Le dieu sort, blanc d'écume, et soudain lui répond:
« Va, Colomb, ne crains pas que la mer te dévore :
« Va retrouver les cours, plus perfides encore,
« Où des vents plus jaloux et non moins furieux
« Te feront aux enfers tomber du haut des cieux.
« Quel salaire y reçoit le génie et ses peines!
« Je te reverrai nu, le corps meurtri de chaînes,
« Attester que l'abyme où gronde au loin ma voix
« Est plus calme et plus sûr que le palais des rois.
« Mais tel que sont liés le pôle et Magnégine,
« Marche, attiré, conduit par ta vertu divine! »
 Le dieu ne lui dit pas que mon époux Sider
Livrerait sa conquête à l'empire du fer,
Ni que la bouche en feu du grondant Pyrotone
Des brigands de l'Europe y fonderait le trône :
Le dieu ne lui dit pas qu'un indigne bonheur
De ses faits à Vespuce attacherait l'honneur.

CHRYSOPHIS.

Il est vrai; tout héros, que hait la jalousie,
N'est vanté dans les cours que par l'hypocrisie :
Les princes ombrageux paraissent s'effrayer
Du mérite éminent que l'or ne peut payer.
Voilà comme, traînant sa pourpre accoutumée,
Charles-Quint que je sers court à la renommée :
Aux talents imposteurs accordant son appui,
Et voulant au respect ne présenter que lui :
Voilà comme en un âge éclatant en prodiges
Il croit tout éclipser à force de prestiges :
Vois outrager Colomb, et courir les mortels

CHANT QUATORZIÈME.

Aux pieds de l'oppresseur qui me doit ses autels.

En deux temples déja la scène est ranimée,
L'un à la gloire ouvert, l'autre à la renommée :
Dans l'un sont les héros, martyrs de leurs vertus,
Qui, relevant Thémis et les arts abattus,
Servaient la piété, les lois, et la patrie;
Ceux qui rivaux d'Alcide ont, d'une ame aguerrie,
Opposé la constance unie à la valeur,
Aux monstres, aux tyrans, et sur-tout au malheur:
Les sages qu'abreuva la coupe de Socrate;
Les doctes bienfaiteurs, disciples d'Hippocrate,
Qui, donnant aux humains des jours nombreux et doux,
En bravant les fléaux les écartaient de tous,
Et qui, des morts hideux fouillant la sépulture,
Pour y chercher la vie ont vaincu la nature;
Là, sont Euclide, Hipparque, hommes de qui les yeux
Mesurèrent l'espace et les orbes des cieux;
Et tristes compagnons et d'Homère et d'Alcée,
Tous deux chantant des rois la colère insensée,
Ces poëtes nés fiers, indigents illustrés,
Qui, dédaigneux des grands, aux peuples sont sacrés.
   Dans l'autre temple étaient les favoris du monde,
Assis sur les degrés que l'illusion fonde;
Ce concours insensé que dans le sein du bruit
La louange et le blâme au hasard ont produit;
Ces singes des Bacchus, des Ammons, des Hercules;
Ces brigands, d'Érostrate exécrables émules,
Qui, tels que les Xerxès et les fougueux Timurs,
Ont fondé leurs honneurs en détruisant des murs.

On y voit tous les fous chers à la renommée,
Ceux même dont l'ivresse au meurtre accoutumée
S'illustrait en riant des publiques douleurs;
Un vil Sardanapale, un Néron ceint de fleurs :
Là, brillent le caprice et les sectes nouvelles;
Et, parmi des lueurs qui semblent éternelles,
Figurent ces talents faux et présomptueux,
Des muses et des arts avortons monstrueux ;
Là, de folles beautés, sur l'autel d'Aspasie,
Divinisent enfin jusqu'à leur frénésie,
Consacrant les banquets et les galants tributs
Ou d'un Alcibiade, ou d'un Apicius;
Montrant par-tout l'orgueil de leurs têtes huppées,
Des peuples trop enfants immortelles poupées.
 La Louange, tenant l'encensoir à la main,
De Charles-Quint alors parfumant le chemin,
Le conduit au travers d'innombrables images,
Simulacres des dieux, des demi-dieux, des sages,
Masques ternis, concours d'infidèles portraits,
Qui du vainqueur flatté relèvent tous les traits.
 Il monte au sanctuaire en acteur héroïque;
Et bientôt, exhaussé sur un trône magique,
Semble, en levant des yeux pleins de sécurité,
Soi-même s'admirer dans la postérité.

CHARLES-QUINT, LA LOUANGE, ET LA VÉRITÉ.

LA LOUANGE.

Je ne sais plus à qui te comparer, grand homme,
Entre tous les héros que la mémoire nomme.

Sésostris et Cyrus me semblent fabuleux ;
Le divin Alexandre eut le cœur trop fougueux :
César fut grand, mais froid; Constantin, hypocrite;
Attila, sacrilège; et ta gloire mérite
D'effacer Charlemagne, aussi-bien que Clovis,
Princes dignes des Goths dont ils furent suivis :
Tous jetaient des clartés moins brillantes que rares
En d'incultes pays, en des siècles barbares,
Chez des peuples sans lois, ou trop efféminés
Pour repousser les fers qui les ont étonnés :
Aisément dans l'Asie on sema l'épouvante ;
Mais toi, dominateur de l'Europe savante,
Toi, fameux Charles-Quint, en un temps éclairé,
Tu luis sur l'occident comme un astre épuré.
La terre ouvre pour toi ses mamelles fécondes ;
Ton nom, l'effroi des mers, retentit aux deux mondes;
Toi seul enfin es tout, conquérant, fondateur,
Dieu pacificateur, et même créateur.

CHARLES-QUINT.

Tais-toi : je ne veux pas que l'on me déifie :
La Louange est flatteuse, et mon cœur s'en défie.

LA LOUANGE.

Tu t'élèves encor par tes humbles discours :
Mais quoi ? des nations démens-tu le concours ?
Et les arts à ma voix consacrant tes batailles,
Et tes lois se gravant sur de nobles médailles,
Et ta statue équestre en toutes les cités
Multipliant ta vue et tes faits récités ?

CHARLES-QUINT.

La haine, après un temps, flétrira mes images,

Et dira que mes dons ont payé tes hommages.
J'entendrai chez les morts cent reproches amers
D'avoir suivi, trompé tant de partis divers;
Et penchant tour-à-tour vers Luther ou l'Église,
Immolé l'un et l'autre à ma haute entreprise.

LA LOUANGE.

L'histoire à l'avenir ne prouvera que mieux
Que tu parus dévot, et ne fus point pieux.
Un héros tel que toi, que le génie éclaire,
Se rit des préjugés qu'il inspire au vulgaire.
  Poëtes ! unissez vos luths à mes accents !
Thurifères, trépieds, accablez-le d'encens;
A ce triomphateur présentez vos offrandes,
Filles, femmes, enfants, que j'ornai de guirlandes !....
Son œil déjà s'enflamme, et les destins obscurs
S'éclaircissent pour lui, soleil des temps futurs.
Enivré de mon hymne, et du concert des âges,
Et de tant de parfums qui montent en nuages,
Le voilà qui s'agite...! Il voit sur mon autel
L'Europe enfin lui tendre un sceptre universel.

CHARLES-QUINT.

Oui, j'atteindrai ce prix, qu'on croit inaccessible...
Désormais à mon bras est-il rien d'impossible ?
M'abusé-je d'un songe, ou d'un tableau trompeur
Que de ces flots d'encens produirait la vapeur?
Non, ma tête affermie est sans trouble et sans rêve.
Seul, je puis tout régir; plus de paix ni de trève :
Il faut que sous mon joug l'univers n'ait qu'un roi,
Ainsi qu'il n'a qu'un Dieu, qu'un centre, et qu'une loi.
Sortons, accomplissons mon grand dessein.

CHANT QUATORZIÈME.

LA VÉRITÉ.

Arrête !
Un excès de fumée a surchargé ta tête ;
Et je dois, en passant, t'avertir que l'orgueil
Frappera ton cerveau, près de ce même seuil.

CHARLES-QUINT.

Comment? qu'a donc mon vœu qui soit déraisonnable?
François-Premier n'est plus; Henri, peu redoutable,
En désastres verra se changer les succès
Dont son règne naissant éblouit les Français :
Un fils, de ma couronne héritier chez l'Ibère,
Par son utile hymen m'asservit l'Angleterre ;
Vainement Albion, qu'alarment ses projets,
Veut au pouvoir de Rome enlever ses sujets ;
Philippe inquisiteur, par son zèle inflexible,
M'assure le pontife, à mes rivaux terrible :
L'Église parle, au nom du ciel et de l'enfer,
Contre les libertés que proclama Luther ;
Elle enchaîne à mon joug toute la Germanie :
Qui la disputerait à ma race bannie ?
Serait-ce Ferdinand, ce frère que mes mains
Ont couronné lui-même, et fait roi des Romains ?
Il ne peut refuser, pour le but où j'aspire,
De céder à mon fils le trône de l'empire,
Si contre Soliman je soutiens son effort :
Et, ma seule maison régnante après ma mort,
L'Europe sous mes lois florissante, enrichie,
Ne sera qu'une immense et stable monarchie.
  Alors, qui retiendra mon aigle en son essor ?
De Bysance en Asie il peut voler encor,

Planer sur le Liban, où la croix fut plantée,
Remonter de Gengis la route ensanglantée;
Et, donnant à la Chine un nouvel empereur,
Aux mers de la Corée essayer sans terreur
De m'ouvrir quelque voie inconnue au Tartare,
Vers ce monde récent que m'a conquis Pizarre :
Et je verrais enfin, abordant au Pérou,
Le globe entier soumis.

LA VÉRITÉ.

Grand roi, tu n'es qu'un fou.

LA LOUANGE.

Divinité fâcheuse à la haute puissance,
Que tu mérites bien le dédaigneux silence
De ce fier empereur qui te tourne le dos !

LA VÉRITÉ.

C'est l'adieu que souvent je reçus des héros.

LA LOUANGE.

Quelle chaleur te pousse à dire tes pensées ?

LA VÉRITÉ.

L'espoir de prévenir leurs fureurs insensées.

LA LOUANGE.

Mentir est profitable, et ton langage est vain.

LA VÉRITÉ.

Je parle pour instruire, et sans l'espoir du gain.

LA LOUANGE.

On ne te croit jamais; tu n'enrichis personne.

LA VÉRITÉ.

On t'évalue au poids de l'argent qu'on te donne.

LA LOUANGE.

Où voit-on estimer tes tristes sectateurs ?

Les biens et le crédit comblent mes orateurs.
Qui sont les mendiants? ce sont tes interprètes.
Qui marche sur tes pas? des aveugles poëtes,
Chantant pour les oisifs, une tasse à la main ;
Des pédants sans manteau, sans chaussure, et sans pain.
Ces pauvres confidents de la Nature immense,
Savent peu mes secrets pour chasser l'indigence.
Mais vois les favoris qu'emmiellent mes discours ;
Vêtus de pourpre, ils sont les idoles des cours.
Ton Homère si gueux, ton Phocion si rustre,
Ont-ils jeté l'éclat de mon Séjan illustre ?

LA VÉRITÉ.

Tu fais des rois plus vils que des bêtes sans lois,
Et je fais d'Épictète un égal des grands rois.

LA LOUANGE.

Va, va, sors de ce monde! on ne t'écoute guère.

LA VÉRITÉ.

Aussi voit-on durer l'injustice et la guerre.

LA LOUANGE.

Lie au moins ta droiture à mon art captieux.

LA VÉRITÉ.

J'aime mieux fuir la terre, et m'exiler aux cieux.

Mais entends-tu, là-haut, la Thémis séculaire
Aux crimes, aux vertus, dispenser leur salaire ;
Et sur tes favoris, sa voix, qui te dément,
Renouveler encor l'antique jugement ?

LA THÉMIS DES SIÈCLES, LES VRAIS ET LES FAUX GRANDS HOMMES.

PYTHAGORE.
J'éclairai les mortels.
HOMÈRE
J'éternisai leur gloire.
ÉPAMINONDAS.
La vertu fut ma loi.
ALEXANDRE.
Ma loi fut la victoire.
NUMA.
Rome eut par moi des mœurs.
BRUTUS L'ANCIEN.
Je brisai ses liens.
ATTILA.
J'ai fait frémir les rois.
SYLLA.
Et moi, les citoyens.
ARCHIMÈDE.
Je pesai l'univers.
PLINE.
J'en burinai l'histoire.
OMAR.
Je brûlai les écrits.
TIBÈRE.
Je bravai leur mémoire.

COLOMB.

J'acquis un nouveau monde.

CÉSAR.

Et j'ai mis l'autre aux fers.

LA THÉMIS DES SIÈCLES.

Vous donc, volez aux cieux! Vous, tombez aux enfers.

CÉSAR.

Quoi! César même!

LA THÉMIS DES SIÈCLES.

Oui, toi, dont la gloire usurpée
A fait céder la toge au pouvoir de l'épée ;
Toi qui, dans l'univers, né pour tout subjuguer,
Tuant la liberté que tu lui pus léguer,
Laissas par ton exemple, en sanglant héritage,
L'empire à des Nérons qu'adora l'esclavage.

LA PANHYPOCRISIADE.

CHANT QUINZIÈME.

SOMMAIRE DU QUINZIÈME CHANT.

Le sultan *Soliman* s'entretient avec un muphti de la démence qui vient de saisir l'empereur *Charles-Quint*; et de sa reclusion volontaire au monastère de Saint-Just. Retraite de *Charles-Quint* : son dialogue avec un moine *Jéronimite*. L'orgueil lui inspire dans la solitude le desir de surmonter la gloire des saints par ses austérités ; mais saint *Jérôme*, saint *Augustin* et saint *Bernard* lui apparaissent, et confondent ses vanités.

LA PANHYPOCRISIADE.

CHANT QUINZIÈME.

Ici paraît Bysance, et les jardins charmants
Consacrés aux loisirs des princes ottomans,
Colline où du cyprès la verdure éternelle
De leur divin sérail couvre l'enclos fidèle,
Et dont la pente, riche en brillants minarets,
En bassins couronnés d'ombrages toujours frais,
S'incline vers la rive où mugit le Bosphore,
Amphithéâtre ouvert aux rayons de l'aurore,
D'où l'œil se plaît à voir, des bouts de l'univers,
Le commerce appelé par les vents de deux mers.
C'est là que, relevant sa moustache épaissie
Qu'une pipe enfumait des parfums de l'Asie,
Couché parmi des fleurs, au sortir du divan,
Parle avec un Muphti l'auguste Soliman.

SOLIMAN, ET LE MUPHTI.

SOLIMAN.
Assis dans ces beaux lieux, ministre du prophète,
Quels pensers près de moi te roulent dans la tête?

LE MUPHTI.

Je songe à ton pouvoir, ô mon souverain bien !
SOLIMAN.

Muphti, Dieu seul est grand! les princes ne sont rien.
LE MUPHTI.

Est-ce au fier Soliman qu'il convient de le croire?
SOLIMAN.

Vois l'immense horizon où Dieu montre sa gloire:
Lui seul imprime un ordre immuable et certain :
Dieu seul gouverne tout; nos cœurs sont en sa main.
LE MUPHTI.

Son prophéte remet aux sultans de la terre
Sa règle invariable et son puissant tonnerre.
SOLIMAN.

De l'aurore au couchant s'il n'est plus de rival
Qui soutienne ma vue et marche mon égal;
A qui le dois-je? au Dieu dont les flèches lancées
Ont de mon fier émule abattu les pensées:
La veille, il disputait l'Europe à ma grandeur;
Le lendemain, du trône il a fui la splendeur.
De l'altier Charles-Quint mémorable caprice!
LE MUPHTI.

Les chrétiens sont jaloux, superbes, sans justice;
Et le ciel a permis, malgré ses faits passés,
Que ce héros tombât au rang des insensés.
D'où part ce changement? de son orgueil avare.
Voulant à sa couronne ajouter la tiare,
Il osait plus tenter que n'ose un vrai sultan
Qui, du seul glaive armé, nous laisse l'Alcoran ;
Et qui, sans renverser les lois qui l'ont vu naître,

Est le chef des croyants et n'en est pas le prêtre.
Voilà pourquoi l'ennui, triste enfant de l'orgueil,
L'a fait tomber du trône et jeté dans le deuil.

SOLIMAN.

Non, Muphti, ce dessein que lui prête la haine,
N'a jamais pu troubler sa raison souveraine.
Cet empereur savait que, bornés dans leurs droits,
Les pontifes toujours sont au-dessous des rois.
La voix des cultes saints dirige le vulgaire
Suivant qu'un potentat la fait parler ou taire.
Il n'eut donc pas besoin, pour combler son pouvoir,
Que sa main réunît le sceptre et l'encensoir.
Si Charles-Quint est las des pompes qu'on envie,
C'est qu'il se crut lui-même artisan de sa vie,
Et que de sa sagesse osant se prévaloir,
Resserré dans ses droits moindres que son espoir,
Impie, et n'ayant plus que soi pour vaine idole,
Perfide à ses traités, parjure à sa parole,
En ses propres complots enfin enveloppé,
Des grands revers du sort il s'est senti frappé;
Et de ses vœux hautains n'atteignant pas le faîte,
L'ambition le plonge au fond de la retraite.

LE MUPHTI.

On dit qu'il se repent de sa témérité
Qui ploya son église à son autorité.
Pour vous, ô Soliman, dont la rare prudence
Souffre de nos docteurs la sainte indépendance,
Votre cœur, mieux instruit par le grand Mahomet,
A notre auguste foi lui-même se soumet.

SOLIMAN.

J'obéis à Dieu seul, non à ton ministère :
Si des prêtres s'armaient de leur sacré mystère,
Ce Dieu, qui m'a conduit, prompt à les condamner,
M'inspirerait l'ardeur de les exterminer.

LE MUPHTI.

Ah! des lois des sultans fidèles émissaires,
Ils ont, sous votre aïeul, béni vos janissaires,
Et de ce vaste empire étendu le confin
Du Danube à l'Euphrate, et du Nil à l'Euxin.
Notre ange qui vous guide exauce leurs prières.

SOLIMAN.

Sois vrai : pourquoi, Muphti, nous voiler nos lumières ?
A l'âge où tous les deux nous voici parvenus,
Peu de secrets d'état nous restent inconnus.
De tant de nations la diverse doctrine
D'un même espoir en Dieu tire son origine.
Les antiques respects des sages Indiens,
Les temples musulmans, et les autels chrétiens,
N'encensent que l'auteur, maître de tous les maîtres,
Que croiront nos neveux, que croyaient nos ancêtres :
Les cultes sont nombreux, le Dieu n'est qu'un pour tous.
Les rois et les sultans de leur gloire jaloux
Souvent ont sans remords uni Rome et Bysance.
Mon croissant qui s'allie à la croix de la France
Prouve que mes pareils aux volontés du sort
Des fanatismes vains soumettent le ressort.
Moi-même enfin, dans Rhode ouverte à ma vaillance,
Aux tentes des chrétiens accordant ma présence,

J'allai d'un preux vieillard, chevalier de sa foi,
Honorer la valeur si terrible pour moi :
Qui me poussait? Dieu seul, qui d'un amour sincère
M'émeut pour la vertu même d'un adversaire.
Docile au créateur de la terre et des cieux,
Sans superstition je porte un cœur pieux.
Crois-tu que néanmoins de regrets attaquée
Ma vieillesse s'enferme au sein d'une mosquée,
Ainsi que mon rival dans un cloître ignoré
Se cache à l'Occident dont il fut adoré?
Non, le ciel me créa pour livrer des batailles :
Je mourrai combattant sous d'illustres murailles ;
Et s'il eût à la meule enchaîné mon destin,
J'aurais en paix subi cet autre arrêt divin.
Instrument de la loi qui règle tous les hommes,
Dont la fatalité nous fit ce que nous sommes,
J'ai mis en feu Belgrade, empli Vienne d'effroi,
Vaincu les Mamelus asservis à ma loi ;
Et moi, si redouté jusque dans Ecbatane,
L'amour m'a fait trembler aux pieds de Roxelane!
Hélas! que sommes-nous, vains jouets des hasards?
Du triste Charles-Quint plaignons donc les écarts.
Que notre ame jamais ne soit enorgueillie
De sa fausse raison, si près de la folie.
Frémissons, à l'aspect d'un morne aveuglement,
De la fragilité de notre jugement.
Ce céleste flambeau de notre intelligence,
Qu'est-ce? un rayon qu'un souffle ôte à l'esprit qui pense.
Cette horreur me présente un abyme d'ennui....
Va, n'espérons qu'en Dieu, notre suprême appui.

Lis-moi notre Alcoran, tout plein de son génie.
L'oreille que chatouille une vague harmonie,
Porte aux sens enchantés moins de douce langueur,
Que ce sublime écrit n'en inspire à mon cœur.

Ainsi de l'Orient parlait l'auguste maître.

Des murs de Constantin qu'on a vus disparaître,
La scène est transportée en ce paisible lieu
Où Charles-Quint au monde a dit enfin adieu!
Le voilà seul, errant en un long vestibule,
Où les tristes lueurs du premier crépuscule,
Nuançant leurs reflets sous les vitrages peints,
Doublent sur le plancher les figures des saints.
Appelant dans le chœur tous les révérends pères,
Sa voix avant la cloche éveille ses confrères.
Oh! quel rire élevé du parterre infernal
Accueillit tout-à-coup son zèle matinal!
Pâle encor de sommeil, un froid jéronimite
Sort, et réprime ainsi la chaleur qui l'excite.

CHARLES-QUINT, ET LE JÉRONIMITE.

LE JÉRONIMITE.
Toi, qui troublas le monde, enfin lassé du bruit,
Ne permettras-tu pas qu'on dorme ici la nuit?
CHARLES-QUINT.
Est-ce pour sommeiller que l'homme est sur la terre?
Attends-tu que l'aurore ait blanchi l'hémisphère,

Pour traîner aux autels ton languissant amour
Vers le Dieu dont la main va rallumer le jour?
Faut-il que du matin le prompt oiseau devance
Les chants religieux de ta reconnaissance?

LE JÉRONIMITE.

A la force toujours mesurant le devoir,
Dieu ne commande rien qui passe le pouvoir :
Il divisa le temps par l'ombre et la lumière,
Afin que le repos suspendît la prière.

CHARLES-QUINT.

De tous temps on m'a vu, moi, chef du monde entier,
Aux offices pieux m'empresser le premier.

LE JÉRONIMITE.

Seigneur, la vanité de s'offrir pour modèle
Aux labeurs diligents pousse autant qu'un vrai zèle.
La simple humilité ne se distingue pas.
Mais quoi! l'ambition eut pour vous tant d'appas,
Que dans le sein obscur de votre monastère
Vous en portez toujours l'orgueilleux caractère.

CHARLES-QUINT.

Toi, qui si hautement me parles sans terreur,
As-tu donc oublié que je fus empereur?

LE JÉRONIMITE.

N'avez-vous pas du siècle abjuré les maximes?

CHARLES-QUINT.

On me rend en ces murs des respects légitimes :
Tes compagnons pour moi n'ont pas ces fiers dédains.

LE JÉRONIMITE.

C'est qu'exilés du monde, ils ont des cœurs mondains;
Et qu'ils fondent l'espoir de leur vaine prudence

Sur des appuis de chair, non sur la providence.
CHARLES-QUINT.
De quel vil intérêt les peut-on soupçonner ?
Sans sceptre, je n'ai plus de biens à leur donner.
LE JÉRONIMITE.
Vous imaginez donc, sans or ni diadême,
Que, parfait en tous points, en vous c'est vous qu'on aime ?
Ah ! reconnaissez là le piége le plus fin
Qu'à vos présomptions tende l'esprit malin.
Si de tous vos flatteurs vous reste un petit nombre,
De vos honneurs quittés c'est qu'on encense l'ombre.
Les titres, les succès, et les exploits vainqueurs,
Gravent un souvenir dont s'étonnent les cœurs.
Un homme qu'une fois ont admiré les hommes,
S'abaisse faussement dans les rangs où nous sommes ;
Son renom qu'il y porte, et qu'il feint d'y cacher,
De son aspect jamais ne peut se détacher.
Née en lui d'un revers, ou de sa fantaisie,
Son humilité même accroît la jalousie :
Même entre les reclus, peu de sages mortels
Pour se voir tous égaux ont des yeux fraternels.
L'un, qui suit tous vos pas mieux que ceux de l'apôtre,
Rend sa retraite illustre en écrivant la vôtre :
L'autre, espère qu'à Rome un jour sera redit
Son éloge, appuyé de votre haut crédit,
Et que l'épiscopat, le tirant du chapitre,
Changera, devant tous, son capuchon en mitre.
Les disciples d'Ignace, épiant vos discours,
Se façonnent dans l'art d'intriguer près des cours,
De bénir les complots, d'étouffer les scrupules,

CHANT QUINZIÈME.

Et de saisir des grands les oreilles crédules.
Ceux qu'instruisit Pacôme à se mortifier,
Ardents en leur ferveur pour s'en glorifier,
Des ermites de Thèbe imitant les merveilles,
Disputant de maigreur, de jeûnes et de veilles,
Tâtant leurs os, leur chair, au défaut du miroir,
S'efforcent de pâlir les traits qu'ils vous font voir.
Ceux-là, de vos destins affectant l'ignorance,
Fiers que vous subissiez leur feinte indifférence,
Appliquent, en passant, un soin minutieux
A vous sembler distraits quand vous cherchez leurs yeux.
A quoi bon tant de peine où leur orgueil succombe,
Pour descendre avec Job et nous deux, sous la tombe?

CHARLES-QUINT.

Moine altier, te crois-tu le seul sage ici-bas?

LE JÉRONIMITE.

Non, mon infirmité ne m'enorgueillit pas.

CHARLES-QUINT.

Qui donc a tes respects?

LE JÉRONIMITE.

Tout homme époux et père,
Qui vit d'un art utile, ou cultive la terre:
Ce mortel est béni de sa race et de Dieu.

CHARLES-QUINT.

Apprends-moi....

LE JÉRONIMITE.

L'airain sonne; allons prier: adieu!

CHARLES-QUINT, *seul*.

Quel esprit saint remplit ce jeune homme inflexible!
Le silence profond, et l'étude paisible,

Comme deux anges saints l'écartant du péril,
Ont-ils instruit son cœur en son pieux exil,
Et bornant ses regards aux murs d'un monastère,
Et vers Dieu seul tournant son ame solitaire,
Tellement éclairé sa méditation
Qu'il ait vu le néant de toute ambition!
A ses traits, à son œil, pleins d'une ardente flamme,
On n'accusera pas le sommeil de son ame :
Ainsi donc sa vertu comme une aigle a plané
Par-dessus l'univers qu'enfin j'ai dominé;
Et, venu sans fatigue à ce point où j'arrive,
Il foule aux pieds l'orgueil, et rien ne le captive,
Quel exemple! ma gloire a sujet d'en rougir.
Vain jouet des humains que je pensais régir,
Il m'a fallu, traînant mes pompeuses entraves,
Être esclave du joug reçu par mes esclaves....
Vous le savez, palais, qui sous vos riches toits
Me vîtes de ma pourpre étaler tout le poids;
Et vous, larges parvis, et degrés des portiques,
Usés par mon cortège en des fêtes publiques,
Vous, enceintes des camps où, malheureux acteur,
Je m'offrais en spectacle au peuple adorateur,
Dites quels noirs chagrins dévorés en silence
Démentaient de mon front la pénible insolence !
Combien, sous les dehors de ma sérénité,
D'orages menaçants mon cœur a palpité!
Parlez, ô tristes nuits! parlez, ô jours sinistres!
Sans repos consumés près d'assidus ministres;
Terres, fleuves, et mers! dites combien de fois
Je vous ai traversés, et j'ai changé vos lois !

Afrique, parle! Europe, as-tu quelques rivages
Que je n'aie étonnés de mes nombreux voyages?
Eh bien! de ces labeurs quels ont été les fruits?
Des troubles pour le monde, et pour moi des ennuis.
Tant de peuples charmés, courant de ville en ville
Aux décorations de mon faste inutile,
Admirent du même œil mes ingrats successeurs,
De mes nobles tréteaux aujourd'hui possesseurs.
Heureux si pour tout prix, mon siècle, tu m'égales
Aux rois dont j'imitai les scènes théâtrales,
Et si je ne me perds sous tous les monuments
Des princes qu'ont vantés l'histoire ou les romans!
Ai-je assez fait déja pour éclipser leur gloire?...
Non, non, quittons ce cloître où languit ma mémoire.
Reprenons la couronne; et que mes cheveux blancs
Frappent encor les yeux de mes rivaux tremblants!...
Obtenons un triomphe à mon fils, à mon frère,
Et de l'aigle assoupi réveillons le tonnerre....
Superbe! que dis-tu? ne te souvient-il pas
Qu'en litière traîné parmi tes vieux soldats,
Tes débiles esprits, tes forces épuisées,
Trahissant ta fortune, excitaient leurs risées...
Il était temps, hélas! de jeter ton fardeau....
Du trône descendu, marche en paix au tombeau.
Mais pourquoi sans honneur, prêt à fuir la lumière,
Suivre encore un modèle en quittant ma carrière?
Second Dioclétien parmi les empereurs,
Mourrai-je à son exemple en arrosant des fleurs?
Qu'une palme nouvelle orne ma sépulture.
Ici l'orgueil en froc est humble sous la bure :

Dans l'ombre il se conquiert le respect des humains :
J'ai vaincu des héros; je veux vaincre les saints;
Et, de ma pénitence illustrant le supplice,
Faire autant que ma pourpre adorer mon cilice.

Il dit : l'enfer s'émut du projet que l'orgueil
Soufflait à l'insensé, méditant son cercueil.
On le vit tout-à-coup, muet, sourd, et stupide,
L'œil et les mains au ciel, courbant un front timide,
De derniers ornements prompt à se dépouiller,
En face de la croix allant s'agenouiller.
 Parmi les changements que l'intermède entraîne,
Son même aspect, toujours reproduit sur la scène,
Aux démons sans pitié rend un rire inhumain.
 Il entre au chœur du temple, un missel à la main;
Et jusqu'au soir unit ses accents hypocrites
Aux longs psaumes hurlés par cent gueules bénites.
Ses entrailles à jeun alors ont beau crier,
Devant la table sainte il s'obstine à prier.
 Les moines cependant, zélés en gourmandise,
Assis au réfectoire, amour de leur église,
Ont laissé ce martyr, le chapelet au cou,
Seul, errant dans la nef, et canonisé fou.

O du théâtre alors enchantement extrême!
Du sanctuaire ouvert le spectacle est le même;
Et le seul mouvement qu'un art divin produit
Est le dernier combat du soir et de la nuit.
 Plus des murs spacieux les ténèbres noircissent,

Des cierges rougissants plus les feux s'éclaircissent;
Et tandis qu'aux piliers l'ombre ôte la couleur,
L'or aux flambeaux reluit avec moins de pâleur.
Les stalles dans le deuil s'ensevelissent toutes :
Et sous les jets croisés et les hauts arcs des voûtes,
Les fenêtres du chœur entr'ouvrent d'un côté
Aux rayons de la lune un passage argenté :
Son disque, honneur du ciel, blanchit quelques nuages.
 Le cœur de Charles-Quint, plein de confus orages,
Soupire; et, frissonnant dans le temple profond,
Des portiques au loin l'écho sourd lui répond.
 Voici qu'une vapeur s'abattant sous le dôme,
Porte à l'autel trois saints; le fulminant Jérôme,
Et le tendre Augustin, et le zélé Bernard;
Leur lin sacerdotal se déploie au regard.

CHARLES-QUINT, SAINT JÉROME, SAINT AUGUSTIN, ET SAINT BERNARD.

CHARLES-QUINT.

O pères de Sion! docteurs saints! graves ombres!
Est-ce vous qui, sortis de vos sépulcres sombres,
Sur les hauteurs du ciel avez pu vous placer ?
En votre noble essor je veux vous surpasser,
Et qu'un nimbe étoilé succède à la couronne
Qu'à mes vains héritiers mon mépris abandonne.

SAINT JÉRÔME.

O roi jaloux des saints! eh! quoi donc? prétends-tu
Faire monter l'orgueil où monta la vertu ?
Équitable aux humains, l'arbitre tutélaire

Accorde à leurs travaux un différent salaire :
Héros, ceins ton laurier ; la palme est notre prix.
Tu régnas sur les corps, et nous sur les esprits :
Ton empire est la terre, et le ciel est le nôtre.
Un trône t'appuyait ; nous, le cri d'un apôtre.
On te nommait un dieu dans tes palais dorés :
Nous bravions tes pareils dans les cours adorés.
Les hommes égorgés te servaient de victimes ;
Nous pleurions sous la croix les meurtres et les crimes.
Ta politique aux rangs immolait l'équité ;
Nos fraternelles voix prêchaient l'égalité :
Nous disions que les grands ne sont bientôt que cendre,
Que de tous leurs degrés la Mort les fait descendre ;
Et que seul ferme et libre, en tous temps, en tout lieu,
Le juste clairvoyant craint les rois moins que Dieu.
Ta fierté despotique eût proscrit notre vie :
D'où vient que notre gloire allume ton envie ?

 Crois-tu qu'il te suffise, au terme de tes ans,
De vouer aux autels tes loisirs impuissants,
D'achever ta vieillesse en un cloître sévère,
Pour t'égaler aux saints que le monde révère ?

 Tel paraîtrait moins grand, s'il n'eût, jusqu'au trépas,
Traîné durant un siècle un sort obscur et bas,
Et repoussé des cours les faveurs corruptrices,
Pour marcher, pauvre et nu, vainqueur de leurs délices,
Et laisser aux mortels qu'enfle leur vanité
L'exemple patient de son humilité.

 Sais-tu quel fut Jérôme, et comment sa doctrine
Consacra dans ces murs son nom, sa discipline ?
Né fier, ardent, subtil, instruit dans tous les arts,

Dont le charme étonnait la ville des Césars,
Du monde, en sa jeunesse, écartant les amorces,
En d'austères ferveurs il consuma ses forces.
S'en vint-il comme toi, de fatigue épuisé,
A l'amour du désert offrir un cœur usé ?
Au fond de la Syrie, où Dieu fut son étude,
Avec zèle embrassant la triste solitude,
Sous des antres brûlants, disciple des lions,
Il apprit à rugir contre ses passions.
Ce fut là que, couché sans luxe et sans mollesse,
De sa nudité même il connut la richesse :
Ce fut là que ses sens, émus d'objets impurs,
Des beaux cirques de Rome oublièrent les murs ;
Et qu'assailli des traits de ses Vénus infâmes,
De ses membres séchés il éteignit les flammes.
Oui, dès-lors proclamant la liberté, la foi,
Il devint plus fameux et plus puissant que toi.

Des sublimes hauteurs où la vertu se fonde,
J'abaissai mes regards sur les pompes du monde ;
Comme un pasteur, debout au sommet des rochers,
Voit à ses pieds l'abyme où luttent les nochers.
Qu'ai-je vu? des honneurs, toujours près du naufrage,
Moins grands que la vertu qui se rit de l'orage :
Un crédit et des biens, dignes de peu d'égards,
Ou donnés, ou ravis par le jeu des hasards :
Le seul juste en son cœur a des trésors durables.
Qu'ai-je vu ? des cités un moment admirables,
Que l'affreuse misère ou les coups des fléaux,
Que la discorde atroce aiguisant ses couteaux,
Que l'effroi des prisons, l'horreur des funérailles,

Soulevaient, déchiraient jusque dans leurs entrailles ;
Tandis qu'inébranlable entre tous leurs enfants,
Le seul juste résiste aux bourreaux triomphants.
Qu'ai-je vu ? des banquets, des théâtres, des danses,
Dont le peuple adorait les fausses jouissances ;
Spectacles que payaient son pain ou ses affronts,
Que suspendait souvent un seul mot des Nérons,
Et peu fait pour séduire à leur splendeur funeste
Le juste qu'éblouit l'éternité céleste.
Qu'ai-je vu ? des mortels, fantômes-empereurs,
Maîtrisant leurs soldats, non leurs propres fureurs ;
Un Goth, un vil Gainas, la terreur d'un royaume,
Redoutable à son prince, et non à Chrysostôme,
Qui prouva que le juste est seul fort contre tous
Pour rompre les conseils des intérêts jaloux,
Et que l'ombre et les bois sont la profonde école
D'où sort avec éclat l'invincible parole.
Qu'ai-je vu ? des rhéteurs, des sophistes rivaux,
Par la brigue emportant les prix dus aux travaux,
Et confondus chacun en leur science impie
Par un Dieu méconnu, qui leur ôte la vie.
Qu'ai-je vu ? de Thémis les magistrats honteux
Au gré des souverains pesant le droit douteux ;
Et que le juste seul, observant la balance,
Retient comme assiégés par sa noble présence.
Qu'ai-je vu ? cette terre encline à s'abymer,
Gouffre, où tout s'engloutit comme au sein d'une mer ;
Et dont les tremblements, pires que les tempêtes,
Renversent de vos toits les plus superbes faîtes.
Enfin, qu'ai-je donc vu, dans les jours, dans les nuits ?

Des pervers qui, semant de formidables bruits,
En leur lit désarmés, quand leur fureur sommeille,
Dorment comme au cercueil, lorsque le juste veille.
Je n'ai donc craint que Dieu, je n'ai cherché qu'en lui
Ma gloire, mes trésors, mon véritable appui ;
Et je ne daignai pas, en héros sanguinaire,
Briguer de tes grandeurs le comble imaginaire.

Tout chaste, et vraiment saint, plus épuré que l'or,
Sur des ailes de flamme élevant mon essor,
J'ai, libre de ma chair que brûlait l'abstinence,
Vécu par la pensée, et tout intelligence,
Ravi sur les sommets d'où ce globe n'est rien,
Où la vie est un songe, et la mort même un bien.

Toi donc, monstre affamé du miel de la louange,
Nabuchodonosor, qui régnas sur ta fange,
N'espère pas briller entre les aigles saints
Aux cieux qu'habite l'ame, et les anges sereins.

SAINT AUGUSTIN.

Apprends que pour t'asseoir aux limbes où nous sommes,
En pasteur bienfaisant il faut guider les hommes,
Et, plein de charité jusqu'à son dernier jour,
Remplir la douce loi, qui seule est tout ; l'amour.
Aime, a dit le grand Paul ; et ma voix le publie.
Le juste adorant Dieu vit pour tous, et s'oublie :
Ce précepte jamais se grava-t-il au cœur
D'un prince ivre de soi, politique vainqueur ?
Triste sort d'un tel homme, idole de soi-même !
Que fait-il ? il s'absorbe en son pouvoir suprême :
Sa vaine ambition jamais ne s'assoupit :
Il prodigue le sang pour venger un dépit :

Il amasse les biens d'une main criminelle :
Il arrache à Naboth sa vigne paternelle,
Tient sur ses seuls périls les yeux toujours ouverts,
Et s'estime le dieu, centre de l'univers.
Qui produit en son cœur ce désordre coupable?
C'est ce besoin d'aimer à tous inévitable,
L'amour qui nous égare alors que fol et vain
Il n'a point un objet éternel et divin;
L'amour, tendre penchant de nos sensibles ames,
L'amour, alimenté par de célestes flammes,
Plus solide, plus pur, en ses liens charmants,
Que ne le sont les nœuds d'or et de diamants;
L'amour, dont les plaisirs consolant nos misères,
Nous attachant à Dieu, nous attache à nos frères!
Complaire à ce qu'on aime est le vœu de l'amour :
Ce doux espoir, ce soin le presse nuit et jour ;
Plus d'orgueilleux projets, plus de noire injustice,
Plus de débats jaloux, plus d'infame avarice;
Il chérit en autrui l'opulence et l'honneur,
Et du bonheur de tous compose son bonheur.
L'homme épris de ses feux n'a point l'œil adultère :
Si des femmes qu'il voit la beauté passagère
Se relève d'atours et s'anime de fard,
Il n'idôlatre pas leurs colliers et leur art,
Et ne sent nulle ardeur corruptible et profane
Pour la fleur qui périt et la chair qui se fane.
Voit-il une indigente et muette beauté
Qu'à l'ombre, et gracieuse en sa simplicité,
Semble orner le malheur empreint sur son visage ?
Les consolations, piège où l'ame s'engage,

Ne captiveront pas son cœur sanctifié :
Toute humaine douleur a droit à sa pitié.
Voudra-t-il s'ériger des palais, des portiques?
Graver par-tout son nom en lettres magnifiques?
Non; l'aumône en secret, les charitables soins,
Feront de sa bonté parler mille témoins,
Monuments animés, et voix impérissables,
Qui rediront son zèle aux âges innombrables.
Que les schismes trompeurs et les séditions
Aux fureurs de leurs chefs livrent les nations;
Éloquent, il sait vaincre et l'audace et la ruse
Par une bouche d'or comme le fils d'Anthuse;
Et, non moins fort qu'Ambroise, aux portes de Milan
Il osera fermer le saint temple au tyran.
Qui doute que l'amour rende un cœur intrépide?
Contemple le maintien d'une vierge timide :
Elle aime; et s'effrayant de sa fragilité,
Son scrupule frémit d'une infidélité :
La flamme du jeune âge errante dans ses veines
Allume dans ses sens des rebellions vaines;
Sa constante pudeur, ferme en ses chastes vœux,
Traverse noblement les épines, les feux :
Tel un ange sans corps marche dans sa carrière;
Mais d'un front où reluit une pure lumière,
S'il faut, (triste courage en un objet si doux!)
Qu'elle brave la mort pour son divin époux,
Elle court au martyre; et, de regrets suivie,
Brebis sans tache, aux loups abandonne sa vie.
 Juge combien l'amour, triomphant des bourreaux,

Nous aide à surpasser la vertu des héros,
Et du tendre orateur de la chaire d'Hippone
Juge si c'est à toi d'envier la couronne!

SAINT-BERNARD.

Prince, qui dans nos rangs te flattes de siéger,
Bernard veut à son tour ici t'interroger.
 Fier d'avoir en tous lieux porté le fer, la flamme,
Ta puissance abdiquée étonne encor ton ame;
Mais, rappelant tes faits, pour mieux te mesurer,
Avec nos saints exploits ose les comparer.
Comment as-tu conquis les villes alarmées?
Par tes ambassadeurs, ton or, et tes armées.
Comment séduisais-tu les peuples éblouis?
Par ta pompe étalée à leurs yeux réjouis.
Comment consternais-tu les états et leurs ligues?
Par mille surveillants, délateurs de leurs brigues.
Quel amas d'instruments, d'armes, et de ressorts!
Moi, sans cour, sans soldats, sans faste, sans trésors,
Hôte obscur de Clairvaux, je montai dans la chaire;
Et soumettant les cœurs à l'esprit qui m'éclaire,
De la cité de Dieu levant les étendards,
Conquérant plus d'états que les fameux Césars,
Triomphant des clameurs que jetait l'hérésie,
Terrible, j'ai versé l'Europe sur l'Asie,
Et de tous ses guerriers grossi la légion
Qui roulait en torrents vers l'autel de Sion.
Seul et nu, d'où tirai-je une telle puissance?
Ce fut de ma cellule et de mon indigence.
A ton art politique aurais-je pu devoir

De si profonds secrets, un si vaste pouvoir?

L'homme qui sous le ciel vit pauvre et solitaire
Se sent victorieux des maîtres de la terre,
Si son ame en effet, droite en sa fermeté,
Se plaît dans la retraite et dans la pauvreté.
Notre corps peut agir parmi la multitude,
Si l'ame en soi toujours garde sa solitude :
Les pensers, au-dessus des vulgaires humains,
Nous en séparent mieux que les déserts lointains,
Et nous fermant l'oreille à l'injure, aux louanges,
Nous font sur l'univers planer avec les anges.
La pauvreté qu'on aime est riche en liberté :
Elle soutient sans peur l'auguste vérité,
Du vain appât de l'or ne se sent point captive,
Des biens qu'elle n'a pas ne craint point qu'on la prive,
Des pontifes, des rois, menace l'appareil,
Ne voit rien de constant que le cours du soleil,
Et par-tout, de ses pieds secouant la poussière,
En méprisant la mort, passe intrépide et fière.
Elle fut ma compagne; elle est l'appui d'un saint;
Et le tissu grossier dont elle m'avait ceint,
M'attira sur la terre un encens préférable
Aux honneurs que s'acquit ta pourpre misérable.
Tels, ces rois des déserts, Elie, et Daniel
Contre leurs ennemis s'armaient des feux du ciel.
Hélas! qu'aurais-tu fait contre nos voix sinistres,
Grand roi, qui ne peux rien sans or et sans ministres?

CHARLES-QUINT.

J'aurais par mes soldats châtié vos pareils,

Dès qu'ils eussent formé de turbulents conseils.
J'aurais été de Jean l'Hérode inexorable,
Si, quittant son désert, apôtre déplorable,
Ceint de viles toisons, il eût dans mon séjour
Paru couvert de cendre, et censuré ma cour.
J'ai régi les mortels : je sais leurs impostures,
Vos ames, doctes saints, étaient-elles si pures ?
Tantôt le zèle altier de votre apostolat
Signalait plus en vous un tyran qu'un prélat,
Et, jaloux d'opprimer le peuple ou son monarque,
De l'humble sacerdoce ensanglantait la marque :
Tantôt, martyrs publics des rigueurs de la croix,
Votre orgueil s'abaissait pour abaisser les rois,
Et, rampant au travers de tortueuses routes,
Fuyait les dignités pour les dominer toutes.
Vous subissiez le jeûne au milieu des festins,
Pour repaître l'encens brûlé sur vos chemins :
Vous vantiez le silence et la paix des retraites;
Et l'oubli courrouçait vos vanités secrètes :
Austères avec faste, à l'ombre relâchés,
Vos haines s'accusaient de cent vices cachés :
Et, de vos saints docteurs calomniant la vie,
Un faux mépris de tous décelait votre envie.
Vous prêchâtes la foi, vous qui ne crûtes rien :
Votre art fut de tromper, grands hommes ! c'est le mien.

SAINT-JÉRÔME.

Je vois, digne Bernard, ton dédaigneux sourire.
Augustin, revolons à notre heureux empire.
Laissons ce héros nain, déchu de tout espoir,

Se nier des grandeurs que son œil ne peut voir.

Ils disent : Charles-Quint, honteux d'apprendre encore
Qu'il soit pour les esprits des hauteurs qu'il ignore,
Suivit d'un œil si sot leur noble ascension,
Que l'Enfer l'écrasa de sa dérision.

LA PANHYPOCRISIADE.

CHANT SEIZIÈME.

SOMMAIRE DU SEIZIÈME CHANT.

Charles-Quint, accablé par la *Tristesse*, cherche en vain les distractions que lui peuvent offrir les diverses heures du jour : la *Tristesse*, qui égare sa raison, lui inspire le projet de faire célébrer ses propres obsèques avant de mourir. Tableau du temple où les démons, acteurs de la scène, paraissent en habits sacerdotaux, et chantent la messe mortuaire de *Charles-Quint*. La *Tristesse* et la *Mort* achèvent d'épouvanter l'empereur couché dans sa bière : une fièvre ardente le saisit, et la *Mort* l'enlève. Fin du drame. A peine la toile est tombée, que le parterre infernal se divise en deux partis ; l'un, contre *Mimopeste*, auteur de la pièce ; l'autre, en sa faveur. Le théâtre, détruit par l'*Anarchie*, s'écroule enfin dans l'abyme.

LA PANHYPOCRISIADE.

CHANT SEIZIÈME.

Devant les spectateurs vont se changer sans cesse
Les lieux où Charles-Quint marche avec la Tristesse.
Que l'oreille attentive au fil de ses discours
Des tableaux qu'ils peindront poursuive donc le cours.
　Il s'avance, au milieu des chimères, des ombres ;
La fille de l'ennui, la Tristesse aux yeux sombres,
L'entraîne hors du temple où des pâles flambeaux
Éclairaient sous ses pieds les marbres des tombeaux.

CHARLES-QUINT ET LA TRISTESSE.

LA TRISTESSE.

Hélas ! tu te flattais que l'aurore nouvelle
Retirerait tes sens de leur langueur mortelle :
Te voilà de retour au paisible réduit,
Voisin du temple auguste où tu veillas la nuit.
Tes soins ont décoré cette cellule obscure
En berceau verdoyant d'où te rit la nature ;
De là, sur les côteaux, un ciel plein de clarté
Du front épais des bois découvre la beauté ;
De là, des prés charmants, où Zéphire, en ses courses,

Mêle ses doux soupirs aux murmures des sources,
Exhalant dans les airs comme un divin encens
Les parfums de leurs fleurs pour enivrer tes sens....
Mais hélas! tout est vain : l'ombre et le jour te blesse.

CHARLES-QUINT.

N'offusque pas mon ame, importune Tristesse!
Et je pourrai me plaire au spectacle riant
Qu'étale sous mes yeux l'éclat de l'Orient.

LA TRISTESSE.

La terre encor dans l'ombre est à demi-plongée;
Ton ame de son deuil est comme elle chargée :
Attends que le soleil, se levant pour vous deux,
Dissipe tes vapeurs d'un rayon moins douteux.
Les brouillards du matin, voilant les paysages,
Compriment ton cerveau de leurs pesants nuages :
A peine, en leurs bosquets, les oiseaux matineux
De premiers sons encor percent les airs brumeux :
Attends leur doux réveil et que leur chant salue
L'astre dont la splendeur va réjouir ta vue.
L'aurore inspire à l'ame un attendrissement
Qui de tes souvenirs redouble le tourment.

CHARLES-QUINT.

A cette heure autrefois, devancé du tonnerre,
Mon coursier hennissait; et, bouillant pour la guerre,
M'emportait sur les monts où j'allais méditer
Les coups dont l'Occident devait s'épouvanter :
Maintenant seul, oisif, je m'égaie au ramage
De deux chantres ailés qu'emprisonne leur cage.

LA TRISTESSE.

Tu ne les nourris donc que pour les désoler ?

Ils respireraient mieux aux vastes champs de l'air :
Ne sois pas leur tyran, et qu'aux cieux ils revolent.

CHARLES-QUINT.

Je crains que les vautours bientôt ne les immolent :
Dès le nid de leur mère élevés par mes soins,
Nés captifs, sauraient-ils pourvoir à leurs besoins?

LA TRISTESSE.

Ainsi tu préparas la longue dépendance
Des hommes, à ton joug façonnés dès l'enfance,
Et qui, si tant d'erreurs n'assiégeaient leurs berceaux,
Vivraient libres au monde ainsi que les oiseaux.

CHARLES-QUINT.

Oui, mon orgueil dément la vérité suprême,
En niant aux humains que leur liberté même
Accroît leur industrie, ajoute à leur vigueur,
Quand leur vertu native est laissée en leur cœur.
Hélas! par cet orgueil de gouverner la terre,
J'ai dans mes longs travaux subi plus de misère
Que tous ces bûcherons qui, vers le sol penchés,
Amassent les rameaux que l'hiver a séchés.
Le soleil resplendit, ô Tristesse! et sa flamme
N'éclaircit point encor les ombres de mon ame...
N'entends-je pas sonner l'heure de mon repas?

LA TRISTESSE.

Ah! remportez ces mets qu'il ne goûtera pas;
Otez ces vins, pour lui trop mêlés d'amertume.
Valets, n'aigrissez pas l'ennui qui le consume :
Respectez sa retraite... Et toi, parcours des yeux
Ces vallons émaillés par les rayons des cieux,
Ces ruisseaux bouillonnants sous les roches voisines...

CHARLES-QUINT.

Toujours des cieux, des eaux, des champs et des collines...
Quel monotone aspect, Tristesse, m'offres-tu ?

LA TRISTESSE.

Tu disais autrefois, sous la pourpre abattu,
Toujours des camps, un trône, une cour importune...
Quel spectacle accablant dans ma noble fortune !

CHARLES-QUINT.

Hélas !

LA TRISTESSE.

Pourquoi gémir en ce riant séjour ?

CHARLES-QUINT.

Je me sens fatigué de la splendeur du jour.

LA TRISTESSE.

Jamais des nations les trop superbes maîtres
Ne retrouvent le calme aux demeures champêtres.
L'oisiveté te pèse en ces champs producteurs,
Où le travail nourrit d'heureux cultivateurs :
Tes yeux sont ignorants des richesses agrestes ;
Tu méprises les fleurs, et les présents célestes ;
Et, bien que las du faste et des soins des héros,
Tu hais ta solitude et maudis ton repos.
Mais, privé d'aliments, la faiblesse t'accable...
L'airain encor t'appelle aux plaisirs de la table.

CHARLES-QUINT.

Ah ! j'en suis écarté par un dégoût affreux ;
Et ce corps que je traîne est un poids douloureux.

LA TRISTESSE.

Peut-être que du soir l'agréable influence
Te fera mieux goûter la paix et le silence,

Moment, où je me plais moi-même à soupirer.
Au doux sein de la nuit tout s'apprête à rentrer :
Entends le pâtre au loin fermant les bergeries,
L'aboi des chiens frappant le seuil des métairies,
Le chant du rossignol attendrir les forêts,
Et sous les noirs buissons frissonner un vent frais.

CHARLES-QUINT.

Suis-je amant, ou poëte? et ma mélancolie
Cède-t-elle aux accès de leur tendre folie ?
Non, Vesper et la lune ont des effets plus lents
Sur mes yeux endurcis aux spectacles sanglants.

LA TRISTESSE.

Eh bien ! trouble-toi donc d'un plus sombre délire.
Orgueilleux conquérant, long-temps chef d'un empire,
Un ver à tes pieds rampe autour du saint parvis ;
Je lui prête une voix... médite ses avis.

CHARLES-QUINT.

Qu'es-tu devant un prince, ô créature vile?

LE VER.

Moi, je ne suis qu'un ver, misérable reptile ;
Mais rampant sur la fange où tu sommeilleras,
Je dis à l'aigle altier : « Je t'attends ici-bas. »

LA TRISTESSE.

Cet insecte abandonne une tête mortelle
Dont le crâne enfermait la plus docte cervelle :
Il te vient avertir qu'au tombeau dont il sort,
Il rongera ta chair, pâture de la mort.
Toi donc qui, des grandeurs quittant la folle envie,
Abdiquas la couronne, abdique aussi la vie.
Tu tiens encor au monde après t'en être exclus,

Fuis-le plus loin encor ; va-t'en où l'on n'est plus.
Mais, avec faste orné des habits funéraires,
Ne pars point froid et nu, comme les morts vulgaires;
Et préside, vivant, de l'oreille et de l'œil
Aux chants de ton trépas, aux pompes de ton deuil,
Spectateur animé des larmes que, peut-être,
  eindront tes serviteurs aux cendres de leur maître.

———

Ainsi dit la Tristesse au fragile empereur
Mais le drame infernal ici change d'horreur;
Et, par d'affreux ressorts que la magie invente,
La scène, au dénouement, se noircit d'épouvante.

D'innombrables Démons marchent en saints prélats
Dans le temple qui s'ouvre et qui reçoit leurs pas.
  Les crêpes de la nuit, sépulcrale tenture,
Du dôme et des piliers couvrent l'architecture;
Des dragons enlacés font reluire en tous lieux,
Tels que des lampes d'or, leurs gueules et leurs yeux :
Ils éclairent la nef, le chœur, et sa barrière ;
Et d'une croix de feu la sanglante lumière
Domine un sarcophage, où des titres d'orgueil
Argentent les velours, ornements du cercueil,
Édifice paré d'emblêmes héroïques
Dont le néant s'inscrit en lettres magnifiques.
Une chapelle ardente, au haut de cent degrés,
Porte un Diable servi par des diables mitrés :
Sa messe fait répondre en son chant mortuaire
Dix mille diables noirs, échos du sanctuaire,

Qui poussent, au-delà d'un triple paradis,
Les lugubres clameurs d'un bas *De profundis*.
   Cependant Charles-Quint, livide, l'œil farouche,
S'étend au lit de plomb, froide et dernière couche,
Où, près d'un grand linceul, psalmodiant soudain,
La Tristesse et la Mort, une torche à la main,
Exposent la pâleur des traits de la victime,
Qu'un vaste deuil isole, et suspend dans l'abyme;
Et le serpent sonore, et l'orgue aux voix de fer,
D'une ample symphonie ébranle tout l'Enfer.

CHARLES-QUINT, LA TRISTESSE, ET LA MORT.

LA TRISTESSE.
Homme ! des rois ainsi finit la race entière.

LA MORT.
De la poussière né, retourne à la poussière.

LA TRISTESSE.
La Mort te paraissait loin de toi; la voici.

LA MORT.
Héros qui me bravais, pourquoi frémir ici ?

CHARLES-QUINT.
Me pouvais-je alarmer d'un futur anathême !
Je ne crus point en Dieu....

LA MORT.
            Tu t'es donc fait toi-même ?

LA TRISTESSE.
Sage et puissant mortel, ton esprit connut-il
Comment ta faible vie a prolongé son fil ?

LA MORT.
Tremble qu'en le coupant je ne te précipite

En quelque espace, horrible à ton cœur qui palpite.
CHARLES-QUINT.
Je me suis dit que l'homme, au néant destiné,
Redevient à sa fin tel qu'avant d'être né.
LA TRISTESSE.
Je l'ignore, et te laisse au tourment de ce doute.
LA MORT.
Ame coupable! viens : sais-tu quelle est ta route?
Sors du sang et des os qu'il est temps de quitter.
CHARLES-QUINT.
J'en tressaille en mes flancs.
LA TRISTESSE.
Que peux-tu regretter?
Tourne tes propres yeux sur ta vile dépouille.
Le trouble qui l'émeut, la sueur qui la souille,
De sa fragilité sont les signes certains.
CHARLES-QUINT.
Hélas! dans tout le cours de mes errants destins,
Brûlante d'une ardeur en mes veines cachée,
Ainsi qu'un fumier vil ma chair s'est desséchée!
Mes jours évanouis ont emporté sa fleur.
Las du monde, en ces murs j'ai traîné ma douleur...
Pourquoi seul m'enfoncé-je aux bois voisins du Tage,
En hibou lamentable, en pélican sauvage?
Pourquoi naguère assis au trône des cités?
Pourquoi dans ce linceul, terme des vanités?
De tous ces mouvements quelle raison décide?
Qu'étais-je? hélas! que suis-je? et qu'est-ce qui nous guide?
Ces hommes, ces concerts, que j'entends, que je vois,
Tous ces objets sont-ils en mes sens, hors de moi?

CHANT SEIZIÈME.

Espace, éternité, qu'êtes-vous ? quelle flamme
Trop vive aux yeux du corps, luit pour les yeux de l'ame?
Est-ce que mes terreurs peuplent de visions
Ces cercles infinis, sphères d'illusions ?
L'esprit de la lumière, en des cieux sans limite,
Règne... il ouvre l'enfer à la race maudite...
Devant son tribunal quel sera mon appui ?
Trônes, puissance, rangs, tout croule devant lui.

LA TRISTESSE.

Est-il vrai que toujours les morts en paix sommeillent?
La trompette a sonné... les voilà qui s'éveillent!
La terre voit par-tout les tombes se briser...
Que d'hommes se levant tout prêts à t'accuser !
Les uns, trempés encor des ruisseaux de leurs larmes,
Te présentent leurs fils mutilés par les armes :
Les autres, par leur sang qu'ont versé tes arrêts
Inscrivent les horreurs de tes ordres secrets.
Roi guerrier, vaincras-tu les nombreuses phalanges
Des ames qui, planant sur les ailes des anges,
S'élancent de la nuit pour t'accabler d'effroi,
Et crier dans le ciel : Anathême sur toi !
Juge inique ! réponds au seul juge suprême...
L'univers est présent, et tous les siècles même.
Tant de peuples jamais, ni tant de majesté,
N'entourèrent le trône où tu fus écouté.
Parle, déploie au jour ta noble conscience...
Pourquoi balbutier? où donc est ta science ?
Quoi ! tu restes honteux, muet, et sans couleur!
Ici trop de lumière, éclairant ta pâleur,
Révèle de tes traits les bassesses obscures,

Et des plis de ton cœur les profondes souillures.
Fuis donc! fuis, si tu peux, même le souvenir;
Et cherche le néant, ton dernier avenir.

CHARLES-QUINT.

O ciel! ô Dieu du ciel! prends pitié de mon ame!

LA MORT.

Regarde ces torrents de l'infernale flamme...!
Les cieux, qui sous tes pieds se roulent à grand bruit,
T'abandonnent au gouffre où mon vol te poursuit.
Telles qu'une hydre ouvrant ses gueules avec joie,
Les bouches de l'abyme, affamé de sa proie,
T'engloutissent parmi les brigands couronnés,
Qu'aux yeux des nations ma faulx a détrônés.

CHARLES-QUINT.

Arrête, affreuse mort!...

LA MORT.

Non, mes mains rigoureuses
Vont punir, lâche acteur, tes obsèques menteuses.
Ne t'aperçois-tu pas que, resté sans témoin,
La foule, en te raillant, s'est écoulée au loin?
Et qu'enlevé déja de tes linceuls funestes,
On t'a mis en un lit... où je veux que tu restes.

CHARLES-QUINT.

Où suis-je?... ô songe horrible! ah! je m'éveille enfin...
Doux éclat!... je revois les rayons du matin...

LA MORT.

Que dis-tu? la nuit règne, et l'hémisphère est sombre.

CHARLES-QUINT.

Non, mes yeux sont ouverts...

CHANT SEIZIÈME.

LA MORT.

Sous les voiles de l'ombre
Le délire t'aveugle, et porte en ton cerveau
Un faux jour, et l'horreur d'un désordre nouveau :
Des organes troublés effroyable chimère !
Meurs donc, meurs! il est temps, roi fou, que je t'enterre.

———

Elle arrache aussitôt l'ame à ce noble corps,
Qui n'est plus rien : Dieu seul sait ce qu'il fait des morts.

Ici la toile tombe, et finit l'acte immense.
Mais au parterre ému quelle guerre commence !

Que je compare au bruit des torrents et des airs
Les applaudissements, les sifflets des enfers;
Que je rappelle ici les volcans, les tempêtes,
En éternel écho des poétiques têtes,
Mes vers ne feront pas ouïr à l'auditeur
Ce cirque furieux, tout vociférateur.
Oh ! c'est en cet instant, Muse, que je t'invoque !
Prête, prête à mon luth un son perçant et rauque,
Qui plaise à la discorde et l'imite en ses cris ;
Et non ces doux accents dont les cœurs sont épris,
Qui charment les humains de langueurs si touchantes,
Et font aimer la paix, alors que tu la chantes.
Le tumulte confus du cirque ténébreux
Long-temps de tous les bruits ne fit qu'un bruit affreux:
Mais comme, sous les flots d'une épaisse fumée,
Au faîte d'une ville en des feux abymée,

Se perd dans un chaos la face des objets,
Jusqu'à l'heure où, lançant quelques lumineux jets,
La flamme en ces vapeurs éclaire enfin la vue :
Ainsi, lorsque la foule applaudit, siffle, et hue,
Tout se confond d'abord; mais enfin les clameurs
Distinguent deux partis au milieu des rumeurs :
L'un, s'écriant, bravo! veut voir l'auteur paraître,
L'autre, criant, à bas! frémit de le connaître.
Le rideau cependant remonte; et mille voix
Font trembler les piliers et le cintre à-la-fois.

Sans frayeur de l'orage, apparaît au théâtre
L'acteur, encor sali de carmin et de plâtre,
Qui, dépouillé des traits de Charles-Quint joué,
Et du manteau tragique aussitôt secoué,
A repris des Démons les gigantesques formes,
Et leurs mains, et leurs pieds, armés d'ongles énormes.
Ce mime est de l'enfer, où son art s'enflamma,
Le sublime Lekain, le terrible Talma ;
Sensible et déchirant, nul ne fut plus habile
A peindre l'ame humaine en sa face mobile ;
Son vaste sein, foyer d'un cœur tout véhément,
De pathétique empli, l'épanche largement :
S'il imite l'effroi, le remords sur le trône,
Son front pâle ressemble au front de la Gorgone :
S'il veut des passions exhaler les douleurs,
Brisée en longs sanglots, sa voix se fond en pleurs :
Le parterre, frappé de sa magie extrême,
Pense, au malheur qu'il feint, voir le malheur lui-même.

L'acteur ouvrit la bouche, et crut, par ses accents,

Surmonter la hauteur des bruits retentissants :
Mais ses lèvres formaient des paroles perdues.
Ainsi des noirs hivers quand les neiges fondues
Sur les flancs des rochers tombent avec fracas,
Si, du torrent grossi traversant les éclats,
Les voix de deux pasteurs s'appellent des deux rives,
Son cours emporte et rompt leurs clameurs fugitives.

 La fureur des Démons, et huppés, et titrés,
Descend de loge en loge aux plus bas des degrés :
Là, des derniers lutins l'épaisse populace
Autour des cabaleurs, et se rue, et s'entasse.
Ainsi, lorsque les grands accordent aux petits
Ces jeux, payés si cher, qu'on leur donne *gratis*,
Du plus vil peuple on voit la multitude immense
Couvrir un cirque entier, sali de sa présence :
Ainsi l'amas infect de Diables tout fangeux
Formait le centre obscur du parterre orageux.
Ce sont bandits, experts en tous métiers perfides :
Les uns, noirs recruteurs, sont fumants d'homicides ;
D'autres, en plein marché, vendeurs non scrupuleux,
Ont des litres menteurs, et des poids frauduleux :
Ceux-là chez nos Thémis s'inscrivent en faussaires ;
Ceux-ci, sur leurs fourneaux, impurs apothicaires,
Dosent leur arsenic en de coupables mains,
Et de l'humeur de vivre ils purgent les humains.
D'autres, fatals Hermès, altèrent la monnaie ;
D'autres sont croque-morts, le sépulcre les paie :
Apprentis carabins, ceux-là, d'un coup mortel,
Hâtent l'agonisant, convoité du scalpel.
Huissiers, greffiers, et clercs, engeance de vampires,

Ivrognes, débauchés, filoux, escrocs et sbires,
Sirènes des égoûts, harangères Vénus,
Sous les bourgeons en fleurs vendant leurs charmes nus ;
Des enfers, en un mot, la plus vile canaille
Tout-à-coup se déchaîne, et hue, et siffle, et braille.
Elle garda long-temps un silence hébété,
Muette d'ignorance et de stupidité :
Ces ressorts que chez nous le vulgaire idolâtre,
Les éclatants décors, les beaux coups de théâtre,
Et le lustre étoilé des princes histrions,
Avaient conquis, ravi ses admirations :
Mais, répondant aux cris des nobles galeries,
Jusqu'aux voûtes monta le cri de ses furies.
Telle, quand des états les chefs ambitieux
Donnent le premier branle aux partis factieux,
L'écume des ruisseaux, la plèbe enorgueillie
Gronde, fait bouillonner sa plus infâme lie,
S'emporte, se déborde ; et, sous le joug des lois,
De la démagogie hurlent toutes les voix :
Telle, de ces damnés la cohue insolente
Au vaste amphithéâtre imprime l'épouvante.
  Tout rugit : cependant le Stentor des Démons
Fait sortir ce discours de ses larges poumons ;
Perché sur un haut banc, en épervier farouche,
Qu'attache un pied crochu sur une vieille souche :
  « Par un juste suffrage accueillons notre acteur, »
Dit-il, « mais que du drame il nous taise l'auteur.
« Son ouvrage sans goût, sans règle, sans morale,
« N'a qu'une vérité hideuse ou triviale.
« J'ai frémi, mais d'horreur ; j'ai ri, mais de pitié.

CHANT SEIZIÈME.

« Le monstre qui le fit doit être châtié,
« Écorché, scié, cuit... il faut que sur la claie
« On le traîne, percé d'une éternelle plaie ;
« Ou qu'il soit à l'oubli condamné sans retour :
« L'orgueil est d'un auteur le plus cruel vautour.
« Mais non, de notre enfer déchaînons la critique ;
« Qu'il se torde à jamais sous sa dent satirique,
« Et que, de tous les sens en lambeaux déchiré,
« Il rende au noir chaos ce qu'il en a tiré. »

Il dit, roulant un œil où pétille sa rage,
Qui des autres lutins recherche le suffrage :
Mais l'un des plus bouillants, qui veut lui répliquer,
Sentant à ses esprits les paroles manquer,
Pour mieux humilier sa critique verbeuse,
Lui tire, en grimaçant, une langue moqueuse.
Celui-ci, pour punir ce dédain trivial,
Se tourne, en lui montrant son anti-facial.
Le bruit s'accroît. Voici qu'un autre Diable grimpe,
Ami du nourrisson de l'infernal Olympe :
Son aigre voix glapit sur le vacarme entier.
Tel entre des tambours perce un fifre guerrier.

« Est-ce en vain qu'en ces vers, peintre de la nature,
« Le poëte, arrachant tout masque à l'imposture,
« Produit, s'écria-t-il, sans peur, sans préjugé,
« Du fécond univers un vivant abrégé ?
« L'abandonnera-t-on aux cris de la cabale ?
« Comment du goût, des mœurs, est-il donc le scandale ?
« Il ne saurait blesser les règles des rhéteurs,

« Étant hors de la loi des classiques auteurs ;
« Non moins original que le furent eux-mêmes
« Ces hardis inventeurs de nos doctes systêmes.
« On les siffla jadis ; on le hue à son tour :
« De l'avenir peut-être il deviendra l'amour.
« Son style, en descendant du ton noble au vulgaire,
« Évite mieux l'ennui qu'en un mode ordinaire.
« A quoi bon asservir l'esprit, né dans son sein,
« Au modèle idéal de l'antique dessin ?
« La nature est diverse, immense, affreuse, et belle :
« Son tableau grand, bizarre, et varié comme elle,
« Alliant tous les tons, rompant chaque unité,
« Échappe à la froideur de l'uniformité.
« Les peuples, qu'instruirait le cours d'un tel ouvrage,
« Voyant périr deux rois, les plus grands de leur âge,
« L'un, en cerveau brûlé, l'autre, d'un mal impur,
« Sentiraient que des lois le seul empire est sûr.
« N'est-ce rien que d'avoir calculé dans sa tête
« Ce vaste plan moral ? l'auteur est-il si bête ?
« Sa fable, dites-vous, mérite un châtiment :
« Que peint-il ? ce qu'au monde on fait impunément.
« Ne frémissons-nous pas, tout damnés que nous sommes,
« Lorsqu'il nous faut, témoins des cruautés des hommes,
« Voir les tigres, les ours, orner leurs écussons,
« Et leur gloire nourrir et corbeaux et poissons ?
« Voir les peuples agneaux immolés en hosties ;
« Le crime sur l'autel asseoir ses dynasties ;
« Haine, avarice, orgueil, sous de saints capuchons,
« Dans nos ardents brasiers attiser les brandons ;
« Voir le rire apprêter la corde aux calvinistes,

« Et la pudeur en proie au viol des papistes ;
« Voir baptiser de sang d'incrédules beautés,
« Dont la Luxure en froc fouette les nudités :
« Des bibles, des missels, voir les sinets mystiques
« Cousus, d'un doigt railleur, aux fesses hérétiques,
« Par d'enjoués bourreaux, par de gais assassins...
« Ah ! nous-mêmes, près d'eux, nous serions de vrais saints !
« Osons dire tout...! Non. Notre pudeur m'arrête ;
« Je vous ferais dresser les cornes sur la tête !
« L'antropophage impie, en son acharnement,
« Ne fait pas ce qu'ils font, religieusement.
« Quoi ! ces hommes, d'un Dieu se prétendant l'image,
« L'un par l'autre écrasés, n'écoutent que leur rage !
« Quoi ! ces monstres pourront, dans leurs hideux transports,
« Percer de traits aigus les ames et les corps,
« Et viendront nous chanter ces mots, Indépendance,
« Charité, Sainteté, Chasteté, Tolérance !
« Oh ! préférons l'horreur de nos punitions
« A ce qu'ont inventé leurs noires passions !
« Souffrons donc qu'un spectacle aux enfers nous retrace
« Les vices que sur terre on envisage en face.
« Craignez-vous que, honteux d'être moqué de nous,
« L'homme ne se corrige?... Ah ! tranquillisez-vous ;
« Ses mœurs seront toujours criminelles, infâmes,
« Dût-on, chez les mortels, jouer même nos drames.
« Là, qui les jugerait ? un famélique essaim,
« Vendant le fiel jaloux qui bouillonne en son sein,
« Dont l'immoralité, ne prêchant que morale,
« Noie honneur et bon sens dans son encre vénale.
« Qui les écouterait ? des spectateurs légers,

« Faibles cerveaux, émus par des traits passagers,
« Et de qui la mémoire, en sa marche incertaine,
« Oublie où s'attacha le long fil d'une scène ;
« Peu faits pour mesurer par quels puissants efforts
« Vers un seul but profond tendent de grands ressorts.
« Honneur à ce travail ! il est digne d'un Diable.
« Craignons que la colère injuste, impitoyable,
« Comme chez les humains, ne dicte nos arrêts,
« Dont l'affront éternel nous flétrisse à jamais.
« Un ouvrage a, par-fois, les beautés qu'on lui nie.
« Gare au sot tribunal qui proscrit le génie ! »
A ce mot, ô discorde ! ô désordre ! ô terreur !
Le cirque est une arène où combat la fureur.

Les princes infernaux lancent dans le parterre
Trente griffons armés, pour terminer la guerre :
La rage s'en accroît ; on mugit autour d'eux.
Les Diablesses, fuyant ce spectacle hideux,
Volent, jetant des cris en nocturnes chouettes.
Des loges et du cintre on perce les retraites ;
Et se précipitant des plus hauts des balcons
Sur les derniers des bancs roulent mille Démons.
Tous ceux de qui la foudre avait brûlé les ailes,
Titans, demi-roués en leurs chûtes cruelles,
Bondissent en tombant : telle, d'un pesant choc,
Si du sommet d'un mont le temps détache un roc,
Sa masse retentit sur la plaine ébranlée.

Figure, si tu peux, cette horrible mêlée,
O Muse ! aide ma vue à mesurer le tour

Du parquet infernal éclairé d'un faux jour,
Plus vaste que ne sont les abymes stériles
Des ardents souterrains, dévorateurs des villes;
Et non moins spacieux que le cercle étoilé
Qu'embrasse un esprit docte, à qui rien n'est voilé;
Hauteur, d'où les humains, bornés dans leurs limites,
Paraissent à son œil des mouches et des mites.

Misérables damnés ! votre dernier loisir
S'écoule en ces fureurs promptes à vous saisir :
L'inflexible Destin déja commande aux Heures
De vous rendre aux tourments de vos tristes demeures.

Xiphorane descend, et s'écriant trois fois :
« ANARCHIE ! » Oh ! quel monstre apparut à sa voix !
Hydre informe et sans yeux, de ses mains furieuses,
Elle-même abattant ses têtes odieuses,
En nourrit une seule ; et d'un bandeau sanglant
Sur ses propres débris la couronne en hurlant :
Cette tête aggrandie, et d'elle encor frappée,
Tombe, et l'hydre renaît de sang toujours trempée.
Tel est le monstre. « Accours, épouse du Chaos,
« Toi qui souffles la guerre, et qui hais le repos,
« Des équitables lois ennemie éternelle,
« Dans tes cent mains, dit-il, que la flamme étincelle. «
L'hydre aveugle l'entend, plane, et d'un vague essor
S'abat des hauts plafonds sur les balustres d'or :
Des décorations la rougeâtre lumière
Allume tout-à-coup sa torche incendiaire.
Sous vingt trombes de feu, piliers, voûtes, lambris,

Croulent sur les démons embrasés et meurtris ;
Et, tel qu'un puits sans fond, le gouffre à ces ruines
Ouvre, en les entraînant, ses routes intestines.
Leur immense théâtre en cendres se réduit,
Et ne laisse après soi que le vide et la nuit.

 Sauve-moi de leur gouffre, ô Dieu vengeur du crime !
Dieu, pour qui notre monde est un point dans l'abyme !
Théose ! être éternel, présent à l'infini !
A tout ce qui se meut ton mystère est uni.
Être que tout ignore, et que pourtant mon ame
Invoque, et sent par-tout quand s'élève sa flamme !
Dieu, principe sans forme, inaccessible à tous,
Créateur des soleils qui rayonnent sur nous,
Auteur de tant de cieux inconnus de la terre,
Tu formas les tissus de la mouche éphémère ;
Tu n'as pas négligé le ressort palpitant
De son corps invisible, atôme d'un instant ;
Et la moindre vapeur, globule de rosée,
Suit ta loi souveraine aux sphères imposée.
Tout n'est que profondeur qui cache ton pouvoir.
Toi, que j'ose implorer, te puis-je concevoir ?
Sais-je ce que je suis ? pourquoi j'entends et pense ?
 Si ton souffle bientôt retire ma présence
Du théâtre vivant où chacun est acteur,
Ah ! que de l'ordre au moins un moment spectateur,
Je voie, avant ma mort, l'homme sincère et libre,
Des lois, reines du monde, observer l'équilibre,
Saper du fol orgueil l'édifice abattu,
N'aspirer qu'aux grandeurs de la noble vertu,

CHANT SEIZIÈME.

Gouverner par Thémis république ou royaume,
Juger d'un œil égal le palais et le chaume,
Ouvrir son toit, son cœur, à l'humble adversité,
Ne plus, d'un joug sanglant, fouler l'humanité,
Enrichir par le fer la seule agriculture,
Paisible conquérant, explorer la Nature,
Et des Arts, du Commerce, étendant le pouvoir,
Envahir hardiment les trésors du savoir!
Dieu! qu'au néant, enfin, rentre l'Hypocrisie,
Qui change en un enfer le trajet de la vie;
Et je rendrai sans peine, au sein de l'univers,
Cette ame qui te cherche, et qui dicta mes vers.

FIN.

ON TROUVE DU MÊME AUTEUR,

Chez BARBA, libraire, galerie du Palais-Royal, derrière le Théâtre-Français.

Agamemnon...... ⎫
Ophis.......... ⎬ tragédies en 5 actes.
Isule et Orovèse..... ⎪
Charlemagne....... ⎭

Pinto, ou *la journée d'une conspiration*, comédie historique, en 5 actes et en prose.
Le Frère et la Sœur jumeaux, ⎫
Le faux Bon-Homme,...... ⎬ comédies en 3 actes.
Le Complot domestique,..... ⎭
Les Ages Français, poëme en strophes et en 15 chants.

Chez NEPVEU, libraire, passage des Panoramas, n° 26.

L'Atlantiade, ou *la Théogonie Newtonnienne*, poëme en 6 chants.
Homère,...... ⎫ poëmes en 4 chants.
Alexandre,.... ⎭
L'Homme renouvelé, récit moral, en vers.
Agar et Ismaël, scène orientale.
La Méroveïde, poëme héroï-comique, en octaves, et en 14 chants.
La Panhypocrisiade, ou *le Spectacle infernal du seizième siècle*, comédie-épique, en 16 chants.
Cours analytique de Littérature générale, prononcé à l'Athénée de Paris, 4 vol. in-8°.

Chez LALOY, libraire, rue de Richelieu, vis-à-vis la rue Feydeau.

Les quatre Métamorphoses, poëmes.

Chez FIRMIN-DIDOT, imprimeur du Roi, de l'Institut, et de la Marine, rue Jacob, n° 24.

La Méroveïde.
La Panhypocrisiade, ou *le Spectacle infernal du seizième siècle*.

Les Éditions de *Plaute* et de *Christophe-Colomb*, comédies en 3 actes et en vers, et de *Baudouin, empereur*, tragédie en 3 actes, sont à refaire, ayant été détruites dans un incendie.